热兰遮城

想象另一种可能

理
想
国
imaginist

讲谈社
兴亡的世界史

09▶09

WHAT
IS HUMAN HISTORY?

东印度公司与
亚洲之海

【编集委员】　青柳正规
　　　　　　　阵内秀信
　　　　　　　杉山正明
　　　　　　　福井宪彦

【推荐学者】　向荣

除非特别说明，本书地图由原著地图翻译、修订而成
原著地图制作：SAKURA 工艺社、J-map

带有 VOC 标志的芙蓉手青花瓷（克拉克瓷）大盘　中间绘有荷兰东印度公司的社标。这些瓷器是在 17 世纪到 18 世纪之间接受荷兰的预订而生产的。长崎市教育委员会收藏

荷兰东印度公司商馆馆员的墓地   该墓地位于印度南部的布利格德。笔者摄。在 17 世纪到 18 世纪，荷兰、英国和法国等国的东印度公司通过贩卖亚洲出产的香料、丝绸、棉织品、茶叶、白银和铜等物产，从对亚洲的贸易活动中攫取了巨额财富，也使世界连为一体，而其活动的舞台就是印度洋海域、与印度洋相邻的南海、与日本海相连的东海一起组成的"亚洲之海"。现在，在欧洲和亚洲各地，还留存有这些公司的房屋、要塞和教堂等建筑，让人感受到过去的繁荣景象

讲谈社
兴亡的世界史 09▶09 WHAT
IS HUMAN HISTORY?

东印度公司与亚洲之海

〔日〕羽田正—著

毕世鸿 李秋艳—译

北京日报出版社

KOUBOU NO SEKAISHI 15 HIGASHI INDO GAISHA TO AJIA NO UMI

© Masashi Haneda 2007

All rights reserved.

Original Japanese edition published by KODANSHA LTD.

Publication rights for this Simplified Chinese character edition arranged with KODANSHA LTD.

through KODANSHA BEIJING CULTURE LTD. Beijing, China.

北京出版外国图书合同登记号：01-2019-5026

图书在版编目(CIP)数据

东印度公司与亚洲之海 /（日）羽田正著；毕世鸿，

李秋艳译. —— 北京：北京日报出版社，2019.11（2020.9重印）

　　（讲谈社·兴亡的世界史）

　　ISBN 978-7-5477-3443-8

　　Ⅰ. ①东… Ⅱ. ①羽… ②毕… ③李… Ⅲ. ①东印度

公司(英国) – 历史 Ⅳ. ①F755.619

中国版本图书馆CIP数据核字(2019)第169319号

地图审图号：GS（2018）6159号

责任编辑：许庆元　卢丹丹

特邀编辑：黄旭东　马希哲

封面设计：艾　藤

内文排版：李丹华

出版发行　北京日报出版社

地　　址：北京市东城区东单三条8-16号东方广场东配楼四层

邮　　编：100005

电　　话：发行部：（010）65255876

　　　　　总编室：（010）65252135

印　　刷：山东韵杰文化科技有限公司

经　　销：各地新华书店

版　　次：2019年11月第1版　2020年9月第2次印刷

开　　本：787毫米 × 1092毫米　1/32

印　　张：11.75

字　　数：233千字

图　　片：112幅

定　　价：84.00元

推荐序

世界史视野中的亚洲海域

东印度公司在亚洲的活动，是集远洋贸易、跨文化交流和殖民掠夺为一身的多面故事，长期以来一直是学术界高度重视并争论的问题。近年来，随着全球化和后现代主义思潮的兴起，东印度公司研究再掀高潮。但是，由于相关资料主要集中在东印度公司的母国，即英国、荷兰和法国，该领域研究一直是由西方学者主导的。在为数不多的由东方学者撰写的著作中，羽田正教授的《东印度公司与亚洲之海》是最新推出的，给人不一样的感觉。在笔者看来，本书有以下特点。

首先，采用了世界史研究的方法和路径。所谓"世界史"，是 20 世纪八九十年代兴起的、与传统民族史学不同的、以研究世界不同国家或地区之间相互联系为面向的历史。为了同过去的世界史，即外国史相区别，包括羽田正教授在内的史家又称晚近的世界史为"新世界史"。世界史研究最早出现在美国和中国，但进入 21 世纪后日本跟进很快。杉山正明对以蒙古为代表的欧亚草原帝国的研究，羽田正对亚洲海洋世界的研究就是这方面的代表。上个世纪 80 年代初，我国著名史学家吴于廑先生提出了"整体世界史观"。他将人类历史分为"纵向发展"和"横向发展"，指出世界史研究侧重于后者，即人类历史从分散到整体的发展。在论及本书的指导思想时，作者表达了类似的观点。他说："迄今为止的历史研究主要根据不同的国家或地区，以时间为轴来开展研究。这就是所谓'纵向历史'研究方法。但是，针对同一时代不同国家或地区的历史，通过横切的方式来叙述世界整体过去所发生的历史，也就是所谓'横向历史'研究方法的应用，至少在本书出版十年之前是很少有人尝试的。"《东印度公司与亚洲之海》力图以东印度公司为客体，构建 17、18 世纪"横向相连的'世界史'"。

在西方史学界，"东印度公司研究"是一门显学。在传统的历史叙事中，东印度公司的活动被视为欧洲民族国家或帝国推行重商主义政策的重要组成部分，即通过对外贸易和对殖民地的掠夺最大限度地获取财富，以达到国强国富的双重目的。随着战后欧洲殖民主义体系崩溃，东印度公司研究也从国家或帝国史框

东印度公司与亚洲之海

架中解脱出来，成为纯经济史研究。借助国际贸易理论和计算机技术，以尼尔斯·斯廷斯加德（Niels Steensgaard）、柯提·乔杜里（K. N. Chaudhuri）为代表的新经济史学家对东印度公司贸易的性质和结构、交易体系、货物种类、长期趋势等进行了统计分析和专门化的研究。在研究过程中，他们发现了一些新问题并得出了一些新的结论，比如股份制是东印度公司的制度创新，也是西方国家在亚洲海域获得成功的关键；在东印度公司运回的货物中，奢侈品所占比例不大，大宗货物如靛蓝、硝石、生丝和棉纺织品才是主要的；东印度公司不仅有官方贸易，还存在公司职员成规模的私人贸易。

与战后的非殖民化运动相伴随，西方史学界也开始对19世纪大行其道的民族史学进行反思。在他们看来，这种狭隘的民族史对于两次世界大战的爆发具有不可推卸的责任。为了摆脱民族史学的局限，一些史家开始寻找超越民族国家的叙事单位。"文明""海洋"等新单位应运而生。法国年鉴学派大师布罗代尔是海洋史研究的奠基人。在1949年出版的《地中海与菲利普二世时代的地中海世界》一书中，他首次将地中海和周边的国家作为一个整体进行研究。他认为在深层次的自然环境和人文条件作用下，地中海世界不同文明同呼吸、同命运，即使腓力二世时代基督教西班牙同伊斯兰土耳其之间的争霸战争也不能改变。受布罗代尔的启发，乔杜里在20世纪80年代中后期从对英国东印度公司的研究转向对印度洋的研究。他认识到与布罗代尔的地中海世界相比，印度洋的自然环境和人文条件存在很大差异性，不同文明之间远未形成分享共同命运的局面。但是，印度洋世界仍然是一个整体。除了季风、移民等因素的影响之外，远距离贸易也发挥了重要的整合作用。这里很早就出现了以港口城市为中心的环印度洋商业网络，并形成了不同文明共享的商业文化。伊斯兰教的扩张、中国的强大影响以及16、17世纪美洲白银的流入进一步加强了印度洋世界的文化和经济联系。

羽田正教授吸收了西方学者新的研究成果，这些在本书中时有反映。但他关注的重点不是东印度公司的商贸活动，也不是印度洋和印度洋世界的统一性，而是"通过东印度公司的兴亡来描述17、18世纪整个世界的变化"。在他看来，世界的一体化潮流始于16世纪以后，并一直持续至今。四百年间，受这股巨大潮流的冲击和影响，地球和居住在地球上的人类社会发生了天翻地覆的变化。17世纪英国、荷兰和法国的东印度公司伴随这股潮流相继成立，推动这股潮流向前发展，并最终随着世界一体化的深入退出历史舞台。因此，本书不是对单个东印度公司的研究，也不是对东印度公司某一方面活动或影响的研究，而是围绕17、18世纪整体世界初步形成进行的综合分析。本书不仅介绍了东印度公司兴起的背景，分析了它们相继退出历史舞台的原因，还全方位、多角度地展示了17、18世纪东印度公司的活动及其影响。除了常见主题如公司组织、商船、商路、商馆和货物之外，本书还包含移民、女性、混血儿、走私商等新内容。

其次，将日本纳入17、18世纪的整体世界，并寻找在其中的定位。在以往的东印度公司或印度洋世界研究中，日本都处于边缘地位。按照迈克尔·皮尔逊（Michael Pearson）教授加大的"印度洋世界"定义，该地区从好望角延伸到印度尼西亚最东端，上接中国南海。说该定义是"加大的"，是因为他加入了被过去定义所忽视的东非，并突出了中国的影响。尽管如此，日本仍不在此范围内。在本书中，羽田正教授将17、18世纪东印度公司活动所及的所有亚洲国家和地区都纳入考察范围，为此他使用了"亚洲之海"。所谓"亚洲之海"不仅包括印度洋，还包括中国的南海和东海。

为了突出日本在17、18世纪世界史中的特殊地位，羽田正进行了比较分析。他首先将东亚海域与印度洋区别开来。他将"东亚海域"称为"政治之海",由于明清中国和统一后的日本拥有强大的王权,东印度公司在这里的影响力受到很大限制;欧洲人,包括东印度公司之前的葡萄牙人无法做到为所欲为。至少直到18世纪末,东印度公司还不是这一海域的主要势力;中国和日本政府,还有华商和水手才是推动这一海域历史发展的重要力量。然后,他将日本同中国区别开来。日本在统一之前是以明朝为中心的东亚国际秩序的一部分。在东亚海域,这一秩序是通过朝贡贸易表现出来的。统一之后的日本试图挑战东亚秩序或从中摆脱出来。经过一段时间的观察和探索,日本建立了在以本国为中心的地区秩序之上的海外贸易体制。这种新体制与欧洲体制十分相似,即拥有主权的政府负责管理"国家"的对外贸易。在他看来,19世纪后半期日本的"脱亚入欧"并非偶然。由此可见,作者书写世界史的最终目的是回答日本问题。

第三,回归宏大叙事,书写普通人能读懂的历史。传统上,无论东方还是西方,历史学都具有资政育人的社会功能。好的历史作品亦文亦史,为普通人所喜闻乐见。在文艺复兴时期,历史是绅士教育的重要内容,具有陶冶情操,明辨是非,增长智识之功能。到了启蒙时代，历史是思想家扫除愚昧、开启民智，构建知识和理性社会的利器。一部宏大叙事、雅俗共赏的《罗马帝国衰亡史》让多少欧洲人看清了宗教的虚伪和不宽容。但是，在经历了19世纪的专业化之后，历史学的研究对象变得越来越狭窄，离现实和普通人的需求越来越远。毫无疑问，历史学的专业化是必要的，但是专业化的历史如何兼顾传统的社会功能却是值得思考的。在笔者看来，《东印度公司与亚洲之海》最大的亮点在于，作者以极大的勇气书写了一本从专业的角度并非特别专业，但能为专家和普通人共享的历史。如同作者坦诚，这是一项有意义的综合研究，但难度很大。他说："以一人之力来挑战如此庞大的主题难免失之轻率和鲁莽。笔者开始写作以来，面对如此困难数次感到挫败。但是，总要有人去挑战这一壁垒不可。现在人们需要一种将当今世界的发展过程作为一个整体来进行理解的历史叙述方式。身为历史研究者的我应该直面此类课题。"

本书也有值得商榷的地方。让笔者困惑的是，作为日本"新世界史"的积极倡导者，本书作者并未摆脱"欧洲中心论"的影响。美国史学家杰里·本特利（Jerry Bentley）在2002年出版的《西方历史思想手册》"新世界史"条目中指出，除了将跨文化交流带入历史研究中心之外，新世界史最主要关心的是构建与欧洲中心论不同的历史理解路径。这并不是否认欧洲在世界史上的重要性，而是否认将欧洲经验作为衡量其他社会发展的标准。本书恰恰存在这方面的问题。本书的核心观点是，17、18世纪欧洲东印度公司之所以能够在亚洲海域胜出，是因为它们是从统治领土的主权国家的世界中生长出来的；日本因为早在江户时代就形成了与欧洲主权国家非常相似的体系，因而能走上与亚洲其他国家不同的道路。基于此，他批评亚当·斯密在《国富论》中"把中国和印度也看作'国家'，并将其与欧洲各国放在同样的平台上来进行分析"。在笔者看来，作者赋予了欧洲形态的国家太多的重要性，而这正是新世界史和文明史、海洋史力图改变的。作者将17、18世纪欧洲和亚洲的国家形态区分为对疆域的统治和对人的统治，认为只有出现主权理论的国家才是主权国家，只有发展出人民主权概念的国家才是民族国家，这些都过于简单化和绝对化。笔者认为，至少17、18世纪的中国是领土国家、主权国家和民族国家，这也是亚当·斯密在"论主权者或国家的收入"一卷中将中国和欧洲国家同等对待的原因。

　　行文至此，笔者不免有些惆怅。2007年，刘新成教授在为杰里·本特利《新全球史》中文版作序时说："上世纪80年代吴于廑先生曾经指出，对世界各地之间横向联系的研究不足，是我国世界史学科的薄弱环节。吴先生此说在史学界同仁中得到广泛认同。但四分之一个世纪过去了，对横向联系的研究仍然没有起色。"从刘教授发表感叹至今，十多年又过去了。在此期间，日本的新世界史几乎从无到有，如今已经硕果累累，但我国的新世界史仍然没起色。在笔者看来，同20世纪80年代相比，世界的一体化进程大大加快，"全球化"或"去全球化"已成为世界各国争论的焦点问题。因此，从横向联系的视角思考人类社会的过去、现在与将来变得更加迫切。面对时代提出的重大问题，中国的世界史工作者为什么几乎集体失声？这似乎与90年代中国史学的重新定向有关。王学典先生将中国近百年的史学争论归结为史观派与史料派之争。民国史学深受德国实证主义史学影响，重视史料考订和小问题研究；从新中国成立直到20世纪80年代末，中国史学重视唯物史观指导下的大问题研究，史观派占支配地位；但八九十年代史料派复兴并大有一统天下之势。他说："进入1990年代后，史观派的学术地位就越发无足轻重，乃至可有可无了。"因此，当国际史学界受全球化浪潮的冲击和影响，大力开展新世界史研究之时，中国史学却回到了民国，回到了乾嘉。毫无疑问，史料考订和具体问题研究是必须的，但重大理论问题和现实问题的探讨也是需要的。笔者认为，史料与史观、具体研究与综合分析、学术探讨与现实关怀不是不可以调和的，处理得好还可以相得益彰。希望《东印度公司与亚洲之海》的出版能给中国史学界一些启示。

向荣
复旦大学历史学系教授

中文版序言

当得知拙著《东印度公司与亚洲之海》将被翻译成中文并在中国出版，笔者深感荣幸，并对突破种种困难、勇于承担本书翻译工作的毕世鸿先生和李秋艳女士表示由衷的敬意。

在"兴亡的世界史"这一系列著作中，本书可谓"异端"。其他著作大多以罗马帝国、蒙古帝国、奥斯曼帝国或清帝国等为研究对象，关注一个地区，并对该地区的帝国或国家的兴亡进行详细论述。与此相对，本书则将整个世界纳入研究视野，以不能称为帝国或国家的东印度公司这样一个组织为研究对象。这是一种比较少见的历史研究方法。但是，对于本书所尝试的世界史的研究方法，笔者确信在今后的世界将具有重要的意义。

作为历史学，其应发挥的重要作用之一，就是为了理解当今世界的特征，通过比较的视角来描绘过去所发生的历史。生活在全球化不断发展的现代社会，我们常常在不断意识到世界整体的同时，从事着各自的工作和生活。有鉴于此，在叙述过去所发生的事情之际，就有必要把世界整体的状态作为"世界史"来加以看待，并根据时代的不同来进行重现。就像中国史或日本史那样，迄今为止的历史研究主要根据不同的国家或地区，以时间为轴来开展研究。这就是所谓"纵向历史"研究方法。但是，针对同一时代不同国家或地区的历史，通过横切的方式来叙述世界整体过去所发生的历史，也就是所谓"横向历史"研究方法的应用，至少在本书出版十年之前是很少有人尝试的。通过将"纵向历史"和"横向历史"这两种方法进行巧妙的组合，我们就能够将世界整体的过去作为"世界史"，继而获得立体的、综合性的理解。在本书中，笔者通过关注东印度公司这一客体，尝试着挑战 17 世纪到 18 世纪这一"横向历史"的难题。这一挑战是否成功，留待各位读者来进行评判。

迄今为止，关于西欧各国设立的数家东印度公司的历史，已经有数部欧美或日本的著作进行了研究。但这些著作基本都只是关注一家公司，并非同时将数家东印度公司的组织及其活动作为研究对象。并且，很多著作只是站在欧洲国家的立场上来叙述东印度公司的历史。对此，本书在注意到上述共同点和不同点的同时，将各国的东印度公司同时纳入视野，从总体的角度来描述这些公司在世界史上究竟发挥了何种作用。与此同时，对于东印度公司在世界各地给当地的人和社会所带来的诸多影响，也试图从地区的角度来进行解读。当然，由于本书原版的读者大多为精通日语且接受过日式教育的群体，本书特别考虑到日本的视角，书中使用大量篇幅来关注日本或亚洲各国的历史，并由此展开论述。在论述的过程中，本书还采用了大量图表和数字来进行说明，希望读者能够关注个人的人生，并能够对过去的事务抱有具体的印象。

本书执笔之时，迄今正好十年，当时笔者尚未和中国或中国学者正式开始交往。在撰写本书之后不久，笔者即有机会访问福建和广东沿海地区的城镇。从数年前开始，笔者和中国历史研究人员之间的接触增多，亦有很多机会交换研究的心得和信息。自2015年末至2016年初，笔者在上海的复旦大学开展了为期一个月的访学，这使得笔者能够近距离地了解中国人的生活和工作，并对中国历史研究人员的研究视角和论述方法有了一些粗浅的认识。如果换作现在，笔者在本书中对于中国历史的论述可能也会出现些许不同。不管怎样，笔者还是希望中国的各位读者能够理解十年前的日本历史研究人员如何竭尽全力接近新的世界史并撰写本书的初衷。笔者更希望以本书在中国的出版为契机，使中国社会也能够增强对东印度公司及其时代的关注，且有志于研究新的世界史的队伍能够茁壮成长、不断扩大。谨以此记，是为序。

羽田正
2016 年春节

目 录

前　言

四百年前的世界　　让我们打开世界地图，一边看着它，一边想象距今大约四百年以前的 17 世纪初期的世界。在那里，有着与我们生活的现代社会全然不同的另外一个世界。我们可以尝试从美洲大陆向东环绕地球一周来俯瞰这个星球。

现在美国所处的北美大陆的大部分地区，当时还是土著居民世代居住的地方。英国移民最早开始建设正式居住地——詹姆斯敦是 1607 年的事情，而清教徒乘坐"五月花"号抵达北美大陆也不过是 1620 年的事情。在中美洲和南美洲，西班牙和葡萄牙殖民者开始强迫土著居民和从非洲大陆带来的奴隶挖掘银矿、种植经济作物甘蔗。新大陆被欧洲人"发现"已经过去了一百年。美洲土著居民所建立的阿兹特克和印加帝国先后灭亡，与现代民

17世纪初叶的世界

根据中国自然资源部所供标准地图绘制而成

族国家前后连贯的独立国家一个也没有。

　　与此同时，在位于欧亚大陆最西端的欧洲，自16世纪前半期发生的围绕基督教信仰、礼仪的政治斗争也一直在持续。新教徒势力占据绝对主导地位的北尼德兰发动了对强行扩张天主教的哈布斯堡王朝的独立战争。这场战争在这时基本尘埃落定，尼德兰联省共和国（荷兰）最终成立。西班牙哈布斯堡王朝失去了手工业和金融中心的地位，所受打击可谓沉重。而在中欧地区，以德国诸邦的宗教对立为源头，不久之后即爆发了三十年战争，法国、瑞典等周边国家也卷入其中。

　　另一方面，根据伊丽莎白一世的统一令、亨利四世的南特赦令，英国和法国境内宗教冲突基本结束，王权势力渐强，所谓的绝对主义王权体制逐渐形成。而曾经主导文艺复兴的意大利各城邦，其光辉在这一时期已然消退。有学者推测，当时欧洲的人

东印度公司与亚洲之海

口大约为 1 亿。在欧洲东部地区，俄国罗曼诺夫王朝已处于诞生前夜，俄罗斯人的势力终于开始扩张到乌拉尔山脉的东侧。

让我们把目光从欧亚大陆西南端转向南方。在这一地区，众多帝国互为邻国，其规模远超欧洲各国，并拥有广泛的影响力。该地区从西向东分布着奥斯曼帝国、萨法维帝国以及莫卧儿帝国。莫卧儿帝国的人口超过 1 亿，也有学者认为其人口甚至接近 1.5 亿。据推测，当时世界总人口只有大约 5 亿，而其中约五分之一的人口集中在这一地区。三大帝国的皇帝和统治阶层都是伊斯兰教徒，但其境内也居住着众多非伊斯兰教徒。与欧洲不同的是，就当时而言，此类宗教和教派之间的对立与斗争均隐藏在皇权之下，尚未发展成为大的问题。从现代的视角来看，17 世纪初期大致是上述三个王朝的鼎盛时期。奥斯曼帝国和萨法维帝国虽然在边境交界地区不时爆发激烈冲突，但在同时代的人看来，上述帝国的统治非常稳定，皇帝的权力和威望也是空前的。

而在当时的东南亚地区，与现在相比可谓人烟稀少。总人口大概只有 2300 万，人口密度仅为 5.5 人 / 平方千米，这只相当于当时中国和印度的七分之一或六分之一，也只达到欧洲的一半。但是，自此前两百年开始的海上交易盛况持续至这一时期，以此为背景，该地区出现了拥有一定规模的政权。例如，在苏门答腊北部的亚齐、爪哇西部的万隆、苏拉威西南部的望加锡等海岛地区，出现了信奉伊斯兰教的国家，而在东南亚大陆的泰国和缅甸境内，则分别出现了大城王朝和东吁王朝等信奉佛教的国家。

欧亚大陆中部到东北部的这一地区，是使用突厥系诸语言、蒙古语的世界，但该地区并没有实现政治和军事上的统一，对于周边地区的影响力也没有超过三百年前的"蒙古和平"。这些民族虽然大多数是游牧民族，但他们在与使用枪炮的定居民族军队的较量中，逐渐处于劣势。

　　在欧亚大陆的东部，明朝已经持续了近二百五十年，其影响力举世无双。明朝统治下的人口与莫卧儿帝国不相上下，大约有1亿人。不过，这个时候明朝的财政状况已经濒临破产。16世纪末，丰臣秀吉下令日本军队入侵朝鲜，明朝派兵支援朝鲜并与日军开战。前后两次的战争加重了明廷的财政负担。统治阶层的士大夫和太监之间的对立白热化，帝国濒临崩溃。另一方面，在现在中国的东北地区，后来取代明朝建立清朝的女真族首领努尔哈赤建立后金国，在这之后，其统治范围也不断扩大。

　　最后，我们再来关注一下漂浮于欧亚大陆东端的日本列岛。日本列岛此时已经经历了长达百年以上的战国时期，德川家康建立江户政权。但在规模庞大的大阪城中，丰臣家族仍然掌握部分权力，由德川政权完成的"天下统一"究竟是何种程度的稳定社会此时尚不明晰。关于当时日本列岛的人口，一般认为大概在1200万到1600万之间。

　　在其他地区，大洋洲和非洲大陆也应该有很多人居住，过着各自的生活。但关于他们的政治和社会，现在我们掌握的信息极少。他们没有记录本民族历史的做法，外国人到当地访问甚至对此进行相关记载也非常少。唯一可以确定的是，这些地区的政权和社会对外界的影响不是很大。

四百年的沧桑巨变　　当我们把上述四百年前的世界和现在的世界做比较，读者可能会为两者之间的天壤之别而再次感到震惊。当时地球上的总人口不到现在的十分之一。让我们以现在的知识来想象出生在当时的情景，没有飞机，没有铁路，没有汽车，人口也很有限，这样的地球和现在相比，应该是无法言喻的空旷。当时，地球上速度最快的交通工具是马。核能自不必说，没有电，也没有煤气，夜晚漆黑一片，冬季异常寒冷。特别是在16世纪末到17世纪初的寒冷期，法国南部的罗纳河在1590年到1603年之间曾经冻结三次。1595年，马赛附近海域也曾经发生过大范围的冰冻。

在当时地球上不到6亿的人口中，80%以上的人口从事农业生产。前述几乎所有的帝国或国家，均是依靠其境内农民生产的农作物来维持生存。这和城市化进程日益加快、劳动力多转向第三产业的现代社会相比，无疑是完全不同的生活方式。

在当前引起全球关注的中东地区，伊拉克、以色列、巴勒斯坦、阿富汗等国家当时均不存在。说起来，这个时候就连世界上的超级大国美国也还没有诞生。与现在拥有相同领土范围的国家，一个都没有。也许会有人认为不是那么回事，不是还有"日本"吗？但的确没有。当时，德川幕府的势力尚未涉足北

墨卡托和洪迪厄斯制作的日本地图　北海道没有描绘在图中。1633 年创作。现收藏于京都外国语大学附属图书馆

海道和冲绳。在冲绳群岛，还存在一个国家——琉球王国。我们现在所称的英国，当时的英格兰、苏格兰和北爱尔兰还没有联合起来。没有被我们常见的国家等政体覆盖的地区，在当时的地球上还有很多。美洲大陆和非洲大陆的大部分地区就是这样，生活在北海道的阿伊努族也是其中一例。即便在存在国家的地区，其边境的划分也非常模糊。这和地球上所有的陆地甚至海洋都以边境来划分的现代相比，简直是天差地别。仅仅过了四百年，地球和居住在地球上的人类社会就发生了如此剧变。到底是什么原因引起如此巨大变化呢？

将全世界连成一体的历史

要回答这个所有人都抱有疑问的根本性问题，仅局限于一个国家或一个地区来追溯历史，是远远不够的。必须把全世界合成一个整体，从而回顾和梳理其历史发展的脉络。本书尝试对 17 世纪到 18 世纪这两百年的历史进行论述。对于过去的这四百年，我们只要了解其

东印度公司与亚洲之海

前半段，就能获得思考其后两百年的确切线索。

让我们再一次把目光投向17世纪初的世界。表面上看，这一时期世界的政治权力、国家和地区等都比较分散，均是各自按照其自身的发展进程来镌刻各自的历史。在欧洲、西亚和东北亚等地，区域内的人口不断迁移，并产生了相互之间的政治关系，继而引发军事冲突，但就地球整体而言，某个地区的人和其他地区的人毫无关联，均是各自生存在自己的空间之中。由于地域的不同，政治权力结构和社会特征也大相径庭。实际上，占地球总人口80%以上的农民，绝大多数到死都只知道生养自己的这片土地和附近地区。与现在通信、交通发达，人、物、信息眼花缭乱地大量交汇不同，当时的世界绝对没有达到一体化。对于这样的世界，我们到底能不能把它看成一个整体？

笔者认为，这要看你是站在什么样的立场去看待过去。由于所处地区和时代的不同，其具体表现形式也有所不同，但地球上任何一处，人类和周围的生态环境都是相互影响并发展至今的。如果将该过程作为一个整体进行把握，继而描述环境和人类相互作用的历史的话，就必须把世界看作一个整体了。在这样的历史叙述中，一直到离现在很近的时候，国家可能都只是一个配角。在环境问题非常严重的现代社会，这是特别需要的一种理解历史的方法。对此，笔者期待在不久的将来挑战这种历史论述方式。

另一方面，本书试图关注人和物的相互联系，继而回顾世界的过去。之所以有这样的考虑，是因为至少从人类迁移和商品流通的观点来看，在 17 世纪初，除南半球部分地区和北极圈以外，世界上大部分地区确实已经连成一体。南北美洲的银被运抵中国和印度，东南亚的香料被运送到中国、西亚甚至欧洲。作为商品，非洲奴隶也被贩卖到新大陆从事劳动。中国的丝绸和瓷器在从东南亚到西亚、欧洲的整个欧亚大陆全境都风靡一时，印度的棉织品也远销亚非各地。就日本列岛而言，也并非与世界商品流通网络无缘。当时，日本各地大量生产的白银出口到中国，然后进口中国的生丝，东南亚的染料、香木等。为了运送这些商品，商人和水手自然也就奔波于世界各地。

当然，如果只是关注欧亚大陆的话，从公元前开始，大陆的东西两端之间就出现了交流活动，在 13、14 世纪的蒙古统治时期，紧密连接欧亚大陆东西两端的海陆交通已变得非常发达。但是，因商品流通和人员流动，包括非洲和新大陆在内的整个世界被紧密连为一体，即人类历史上首次出现全球一体化的现象，却是在 16 世纪以后。也许还谈不上是很大的潮流，但若从现在回顾过去，正是这一时期的人和物所促成的全球一体化，成为决定世界历史发展潮流的重要因素。

透过东印度公司纵观两百年的世界史

在描述 17、18 世纪世界史的本书中，"东印度公司"是主要的线索。该公司创建于世界海上交通和商品流通一体化的时代大背景之下。英国东印度公司创建于 1601 年，荷兰东印度公司建立于1602年。其后，诸如法国、丹麦、瑞典、奥地利等西北欧各国也陆续成立了类似的公司。整体而言，这些公司均成立于17世纪，在18世纪末到19世纪初完成使命并退出历史舞台。伴随着世界一体化潮流开始的东印度公司，进一步推动了这一历史潮流，但随着世界一体化的不断推进，又最终丧失了其存在的意义。

在题为"兴亡的世界史"的这一系列丛书中，其他著作大多论述王朝、帝国或文明的兴亡。本书与此相异的地方在于，通过东印度公司的兴亡来描述17、18世纪整个世界的变化。这是一个非常大胆的尝试。如果不超出日本这一百年以来历史研究的基本框架——日本史、东洋史、西洋史这三个学术领域，并以"世界"为研究对象的话，本书试图涵盖的领域是无法处理的。

迄今为止，相关研究都是以欧洲各国的东印度公司为单位来进行的，并就亚洲各国对东印度公司的政策进行了探讨。其研究的主要框架大致有英国东印度公司进入印度、日本和荷兰东印度公司的长崎贸易、英国东印度公司对英国经济的影响等。即便是针对单个框架中的详细课题，不管是存留下来的史料，还是积累下来的研究成果，均可谓汗牛充栋。但如果不将这些研究综合起来，并以一贯的视角来加以研究的话，我们就无法描绘这两百年的世界史。

恕笔者直言，以一人之力来挑战如此庞大的主题难免失之轻率和鲁莽。笔者开始写作以来，面对如此困难数次感到挫败。

但是，总要有人去挑战这一壁垒不可。现在人们需要一种将当今世界的发展过程作为一个整体来进行理解的历史叙述方式。身为历史研究者的我应该直面此类课题。正是基于上述考虑，笔者恳请编辑部变更了其原来建议的主题，这才促成了本书的诞生。当然，日语文献中尚未出现类似的著作。虽然是在有限的篇幅中开展的较为粗糙的叙述，但读者如能从中感受到哪怕一点新的历史叙述的气息，笔者就不胜荣幸了。

　　本书所涉及的地区、主题以及参照的研究成果，其数量不胜枚举。特别是日本学者关于日本史或中国史的研究、印度或欧美学者关于印度史的研究，其成果浩如烟海，笔者无法一一研读。虽然主要著作基本过目，但由于时间有限，也难言充分。对此，各专门领域的历史学者或许会觉得论述不充分、解释并非最新、重要的论点没有提及等，笔者悉听赐教。不管怎样，如果要说本书还有那么一点优点的话，那就是尝试构想横向相连的"世界史"，并寻找"日本"在其中的定位。由于本书是以日语写成的，读者自然也以日本读者为主。在这一点上能否成功，笔者非常希望能听到读者真实的感想。

亚洲和东印度公司　　东印度公司诞生于欧洲，但其主要活动舞台却是在欧洲以外的地方。对于这一地方，本书称其为"亚洲之海"。从地理位置上来看，"亚洲之海"就是印度洋、南海、东海相连的海域（包括海洋和沿岸地区）。

印度洋以印度南亚次大陆为界，可以区分为西侧的阿拉伯海、波斯湾、红海和东侧的孟加拉湾这两个部分。前者我们称其为西印度洋海域，后者则称为东印度洋海域。

本书所谓"亚洲之海"，是个避繁就简的名称。在现代地理学中，一般以欧亚大陆上的乌拉尔山脉为界，其西称之为欧洲，其东则是亚洲。将欧亚大陆一分为二的这一称呼，迄今已经衍生出各种各样的误解、偏见、对立乃至抗争，笔者对此不再一一赘述。诸如欧洲中心史观、东方学、进步的欧洲和滞后的亚洲、大亚洲主义等等，在今天看来，这些带有不少问题的概念，都是因这种二元对立的世界观而产生的。所以，这两种用语的使用都必须慎重。在本书中，"欧洲"和"亚洲"都只是作为中立的地理名词来使用。与欧洲相比，对于广袤的亚洲地区，在亚洲前面加上"东""西"这一表示方向的定语，或许会更为贴切，根据需要，本书将区分使用"东亚"和"西亚"。其次，由于欧洲是表示地理的名称，本书把东印度公司的诞生地——英国、荷兰、法国等国统称为"西北欧"。对此，读者也许会觉得累赘，但如果毫无批判地使用地理上的意义和理念交织不清的"欧洲"这一词语，则是非常危险的，敬请读者给予谅解。

还需要注意的是，欧亚大陆虽然在地理上分为"亚洲"和"欧洲"两个部分，但人们的生活及其文化，却不能简单粗暴地也同样一分为二。包括中国和日本在内的"东亚"、包括印度的"南亚"和包括波斯的"西亚"这三部分，由于同属"亚洲"，所以文化非常相似，并且和"欧洲"不同，这种想法是极不妥当的。就"亚洲"而言，不过是把"欧洲"看成一个系统空间且拥有不同文化的人们，概括自己所居住的东方空间的一个用语而已。

在东印度公司东驰西骋的17世纪到18世纪，来自"欧洲"的东印度公司职员在"亚洲"全境开展交易活动。从这层意思来看，把"亚洲"和"欧洲"进行对比使用并非天方夜谭。本书之所以使用"亚洲之海"这一词语，也是基于上述原因。甚至可以说，在东印度公司时代，亚洲才首次成为一体。但这只是当时的"欧洲"人或后世的我们的看法而已。当时的"亚洲"人也并不认为自己和欧洲人不同、大家都是亚洲人。例如，江户时代的长崎人并没有把跟随荷兰人来到出岛居住的爪哇人和华人认作同样的亚洲人，而把荷兰人单独排除在外。

此外，还有一些比较容易产生误解的词语，在此做相应说明。这就是"东印度"。在17世纪初期西北欧人对世界的认识中，认为从欧洲乘船向西经过的岛屿和大陆直至新大陆南端的麦哲伦海峡，全都包含在"西印度"中。加勒比海的岛屿和南北美洲大陆也属于这一概念。与之相对，从非洲南端的好望角到麦哲伦海峡之间的沿海地区则全都属于"东印度"。因此，不仅是现在的南亚次大陆，自阿拉伯半岛、波斯经东南亚到中国的亚洲各地也全部属于"东印度"国家。日本当然也包括在"东印度"之内。在当时的欧洲人看来，无论波斯、印度、中国还是日本，都属于"东印度"地区。

东印度公司与亚洲之海

据此，"东印度"和"亚洲"这两个词，在很大程度上存在重合。但是，在"亚洲"这一概念中，位于地中海沿岸的土耳其和叙利亚等地，绝不在"东印度"的范围之内，而中亚地区也没有被认为是东印度。概言之，坐船到达好望角以东的空间就是"东印度"的范围。不过即使这样，在通过东印度公司探索世界史的本书中，日本也有着重要的地位，我们不能把世界史和日本史截然分开。此外，本书在叙述"东印度"各地的情况时，原则上使用现在通用的地理名称，因此，印度就是指现在的南亚次大陆。

作为世界中心的亚洲之海 通过人和物实现全球一体化的是来自西班牙和葡萄牙的水手。自 15 世纪末哥伦布发现新大陆以后，西班牙人进入中美洲和南美洲各地，又从墨西哥跨越太平洋，并于 1571 年抵达菲律宾的马尼拉。1584 年，西班牙商队从马尼拉抵达日本平户。另一方面，在达·伽马穿过非洲最南端的好望角到达印度之后，葡萄牙人也在短时间内蜂拥进入亚洲各地。葡萄牙人在 1542 年或 1543 年到达日本的种子岛，其后主要在九州各地进行交易，这一史实已广为人知。我们不得不承认，正是伊比利亚半岛上的西班牙、葡萄牙及其商船和水手，通过货物把地球上很多地区连接起来，为连接全球做出了巨大贡献。

另一方面，在本书所提及的时代，亚洲之海占据了世界商品流通的中心地位，这一事实也需要强调。各位读者可以再次回想一下 17 世纪初期的商品流向。葡萄牙人和西班牙人为什么不远万里来到亚洲之海呢？是因为这里有香料、棉布、丝绸、瓷器等，他们梦寐以求的商品堆积如山。而为了换取这些商品，仅靠欧洲生产的商品和贵金属只是杯水车薪，西班牙人为此运来了新大陆的银，葡萄牙人也不得不采购日本的银。西班牙人和葡萄牙人并不是来卖东西的，而是被这里的商品吸引来的。就像以现在的纽约证券市场为中心展开全球性金融活动一样，当时亚洲之海的交易也对全世界的商品流通产生了巨大影响。说得极端一些，亚洲之海就是世界中心。

前言部分略为冗长，接下来就要为各位介绍亚洲之海了。首先是葡萄牙人的登场。为什么会诞生东印度公司？公司开展交易的亚洲之海是什么样的地方？为了更好地理解这些问题，我们必须要将时间再上溯一百年，来看一下葡萄牙人刚现身亚洲之海的情况，时间是 15 世纪末期，地点在亚洲之海的西端，即位于东非沿岸的莫桑比克。

东印度公司与亚洲之海

第一章

葡萄牙的"海上帝国"和亚洲之海

瓦斯科·达·伽马"发现"印度

葡萄牙人所"发现"的东非人

1498 年 3 月初,东非港口城市莫桑比克的人们看到了三艘从未看到过的船及其船员,并对他们的怪异行为深感疑惑。这些白皮肤的船员大多数都不懂当地通用的阿拉伯语。通过与几个会说阿拉伯语的船员的交流,当地人推测他们好像非常欠缺这一海域的商业知识。现在,他们希望当地人给他们介绍导航员。在一般情况下,做生意的船只都停靠在岸边,可这三艘船却停泊在离岸较远的海湾,丝毫没有靠岸的意思。镇长到他们船上拜访,他们拿出帽子、珊瑚作为礼物,但没有镇长想要的绯色布匹。

瓦斯科·达·伽马 受命前往东方寻找基督教王国，希望获得香料。
Sanjay, *The Career and Legend of Vasco da Gama*

造访这座位于西印度洋海域贸易圈最南端的城市，买卖象牙、黄金、奴隶等商品的外国船只非常多，其目的不外乎就是做生意。这座城里的民众也很善于跟外国人打交道。外国人的来访大受欢迎。通过交易，双方都可以得到想要的物品。但这三艘船上的外国人和其他商人大不相同，好像不单纯是为了做生意而来。他们到底为何而来？在城里的民众和船上的船员之间，弥漫着微妙的紧张气氛。

读者当然知道这三艘船从哪来，由谁率领。没错，这就是受葡萄牙国王曼努埃尔一世之命，由瓦斯科·达·伽马指挥，为寻找东方基督徒之王和前往"印度"获取香料的船队。他们于1497年7月8日从里斯本出发，11月22日绕过好望角，历经艰辛终于抵达这里。达·伽马所乘坐的一艘船名为"圣·加百列"号，吨位约100吨。其余两艘分别约100吨和50吨。三艘船的船员人数总共在148人到170人之间。

这些来自伊比利亚半岛的葡萄牙人在1492年征服了格拉纳达，并把它的穆斯林（伊斯兰教徒）国王放逐到大海对岸，此时却被奇怪的妄想附体。他们视讲阿拉伯语的穆斯林为敌，深信如果对方知道自己是基督徒的话，就一定会进行攻击。在当时的地中海地区，信伊斯兰教的阿拉伯人和信天主教的威尼斯人、热那亚人之间都是以和平的方式通商，葡萄牙人也不可能不知道这一事实。但这个时期，所谓的"收复失地运动"刚刚结束，其后不久，与马丁·路德和加尔文倡导的宗教改革运动对抗的反宗教改革运动兴起，在当时欧洲西部的天主教文化圈里，宗教和教派的不同会造成人与人的彻底隔绝，甚至常常作为充足的理由导致互相残杀。

　　不管怎样，抵达莫桑比克的葡萄牙人很快就意识到这里的居民大部分是说阿拉伯语的穆斯林。在那一瞬间他们就成了敌人。之所以把船停在海上，也是为了防止当地居民看到他们星期天举行礼拜，发现他们是天主教徒。但要在未知的海域继续航行，就必须要有向导。此外，水和粮食也必须得到保证。他们不得不开始与当地居民进行交涉。但一方一开始就将对方看作敌人，这场沟通也不可能顺利进行。此外，还存在语言差异导致的沟通不畅。最终，达·伽马决定使用武力夺取淡水。于是，葡萄牙人的船队突然向守护水场的莫桑比克人开炮，突破其防线。当地有两人被杀害，数人被抓作人质。他们还掠夺了两艘当地的船只及其货物。

　　次日，得意洋洋的葡萄牙人再次来到水场，轻而易举地获得了淡水，然后进入城中心鸣枪示威。在达·伽马船队船员的日记中记录有如下内容："摩尔人都躲在家中，没有一个人敢出来到

肯尼亚马林迪城内的纪念碑　注明了达·伽马船队的登陆地点。铃木英明摄

海边。"在这一地区，当时尚未使用枪支等热兵器，当地人对枪、炮的声音和威力无疑是非常吃惊的。在通过暴力获得必需的物资之后，船队无视该地区的习惯，没有支付一分钱的港口使用费，两天后随即顺风北上。

之后，达·伽马船队经过蒙巴萨、马林迪，仍然重复着让当地人侧目的恶行。例如，他们以异乎寻常的热情搜集天主教徒及其王国的情报，对阿拉伯的穆斯林显示出极大的敌意，甚至袭击阿拉伯人的船只，掠夺他们的物资。另外，作为指挥官的达·伽马和其他各船的船长拒绝下船登陆，船员们也只有在和港口码头方交换人质之后才下船。葡萄牙人的这种做法和行为，与其他地区商船经常到访的东非海岸各城市的习惯相悖，显得极不自然，甚至不可思议。

这支葡萄牙船队在马林迪首次遇到四艘印度商船。船员是来自印度西南的喀拉拉邦海岸的天主教徒。在未知的土地和海域，对于一直寻找天主教徒及其王国、开辟前往印度之路的葡萄牙人来说，这应该是一次令人兴奋的偶遇。在马林迪这个地方，这群

东印度公司与亚洲之海

葡萄牙人得到了前往印度的航道和印度港口城市的充足信息，并成功聘请到向导、储备了足够的淡水和粮食，于4月2日扬帆起航，一路赶赴印度。

这群来路不明、好似从天而降的葡萄牙人，不但不遵守当地业已确立的商业习惯，甚至二话不说就诉诸武力，而后却像暴风雨一样仓促驶向印度。对于葡萄牙人的这些行为，东非人是如何看待的呢？遗憾的是，至今为止留存的记录都是从葡萄牙人的角度来撰写的，并未反映出东非人的真实看法。或许其反应也只是停留在"那是什么呀"的程度。但是，这场风暴并不是一吹而过的，之后不久，定期访问这里的葡萄牙人给东非历史的发展进程带来了决定性影响。

印度洋海域的航海　　在讲述瓦斯科·达·伽马和葡萄牙人其后的航海情况之前，简单介绍一下在他们进入印度洋时人们通常使用的航海方法。在莫桑比克所在的南纬15度以北的海域，一年当中风的方向发生有规律的变化。根据季节变化而改变方向的风被称为季风，也被称为季节风。在北半球的夏季，低气压位于青藏高原，围绕这一地区形成逆时针的风。也就是说，在印度洋和南海的大部分海域吹西南风或东南风。与之相反，进入冬季之后，青藏高原被高气压控制，在这一地区形成顺时针的风。在亚洲的大部分海洋，此时开始刮西北风或东北风。

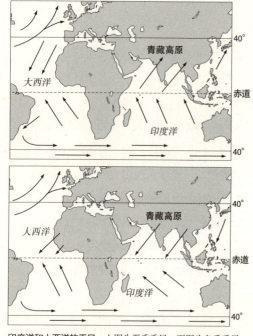
印度洋和大西洋的季风 上图为夏季季风，下图为冬季季风

说到印度洋，10月末到次年的3月末刮东北风，即从南亚次大陆吹向东非方向，4月初到9月中旬，则刮相反的西南风，也就是风从东非吹向南亚次大陆方向。

当时的帆船能够有效地利用季风进行远洋航行。在吹东北风的10月末到次年3月末这一段时间，从南亚次大陆往东非方向航行，而在刮西南风的4月到9月中旬，则由东非航行至南亚次大陆。

但在6月到8月中旬的夏季，西南风过于猛烈，海上波涛汹涌，并不适于航行。在此前后的4月、5月、8月中旬到9月中旬，则是东非至南亚次大陆的最佳航海季节。希望大家还能记起，达·伽马船队从马林迪起航赴印度就是在4月中下旬。

东印度公司与亚洲之海

印度洋海域的商品和人

在印度洋海域的各地，有很多只有当地才能生产的特产。例如，作为高级香料的肉桂只有锡兰岛（斯里兰卡）和印度西南部才能生产，丁香出产于东南亚的马鲁古群岛，肉豆蔻、肉豆蔻花也只有东南亚的班达群岛才能生产。胡椒和生姜的主要产地是印度南部的马拉巴尔海岸和东南亚的苏门答腊岛，乳香产于阿拉伯半岛。马匹也是出自阿拉伯半岛和波斯。黄金和象牙产自东非，丝织品和地毯来自波斯，棉织品则出自印度西北的古吉拉特地区（Gujarat）、印度东南部的科罗曼德尔海岸和印度东北部的孟加拉。用于织物染色的蓝色颜料，则产自古吉拉特地区。

在沿岸各地的港口城市，带着其他地方特产前来交换当地特产的商船抵达并在市场上进行商品交换。交易方式基本上采用以物易物，很少使用货币。这是因为当时尚不存在通用于整个印度洋海域的货币。黄金和银还只是作为商品进行交易，甚少作为交易决算的手段。葡萄牙人来到印度洋的主要原因是得到欧洲市场大量需求的香料，特别是胡椒，但胡椒仅仅是印度洋海域众多交易商品中的一种而已。

此外，本书之后对"香料"和"香辛料"两词加以区别使用。"香辛料"在现代日语中是香料、调味料的意思，主要指饮食调味品中的胡椒、丁香、肉桂、豆蔻。在现代社会，这些商品专门用于与"饮食"有关的范畴，并形成了一个系列。另一方面，日语的"香料"一词，是法语 epice 一词最早的意思，同"从遥远的地方带来的舶来品"一样，指代更广范围的东西，"香辛料"也被包括在其中。在当时欧洲的西北部地区，人们认为epice（香料）是一种对身体很好的贵重"药材"，和沉香、白檀、乳香、麝香、龙涎香一样，主要用其香味。此外，他们认为糖、茶等饮料也具有药用功效，当时也视其为"香料"。

活跃于印度洋海域的商人们，大多按照不同的血缘、不同的出身或宗教信仰组成共同体，大家相互协助，一起从事商业活动。公元8世纪到9世纪之后，阿拉伯语系的伊斯兰教徒开始进入这一海域，这导致该海域有时也会被看成"伊斯兰之海"。但是，这只是一种把当时的现实简单化的错误看法。在这一海域，穆斯林的商人和船员确实比较多，但除此之外，信奉被称为"瓦尼亚"的古吉拉特地区的印度教派、其他地区的印度教派、耆那教、犹太教、亚美尼亚东正教，还有印度的天主教徒派等伊斯兰教以外宗教的商人，组成了各种各样的共同体，频繁地开展商业活动。

另外，所有穆斯林也并非关系紧密，抱作一团。以阿拉伯半岛的亚丁为根据地的阿拉伯人、以波斯湾入口的霍尔木兹为根据地的伊朗人和阿拉伯人、以印度西北部的古吉拉特各地为根据地的圣行派和什叶派的人、集中居住在印度马拉巴尔海岸的坎纳诺尔郊区和邦纳尼郊区的被称为"马匹拉"集团的人等，诸多穆斯林集团同时存在，他们之间围绕交易方式和利益也发生过纷争。

"伊斯兰之海"这一词语，听上去好像是穆斯林商人成为一

东印度公司与亚洲之海

体并完全按自己的做法控制了印度洋海域的贸易，但实际情况并非如此。这一海域商业活动的特征在于，宗教信仰各不相同的多种民族团体共同生活，并在激烈的竞争中开展贸易活动。因此，达·伽马率领的葡萄牙船队，实际上完全没有必要隐瞒自己天主教徒的身份。只要他们遵守这一海域的基本贸易规则，其他商人只会把他们看作新的竞争对手，接受他们应无太大问题。

印度洋海域世界的港口城市和王国　　当时印度洋的主要港口城市，从东往西有马来半岛的马六甲、印度西南地区的卡利卡特、印度西北地区的坎贝、波斯湾的霍尔木兹、红海入口处的亚丁，还有东非的基尔瓦等地。马六甲不仅是印度洋海域世界的港口城市，同时也是从南海到东海的亚洲东部海域的连接点。中国的特产丝绸和瓷器等以及东南亚各地的香料、调味料类商品都集中在这里交易。为了将这些东方的物产和印度、西亚、东非的商品交换，众多商船造访这一港口城市。卡利卡特是其腹地所产胡椒的集散地，同时也是从马六甲到坎贝、亚丁、霍尔木兹商船的中转站。坎贝因其腹地的古吉拉特出产棉织品而驰名，是印度洋海域最大的商船建造基地。霍尔木兹是同经过波斯湾的地中海地区、波斯以及中亚地区交易的据点。亚丁则是同经过红海的埃及以及地中海地区的交易的中转港口。

这些港口城市中，有不少基于政治的考量，从其腹地中独立出来，成为专司贸易的王国。典型的例子就是马来半岛的马六甲、

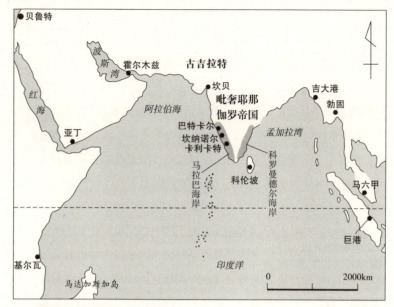

15 世纪后半期印度洋海域的主要港口

波斯湾的霍尔木兹。这些王国收入的大部分依靠对商品征收进出口关税，而如何为远道而来的商人提供有利的交易环境，则决定了这一王国的兴衰。相反，在内陆地区设立据点进行统治的政治势力并没有给予作为其主要收入来源的港口城市及其贸易足够的重视。他们认为与其支付高额的军事远征费来占领这一港口城市，不如让其发展自由贸易，继而对进入位于内陆地区的商品征税，这样就已足够了。在印度洋海域这一世界，并不存在统治支配各种商业团体贸易活动的政治势力。

当时，即便在达·伽马船队前往的印度南部地区，首都设在内陆地区的毗奢耶那伽罗（Vijayanagar）帝国拥有强大的政治势力，但也未必延伸到沿海地区。巴特卡尔（Bhatkal）、柯钦等马拉巴尔海岸地区的港口城市，都是独立或半独立的小王国，城内居住着以从事海外贸易为生的各种商人。作为胡椒和香料的集散地的卡利卡特也是这样一个王国。

卡利卡特城的起源可追溯至11世纪。关于这个城市对外来商人有多么安全，流传着一个趣闻。印度东南地区的科罗曼德尔海岸的商人，在红海做生意赚了大钱。在回家途中，由于船上装有大量黄金，致使船只有沉船的危险。迫不得已，这个商人把装有黄金的大箱子交由卡利卡特的国王保管。虽然对这些财产已经不抱太大希望，但等他再次返回时，国王仍然原封不动地帮他保管着财宝箱。当惊喜不已的商人试图把箱中一半的财物作为谢礼献给国王时，这位国王说"我只是做了一个国王应该做的事"，什么都没有收。于是，商人在城里修建了市场来报答国王。这位国王深知，比起这半箱宝物，能够得到国王公正处事和城市安全等评价，对于卡利卡特这样的港口城市来说更为重要。

瓦斯科·达·伽马
抵达卡利卡特

从马林迪起航前往印度西海岸的达·伽马船队顺风顺水，仅用三周左右的时间即穿过西印度洋，于5月20日抵达卡利卡特北部，并抛锚停船。在第二天即21日天一亮，就有小船从港口开过来问船队从何而来。在经过漫长的航海之后，葡萄牙人肯定也想尽快上岸，但达·伽马对此显得非常慎重，他首先让一

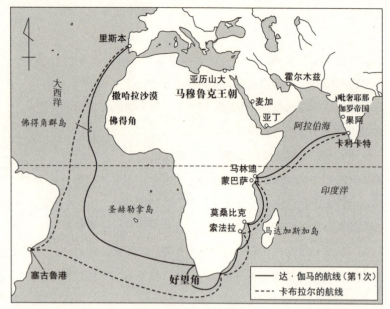

瓦斯科·达·伽马和卡布拉尔的航线

个从葡萄牙带来的囚徒单独乘小艇登陆，查看城内是否安全。

这名囚徒被带到了城内的广场上，在那里有两位出身北非突尼斯并讲卡斯蒂利亚语和热那亚语的"摩尔人"（"摩尔人"这一词语在当时欧洲各国文献中经常出现，意为讲阿拉伯语的伊斯兰教徒）。这名囚徒在卡利卡特城内看到了地中海世界随处可见的面孔，肯定感到无比吃惊。这两人向囚徒问了如下问题。

"怎么回事？你是怎样来到这里的？"看来，感到吃惊的不仅是来到这里的葡萄牙人。也许囚徒回答他们是绕过好望角来的吧。听说这一情况之后，摩尔人又问道："你们来这里想得到什

东印度公司与亚洲之海

么？"该囚徒回答道："为了寻找天主教徒和香料。"

聊了一会儿，这两人随囚徒一同来到了达·伽马的船上。"你们真是好运，真是好运，这里有很多红宝石、绿宝石。你们应该要感谢神把你们带到这么富饶的土地上来。"听到他们说的这话，船上的人都怀疑自己的耳朵是不是听错了。因为这是自从葡萄牙出航以来，他们第一次能听懂对方说话。

此后，达·伽马一边谨慎地观察该城的情况，一边把自己带有葡萄牙国王派遣使节的信件递交给卡利卡特国王。外出巡游的国王返回城后，允许达·伽马觐见。这是自船队抵达卡利卡特一周以后的 5 月 28 日的事情。

**达·伽马拜访
卡利卡特国王**

为以防万一，达·伽马让其兄长保罗等留在船上，一行人等终于登陆上岸，并受到了好奇心极强的当地民众的欢迎。葡萄牙人发现大多数民众并不是穆斯林，加之其对印度教也没有任何了解，随即将这些人误认为天主教徒。在前往王宫的途中，他们以为途经的印度教寺庙就是天主教教堂。

抵达王宫之后，尽管朝臣再三要求达·伽马告知来访的目的，但达·伽马却主张自己是葡萄牙王的大使，必须与国王直接对话，并未听从朝臣的要求。于是，达·伽马跟被称作扎莫林（Zamorin）的卡利卡特国王讲述了葡萄牙王如何富裕如何强大，称自己是被派来寻找祭司王约翰（长老约翰），持有只有遇到祭司王约翰才

达·伽马登陆纪念碑附近海滩今景　此地被认为即登陆地点。铃木英明摄

能转交的救命文书，并希望在回国时能有回礼大使同行，等等。交涉一直持续到夜晚。由于两人之间语言不通，自然要有翻译同席，但达·伽马的话经过两种或三种语言的翻译之后，卡利卡特国王到底理解到何种程度，不得而知。

　　次日，达·伽马在住地筹备赠送给卡利卡特国王的礼物，前来迎接的官员和穆斯林商人们一看到摆放在桌上的礼品，便哄堂大笑起来。达·伽马准备的礼物只有布匹、一打外套、六顶帽子、珊瑚、六个花盘、一桶砂糖、黄油和两桶蜂蜜。"这怎么能算是送给国王的礼物呢？到这城里来的最穷的商人也会准备比这好的礼物。如果是有求于国王的话，不送黄金恐怕不行。"听到这些话，达·伽马虽然有所动摇，但也只能辩解道："我不是商人，我是大使，这不是葡萄牙国王送的礼品，是我个人的礼品。如果是国王的礼品，那当然是这些所无法比拟的奢华品。"以上一席对话真实地反映出当时印度洋海域贸易之繁盛和富足，而与此相反，当时的葡萄牙及其周边各国却仍然是物质极度贫乏。

　　次日，达·伽马再次觐见国王，国王非常自然地问道："你既然来自那么富裕的国家，怎么什么礼物都不带来呢？"对此，达·伽马回答道："这次仅是来探路并发现新的通道的，所以什么也没

东印度公司与亚洲之海

有带来，下次回来时肯定不一样。"国王讽刺地问道："那你到底发现了什么？"国王随即命令道："不管怎样，你们立刻返航，把带来的东西全部卸下，把能卖的东西都卖

达·伽马登上卡利卡特海岸纪念碑　碑上刻有"1498年登陆"等字样。铃木英明摄

了。"作为国王下此命令，理所当然。因为到达卡利卡特的外国人都是商人，王国的大部分收入来自商人们带进城市并销售的商品的关税。因此，国王也鼓励葡萄牙人把带来的东西进行销售，然后收取税款。

此刻，达·伽马等葡萄牙人感受到来自阿拉伯的穆斯林商人们的敌视，但也没有确切的证据，或许是他们多虑了。他们对穆斯林产生了不必要的警惕之心。虽说信奉天主教的葡萄牙人的三艘船到达，但信奉伊斯兰教的阿拉伯人应该不会认为自己的生意会立刻受到影响。穆斯林和天主教徒之间存在宗教差异，他们之间自然存在一种紧张感，但在印度洋海域，信仰不同宗教的人们相互竞争、共同生存也是很自然的事情，阿拉伯人也并没有只把葡萄牙人视作敌人的想法。

但是，等达·伽马回到船上之际，葡萄牙人与卡利卡特的港

口官员和阿拉伯的穆斯林商人之间，由于双方的误解而弥漫着剑拔弩张的气氛。卡利卡特方面对乘坐小艇返回外海大船的达·伽马提出要求，希望葡萄牙船只能够靠岸。葡萄牙人随即产生一种被害的妄想，认为穆斯林肯定会设套加害他们。但卡利卡特方面只是担心如果让达·伽马很快回船的话，他们会不交港口使用费就溜之大吉。结果经过数日的交涉之后，为了证明不会马上离港，达·伽马同意把船上的货物卸下，这样他好不容易才回到船上。

归途　　　　　　　之后，葡萄牙船队在卡利卡特大约停留了三个月。在此期间，达·伽马允许每艘船上的船员可以逐个离船上岸，参观卡利卡特城，并把自己带来的商品进行交易。葡萄牙人用纺织品、锡、锁等交换胡椒、丁香、肉桂、宝石等。对于自己带来的东西只能贱卖、当地的商品价格非常便宜这两点，葡萄牙人非常吃惊。与葡萄牙相比，卡利卡特的物价非常便宜。

即使停留时间变长，达·伽马也没有放松对阿拉伯穆斯林的警惕。仅从正常的交易活动来看，卡利卡特应该说是一座安全的城市。也正因为如此，才有很多外国人来到这里，并促使这座城市日渐繁荣。但是，葡萄牙人好像害怕什么似的，他们的这种疑神疑鬼无疑也让当地人对其产生怀疑。达·伽马一直深信城内有一种不安分的动向，对自己的阴谋也正在谋划之中，随即于8月29日扬帆起航离开卡利卡特。与达·伽马同行的维罗就此写道："8月29日，星期三，我们达成了此行的目的——寻找并得到了香料和宝石，同时，我们也清楚不可能和平友好地离开此地，于是船队司令官和船长们商议之后，决定起航出发。"

结果，葡萄牙人直到最后也没能和当地人友好相处。但在他们强行出发的8月，仍然是西南季风的季节。没有刮往东非方向的东北风，他们只得在印度西海岸的海上等待季风直到10月5日。出海之后，季风的状态并不令人满意，仅跨越西印度洋就耗费三个月。由于漂在海上时间过长，船上坏血病蔓延，有近三十名船员死亡。在三艘船中，每艘船上只剩下七八个水手，境况惨淡。从印度返回的归程比去程更加艰难。

1499年1月9日，船队好不容易抵达马林迪，在进行了简单的补给后，于11日离开。也许他们希望离开阿拉伯穆斯林控制的地方，迫不及待地想回到葡萄牙。但由于维持船队的水手数量急剧减少，最后只得在蒙巴萨附近将所有幸存的船员集中到两艘船上，并烧毁了剩下的一艘。这两艘船于3月20日穿过好望角进入大西洋，之后的航行比较顺利。7月初，有一艘船先行抵达，8月，作为旗舰的"圣·加百列"号也最终抵达里斯本。但是，"圣·加百列"号上没有发现瓦斯科·达·伽马的身影。他和身患重病的兄长保罗在大西洋的圣地亚哥岛上换乘了其他船只，中途去了亚速尔群岛。保罗死于此地，达·伽马在埋葬了兄长之后回到里斯本。这次航行，自里斯本出发之后历经了两年多的时间。

葡萄牙的"海上帝国"

威尼斯商人的困境　　　　　瓦斯科·达·伽马船队返回葡萄牙之后，
此事不仅在葡萄牙，在地中海沿岸各地也
引起很大的轰动。在达·伽马本人返航之前，曼努埃尔一世就已
经给西班牙的费尔南多、伊莎贝尔两位国王和罗马教皇送去信件，
得意洋洋地宣称已经发现了真正的印度。他甚至狂妄地称呼自己为
"征服埃塞俄比亚、阿拉伯、波斯、印度的海上贸易的统治者"。

葡萄牙人直接到达印度这件事意味着什么呢？这在欧洲很快
就看到结果了。两艘船带回来的香料和宝石的出售收益，减去两
年的航海费用之后还有不少剩余。在里斯本的佛罗伦萨商人在
给家人的信件中写道："这样一来，威尼斯人不得不放弃东方贸
易，改去捕鱼吧。"

在当时的欧洲，胡椒和香料的需求非常大，但寒冷的欧洲却
无法种植产出胡椒和香料的植物。胡椒产于印度和东南亚，欧洲
人消费的胡椒完全依赖于从东方国家进口。在达·伽马直接抵达
印度之前，印度产的胡椒大部分都被集中到卡利卡特，从那里再
用船运至波斯湾和红海地区。然后，从叙利亚和希腊经过地中海、
威尼斯，之后再被转运到欧洲各地。这些胡椒经过很多商人和运
输业者之手，从海洋到陆地，再从陆地到海洋，然后再到陆地，
中途不断被转运，长途跋涉，中途被多次征税，而且加上欧洲进

口被威尼斯人垄断等原因，到消费者手里时价格已经非常高昂。

达·伽马的航海成功证明，只要直接赴印度带回大量胡椒，且比威尼斯商人的价格稍微便宜一点卖出，就算减去航海的往返费用，也能够获得高额利润。此后，威尼斯商人开始陷入窘境成了一个不争的事实。

卡布拉尔的航海　达·伽马船队给葡萄牙带来了大量关于东方国家的信息，不单是胡椒还有更高级的香料的确切产地、卡利卡特至地中海的香料交易的实际情况，以及达·伽马一行认为是天主教国家的印度港口王国的现状，等等。相较而言，更为重要的信息是：在印度洋海域没有装备大炮的强大舰队，印度洋沿岸地区也尚未普及枪支。

曼努埃尔一世命令马上组织前往印度的新船队。这一次的规模远远超过达·伽马船队，有 13 艘船进行了舾装。这里的"舾装"实际上指为了能使帆船适于长期海上航行所做的所有出发准备工作，具体而言，就是准备航海所需的装备比如帆布和绳子、大炮、枪支和炮弹等武器，粮食和淡水等船员必需品，此外还装载各种商品。由于报告中提及大炮和枪支在"东印度"发挥了巨大威力，所以这些船上的装备也少不了枪炮。在达·伽马返回葡萄牙半年之后的 1500 年 3 月上旬，卡布拉尔（Cabral）率领这支庞大的船队从里斯本出发。虽然船队的筹备和舾装耗费了相当多的精力和时间，但在被发现印度的狂热所包围的里斯本，下一次航海时间不可能耽搁太长。

然而，卡布拉尔的航行在去程中发现了巴西，并在一年零四个月的短时间内完成了返航。发现巴西是他的一大功劳，但船队在 1501 年 6 月返回葡萄牙后，却被认为是一次失败的航海。其理由在于：船队在到达印度之前失去了七艘船，返程时又放弃了一艘；带回来的商品数量不足，无法收回航海所花费用；船队在卡利卡特引起武装冲突，有 54 名葡萄牙人死亡，且炮轰当地城市导致未能在当地设置商馆；等等。至此，葡萄牙国王终于明白了在前往印度的航海中获取利益也并非易事，对是否投入宝贵的王室财产来继续派遣船队犹豫不决。

瓦斯科·达·伽马的第二次航海

在获悉国王的犹豫之后，达·伽马希望国王允许他自己出资再次前往东方。第一次航海后得到的利益和奖赏，让达·伽马当仁不让地成了葡萄牙的大富翁。国王当然没有理由拒绝。1502 年 2 月，达·伽马司令官率领由 20 艘船组成的庞大船队出发直奔印度。有了上次航海的经验，达·伽马对一条原则确信不疑，即只要以武力控制印度洋，就绝对能够收回投资资金，还能获得更大的利益。

这一年的 7 月 12 日，葡萄牙船队抵达了当时号称东非第一繁荣港口城市的基尔瓦的海湾，齐放大炮。这是一种示威活动，表明如果对方不臣服自己的话，就会诉诸武力。至今还留有 7 月

20日达·伽马给船队其他船长的署名信件：

> 1502年7月12日，我抵达基尔瓦港口，希望觐见国王并结成友好和平关系。但国王不接见我们，并且采取了非常无礼的态度。于是，我和部下决定武力攻击，把小船开到他的屋前，并把船头搁置在海滨。然后，我用比他对我们更加无礼的方式把他传唤过来，他服从了。我以每年向葡萄牙国王进献1500密斯卡尔（mithqal）黄金的贡品为条件和他缔结了和平友好条约。他在这个月内向我支付了1500密斯卡尔的黄金，并成为陛下的臣子。因此，只要他们保持和平，你们就也保持，你们要像遇见陛下的臣子一样对待他们。

从我们现在所知悉的外交礼仪来看，达·伽马的行为是脱离常轨的。某个船队访问其他国家，却突然在其海湾施以大炮攻击，要求其国王出来缔结和平约，这算什么事。这种做法肯定会在全世界受到谴责，更别说基尔瓦国王之前并没有对葡萄牙人有过什么恶行。对达·伽马来说，这是他第一次访问基尔瓦。

就算在当时的印度洋海域，这也是不可思议的脱离常识的行为。如果认为在访问地受到关照，访问者拜会其主人并表示敬意，这是非常自然的行为。但是，达·伽马的船队以武力对话，并迫使基尔瓦国王服从，这确实是蛮横无理。

之后，达·伽马仍然在各地继续他的暴力行为。9月，达·伽马船队抵达印度西海岸坎纳诺尔海湾后，并没有立刻进入港口，而是埋伏在那里袭击从红海方面开往卡利卡特的船只。卡利卡特和葡萄牙人的关系在上次卡布拉尔航海期间就已经恶化。达·伽马把所有开往敌国卡利卡特的船只都看作掠夺的对象。29日，达·伽马船队已经抓捕了一艘船，另一艘船逃脱。这时，一艘大船出现在水平线上。这艘船上乘有去麦加朝拜回来的240人（一说380人），其中以妇女儿童居多。

葡萄牙人先是以大炮攻击，逼迫船只停下来。在朝拜的人群中，一些富商试图支付赎金以保全性命，但达·伽马坚决不允，在彻底抢劫之后放火烧船。看着船上哭叫求救的妇女和孩子，达·伽马面不改色。这种行为，比只要支付一定金额的赎金就能放人的海盗更加恶劣。对于坚信十字军精神的达·伽马等葡萄牙人来说，把满载伊斯兰教徒的船只彻底破坏，并不会受到任何谴责。当时，船队抢夺的财物数额是30000克鲁扎多（cruzado），相当于葡萄牙王室年收入的十分之一。

之后，抵达卡利卡特的达·伽马船队完全无视卡利卡特国王希望冷静下来耐心交涉的建议，要求赔偿卡布拉尔到达卡里卡特时所遭受的人财损失，并把居住在城里的所有穆斯林驱逐出境。国王没有答应。于是他们不停地捕获路过的穆斯林小船，并将之前俘获的穆斯林处以极刑，还把人头挂在桅杆上。据称，被杀害的穆斯林多达34人。然后，船队又突然向聚集到海滨来看热闹的人群开炮。炮击进行了两天，打出四百多发炮弹，岸边的房屋建筑几乎完全被毁。对四年前满怀期待和敬仰的卡利卡特，达·伽马是以一种什么样的心情向其开炮呢？或许，他想起之前被侮辱没有什么拿得出手的礼品时的气愤，感到一种引吭一鸣的快感吧。

11月3日，达·伽马为了封锁卡利卡特港，留下五艘船，船队主力开拔前往科钦。达·伽马在卡利卡特的暴行马上在印度西海岸各地传开，并引起了强烈的抗议。当达·伽马船队再次接近卡利卡特海湾时，受到大大小小34艘船的猛烈攻击。但是，葡萄牙船上的大炮威力巨大，占据压倒性优势。另外，被称为"拿屋船"（nau）的葡萄牙帆船擅长前后左右高速移动，加之达·伽马船队的随从船只也从他们背后出现，最终卡利卡特方面的攻击以失败告终。

在政治上，达·伽马与卡利卡特之间的关系未必顺利，但其在科钦和坎纳诺尔大量购进胡椒和高级香料，并掠夺了几艘商船之后，遂于1503年3月踏上归途。葡萄牙人所造成的惊人破坏、大肆掠夺，以及所留下的满目疮痍就此告一段落，但他们并没有完全从印度洋撤离。有五艘船没有返回葡萄牙，仍然留在印度洋海域，并在科钦设立商馆作为据点来维护葡萄牙人的权益。

同年10月24日，达·伽马船队的14艘船满载物资回到里斯本。他们所带回的香料多达1500吨，销售之后获得巨额利润。达·伽马还兑现当初跟国王的承诺，自己负担全部的航海相关费用，可谓名利双收。

在日本，普通民众认为瓦斯科·达·伽马是"勇敢的冒险者""印度航线的开拓者"，对其持肯定的态度，但他实际上却是这样一种残暴的形象。不可否认，他是一名勇敢的水手，但是，不要忘记其财富大部分是无视当地风俗习惯，依靠暴力经商、抢夺航行在印度洋上的商船、杀害无数无辜生命得来的。从这个角度来看，达·伽马是多元文化共存的印度洋海域秩序的破坏者。1503年以后，葡萄牙国王及其部下不断使用达·伽马开创的以武力控制印度洋海域的手段，并变本加厉。

葡萄牙海上帝国的成立

尝试垄断香料贸易　　1503年到1515年仅仅十多年的时间里，印度洋海域的主要港口城市相继受到葡萄牙的攻击，并受其统治。东非的索法拉（1505）和莫桑比克（1508）、波斯湾的霍尔木兹（1515）、印度西海岸的果阿（1510），还有马来半岛的马六甲（1511）均是如此。它们大部分都是知名征服者、第二代总督阿方索·德·阿尔布克尔克的"杰作"。在印度洋西海岸的主要港口城市中，葡萄牙未能征服的只有位于红海入口处阿拉伯半岛的亚丁和印度西北古吉拉特地区的港口第乌。在被葡萄牙统治的城市里，大量葡萄牙人驻留，并建起了坚固的要塞。葡萄牙船只在印度洋海域主要航线上变得不可一世。可以说，阿尔布克尔克时代构筑了葡萄牙海上帝国的基础。

在1501年到1510年期间，从葡萄牙安全抵达印度洋的船只数量，加上卡布拉尔和达·伽马船队，共有135艘，在其后的十年间有87艘。另外，从印度洋返回葡萄牙的船只，最初的十年间有88艘，其中有77艘抵达葡萄牙。之后的十年间，这一数字分别为60艘、59艘。由此可见，有相当数量的葡萄牙船只长时间在印度洋海域各地开展活动。

葡萄牙人侵占港口城市，试图以该海域"主人"的姿态，通过暴力控制当地的贸易活动。这意味着该海域至今为止任何人都可以自由航行、自由使用港口城市的规则遭到根本性改变。先不说地中海、北海等欧洲周边的海域，在这之前印度洋中尚未出现过要控制海洋、海上交通和贸易的人。在葡萄牙人出现的仅仅十多年时间里，印度洋海域的秩序被迫发生了极大变化。

葡萄牙人之所以采取如此行为，是因为他们想独霸胡椒和香料的贸易。自古以来，进入欧洲的胡椒和香料是从印度西海岸经过红海、波斯湾这条航线运到西亚。葡萄牙人封锁了这条航线，不允许向西方运输商品。与此相对，他们经由好望角带回胡椒和香料，通过垄断市场获得了巨额利润。这乍看上去，好像并不是那么聪明的做法，但是由于胡椒和香料的装载港口、途中经由的港口，还有商品目的地的港口基本上都是固定的，也就是说葡萄牙船队只要顺应季风的方向，在这些港口附近检查进出的

黎凡特（Levant，地中海东海域）香料贸易的变化（年平均）

	亚历山大（单位：吨）		贝鲁特（单位：吨）	
	1496—1498 年	1501—1506 年	1496—1498 年	1501—1506 年
胡椒	480—630	135	90—240	10
其他香料	580—730	200	150—180	35
合计	1060—1200	335	270—420	45

船只就可以达到目的。对这条传统航线的封锁，至少在当时发挥了相当大的作用。

当然，印度洋沿岸各地的王侯商人们对于突然出现的葡萄牙人的残暴做法并非没有看法。直接面临关税剧减的埃及马穆鲁克王朝的苏丹和之后取而代之的奥斯曼帝国的苏丹，还有卡利卡特国王们组建舰队，也对葡萄牙船队发动过挑战。虽然他们也取得过部分胜利，但是从整体来看，到荷兰人和英国人等欧洲国家的人在印度洋海域出现为止，葡萄牙人对这一海域的武力控制不可撼动。

需要说明的是，葡萄牙人试图以武力垄断的仅仅是以胡椒为中心的香料贸易。他们绝非企图完全霸占印度洋海域的所有贸易，这也是绝对不可能的。与之前相比，在印度洋贸易中占更大份额的其他各种商品交易没有改变，仍然是很多贸易集团在相互竞争和相互合作中进行的。

东印度公司与亚洲之海

阿方索·德·阿尔布克尔克
著名的印度洋征服者，根据
《图说航海与探险的世界史》
摘录

**葡萄牙海上帝国
——葡属印度**

到 1515 年 前 后，印度洋海域的大部分港口城市均已在葡萄牙的掌控之下。这些港口如点状分散在印度洋沿岸，葡萄牙人把这些点连成线，并全力维持这一海上交通线。由这一连串的点和线形成所谓"葡萄牙锁链"的势力范围，用葡萄牙语表示为 Estado da India，也就是印度国或葡属印度的意思。对于葡萄牙人来说最为重要的是，这一锁链的内侧，也就是大海，葡属印度无疑是"海上帝国"。

为了能够和一百年后出现的东印度公司的特征进行比较，在此整理归纳一下葡萄牙本国和葡属印度的关系、东方贸易的方式、葡属印度的维持和运营等问题。在印度洋至 17 世纪初出现东印度公司的船只以前的一百年间，葡萄牙国王、印度总督的政策随着时代的变迁而变化，另外，印度洋沿岸各属国的政治权力也发生一定变化。此处的总结只是将其与其后的东印度公司时代进行比较，是一个非常粗略的示意图，请读者给予谅解。

理论上，通过海上交通而开展的"东印度"相关事务完全是葡萄牙王室的事情，只有葡萄牙国王才拥有从葡萄牙派船至印度洋的权限。但是，16 世纪初的葡萄牙只不过是欧洲西南地区的

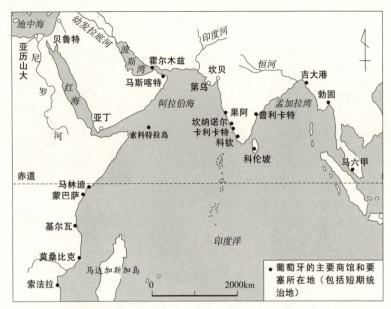

1520 年前后的葡萄牙"海上帝国"

一个小国,人口刚过一百万。从王室的财政规模来说,这样一个小国的国王持续不断地派遣大量的人和船到印度洋是不可能的。比如,1505 年,葡萄牙国王派遣阿尔梅达·佛朗西斯科·德前往印度,其率领的庞大船队由 22 艘船组成,仅舾装耗费就相当于葡萄牙王室年收入四分之三以上,约 25 万克鲁扎多。如果将如此庞大的金额持续投入单一行业的话,王室财政必破产无疑。

因此,虽然名义上是王室自身的事业,但实际上有很多人和集团都与向东印度派遣葡萄牙船只有着千丝万缕的关系。之前的阿尔梅达船队的费用一半以上实际上是由德国和意大利的商团出资的。即便是王室的船只,只要支付足够的钱,航行东方的权利也可以转让给贵族和商人。另外，1515年后，葡萄牙王室在今天比利时的安特卫普设立商馆，销售从东印度带回来的胡椒和香料。以经营款项作为担保，王室从弗兰德斯的金融机构融资并用来建造前往东方的船只。虽说垄断了派遣船只的权利，但实际上并非所有的费用都由王室来负担。

关于开往东方的船只的建造和舾装、商品的准备、确定船员、与东方各地之间的联系、东方商品的销售等业务，均由里斯本的印度馆、王室财产监督院，加上安特卫普的商馆（至1549年）相互分工，合作完成。任何一方都是隶属于国王的下设机构。但在当时，葡萄牙的国家财产和王室财产并没有严格区分，三者的关系相互交织，非常复杂。此外，因船只的不同，实际出资者和货物所有者也存在微妙的差异，导致上述机构之间的业务关系异常错综复杂。

葡属印度的统治者是葡萄牙国王。在当地代表国王的权力，全面负责当地民政和军政的人是由国王任命的"总督"，自1515年以后驻扎于果阿。葡萄牙本国和果阿之间的通信最短也要花十个月，所以葡属印度的实际运营和管理均由总督和其所设的委员会负责。委员会由果阿大主教、果阿城行政负责人（行政长官）、有能力和名望的两三名贵族，加上王室财产管理人等组成。葡属印度各地设立的要塞大约有50个，在这些成为要塞和据点的商馆里，派驻有被称为行政长官的责任人，他们听从总督的指示，负责管辖本地区的民政和军务。

"海上帝国"的据点果阿 代表葡萄牙国王权力的总督驻扎在此

"海上帝国"下葡萄牙人的贸易

在被纳入葡萄牙"海上帝国"的印度洋海域，航海和贸易大致分成四类方式进行。

第一种是在印度西海岸和葡萄牙之间绕过好望角的贸易。这是葡萄牙王室或与王室签署合同的船只采用的贸易方法，也是自达·伽马以来，葡萄牙人从一开始就希望采取的一种贸易方式。从1500年到1635年的平均值来看，每年有5.5艘船从葡萄牙前往印度，有3.5艘船回到葡萄牙。初期，船的数量较多，而随着时代的发展，其数量日渐减少。

从葡萄牙到当地工作的补充人员和充当购物款项的货币均由这些船只运送，船上大量装载了作为商品的铜，回程的船上则装有王室垄断的以胡椒为主的香料、象牙、黄金等高档商品，此外还有葡属印度的官员、商人、船员因个人生意而收购的各种东方物产。王室在垄断香料贸易的同时，还从上述个人贸易的商品中征收税款。

第二种是王室或从王室取得许可的船只，在特定的年份和特定的地区进行的垄断式航海和贸易。具体对象有中国、日本等东方各地，还有暹罗、孟加拉以及印度东南的科罗曼德尔海岸等地。

东印度公司与亚洲之海

随着时间推移，王室逐渐把这类航海的权利赐给官员和贵族。比如，马六甲的行政长官曾拥有 17 个通往各地的航海权。其后，作为官员所获得的上述权利，也有陆续卖给个人的情况。也就是说，尽管名义上是葡萄牙国王的事业，但在葡属印度的葡萄牙人只要花费一定的代价就能买到航海权，实质上是在进行个人贸易。关于具体的来往地点，请参阅下表。由该表可以看出，在 1580 年前后，从果阿出发经过马六甲到达长崎的航海衍生了高额利润。

以上两种都是合法的贸易方式。与之相反，第三种是原本不允许存在的葡萄牙人的个人贸易。自达·伽马"发现"印度航线不到二十年的时间里，很多葡萄牙人带着不同的目的来到印度洋海域。官员、教士、士兵等公职人员原本有义务为国王工作，但有些人开始假公济私。此外，从一开始就打算来做生意的贸易商

东亚地区内贸易的权利（1580 年前后，单位：克鲁扎多）

路线	利益	转让价格
果阿—长崎	35000	20000
果阿—马鲁古群岛	9500	
马六甲—澳门	10000	5500
科罗曼德尔—马六甲	6000	
马六甲—巽他	10000	5500
马六甲—婆罗洲	5500	
澳门—巽他	6500	

人，离职后不返回葡萄牙而选择留在当地的官员、士兵和船员也很多。到1516年前后，包括上述人员在内，已经有四千多名葡萄牙人活动于亚洲各地。

没有公职的人们，厌恶生活在果阿和马六甲等葡萄牙据点并受到各种各样的限制，怀揣着一夜暴富的梦想自由分散在印度洋海域各地。也就是说，在印度洋沿岸各地，很早开始就居住着完全不一样的两种葡萄牙人，即居住在构成"葡萄牙锁链"的要塞和据点的"公家"的葡萄牙人，及独自在锁链之外的地方谋生的"私人"的葡萄牙人。

在后一类的葡萄牙人中，除了做海盗营生的人，还有不少人跟当地商人共同拥有船只或收购部分船只货仓，与亚洲各地港口开展贸易，其中包含了多种多样的贸易方式：把东南亚的香料运到印度各地，作为对价把印度各地的棉织品带回东南亚；把波斯的马匹和丝织品运到印度，再把印度的棉织品、染料、谷物运送到波斯等。

当然，并不是葡萄牙人开始了这种在亚洲各地之间的贸易，此时自不待言，当他们刚出现在印度洋的时候，就已经有各地的商人、船员们积极地开展此类贸易。外来的葡萄牙人发现这种贸易的收益颇高，于是也就参加到这一"游戏"之中。

由于这些走私贸易大部分都没有得到果阿总督的许可，原本就是违法的活动，因此当局偶尔也会颁发禁止此类贸易的命令，但在实际操作过程中，仅凭有限的"公家"葡萄牙人和船只，不

东印度公司与亚洲之海

可能完全取缔这种非法贸易。另外，参与取缔的官员也不时染指此类走私贸易。

"海上帝国"和"大陆帝国"的理论

16世纪初叶，葡萄牙人新近加入了印度洋海域的贸易活动，结果产生了上述三种新的方式。但在整个印度洋海域所进行的贸易业务中，这三种贸易方式所占的比重微不足道。本地商人所开展的贸易量占绝对优势。葡萄牙人和本地商人的贸易活动没有直接关系，但他们试图通过对其贸易活动实施全盘管理的独特方法来从中获利，那就是以实施"通行证"（cartaz）制度来进行贸易管理。

在葡萄牙人管理的海洋中，也就是要在"葡萄牙锁链"中开展贸易活动的所有船只，必须携带通行证，即葡萄牙语的"cartaz"。通行证由果阿总督或各地要塞的行政长官颁发，上面注明了船长姓名、船只大小，还有船员数量等重要事项。没有携带通行证的船只如果被葡萄牙人抓获的话，船上所有货物将被没收，船员的生命安全也得不到保障。相反，持有许可证的船只将会获得航海的安全保证，但来往都必须经由葡萄牙要塞，并有义务就船只所载商品缴纳税款。申请办理通行证的手续费不过几个卢比，非常便宜，但一旦持有通行证，就必须向葡萄牙人缴纳税款，这是该制度的核心。

在葡萄牙人出现在印度洋之前，这一海域并不存在通行证这样的制度。对海上运输的物品征税，只需要在装货港口和交易港口支付就可以。但在16世纪以后，在印度洋进行贸易的商人除了在上述两种港口缴纳税款，还必须要向控制海上运输线的葡萄牙人缴纳税款。通行证的申领实施到何种程度，目前尚没有确切的统计数字。但从东印度公司直到18世纪还在运用这一制度来看，为了管理当地商人的贸易活动并从中获益，该制度无疑是一种非常有效的手段。

由于通行证制度的诞生，印度洋海域出现了前所未有的新帝国。之前的帝国都是"大陆帝国"，控制着广袤的土地，并从领地内的农作物征税，这是其财政收入的主要来源。但葡萄牙人统治的葡属印度地区内，几乎没有陆地领土，就算有领土，大部分也只是人们居住的城市，没有农业生产。"葡萄牙锁链"内侧都是海洋。葡萄牙人统治的葡属印度，控制了印度洋海域的海上交通和贸易，从中获取的税款成为其主要收入来源，这是一个真正意义上的"海上帝国"。

只要是稍懂历史的读者都知道，16世纪中叶在印度北部诞生了莫卧儿帝国。葡萄牙统治葡属印度的鼎盛期和莫卧儿帝国第三代国王阿克巴统治下的势力渐强的时期正好重叠。在据点同样处于南亚次大陆的这两股势力之间，为什么没有发生战争呢？另外，拥有强大军事实力的莫卧儿帝国为何不征服葡萄牙控制下的沿岸小城市呢？实际上，作者也曾长期对此抱有疑问。但到现在，好像可以找到答案了。莫卧儿王朝是"大陆帝国"，而葡属印度则

东印度公司与亚洲之海

是"海上帝国"。两者的"防守范围"大相径庭，没有利害冲突。

我们可能会认为，莫卧儿帝国控制下的印度各地的商人，在海上贸易中屈从于葡萄牙人的压力，负担沉重，帝国皇帝自然应该给予他们支持和援助。但这种意见是以现代东亚国家和当权者的形象为前提的。根据著名学者皮尔逊的研究，在印度西北地区的古吉拉特王国，国王与居住在其管辖范围的各种集团之间并没有紧密的政治关系，对商人们的贸易活动也不关心。因此，他也没有考虑动用大量资金建立军队来保护这些商人。对于当时印度洋沿岸的政治权力，这在一定程度上可谓普遍的原则。莫卧儿帝国的皇帝只要商人按照规定足额缴纳税款，至于他们在做什么生意，别人对他们的影响如何之类，概不关心。该地区王权的这种特征也是本书的一个主题，之后会多次提及。

继续东进

葡萄牙人来到印度洋海域之初，活动主要集中在印度西海岸。为了垄断在欧洲的胡椒交易，他们认为有必要把经过红海和波斯湾的航线置于自己的控制之下。但是，胡椒以外的大部分高级香料，诸如沉香、白檀等香木，加上中国的丝绸、瓷器等魅力十足的商品大部分都是从东南亚方面运过来的。葡萄牙人的眼光越过印度最南端的科摩罗转向东边，只是时间问题。

当时，东南亚的国际商贸中心是位于马来半岛的马六甲。据葡萄牙人托梅·皮雷斯（Tome Pires）的记载，西亚的开罗、麦加

16 世纪的马六甲　曾经是东南亚的国际商贸中心

和亚丁的摩尔人，波斯人、土耳其人、亚美尼亚人，南亚的古吉拉特人、马拉巴尔人、孟加拉人等，东南亚的柬埔寨人、占婆人、吕宋人、马克人、班达人，东亚的华人、琉球人等亚洲各地的很多商人都造访这座城市，港口里说着 84 种语言。马六甲是亚洲之海西半部分的印度洋海域和东半部分的南海海域的商品交汇地，作为等待转换风向的港口，其地理位置的优越性无与伦比。

　　1511 年，阿尔布克尔克船队有效地利用炮击方式，经过激战后征服了这一贸易中心，赶走了控制该城市的王族，并命令将居住在这座城市里的所有阿拉伯穆斯林商人处死。对于习惯了生活在这个多民族多信仰共存的地方的阿拉伯穆斯林来说，为何唯独自己遭到杀戮，实在难以理解。但对于当时的葡萄牙人来说，阿拉伯穆斯林是和天主教徒对立的恐怖的异教徒，且从试图垄断香料贸易的立场来说，也是必须要抹杀这一种族的。

　　古吉拉特的穆斯林商人知悉葡萄牙人在印度西海岸的暴力行为之后，放弃了在马六甲的交易活动，并将贸易据点转移到东南亚的其他港口。自此，马六甲已无法延续之前一家独大的繁荣景象。但在印度东海岸的泰米尔商人和水手的协助之下，葡萄牙人

东印度公司与亚洲之海

以马六甲为基地，频频造访孟加拉湾各地，并在印度东南地区的普里卡特（Pulicat）、孟加拉湾的吉大港（现属孟加拉国）、缅甸的勃固（Pegu）等地依次设立了据点。另外，葡萄牙人不久之后也将到达更东边的盛产丁香、肉豆蔻等高级香料的班达群岛和马鲁古群岛。

越过马来半岛往东，是和印度洋完全不同的一望无际的新海域：南海。沿南海北上经过东海就可到达中国沿海地区、琉球诸岛、朝鲜半岛和日本列岛。本书把欧亚大陆东部的海域统称为"东亚海域"。葡萄牙人在把马六甲收入囊中并确保了补给基地之后，与追求丁香等高级香料一样，为了追求高质量的丝绸和瓷器等中国产品，也开始进入这一海域。这其中的来龙去脉以及在葡萄牙"海上帝国"构建中发挥重要作用的耶稣会，一并放在第三章进行论述。

"海上帝国"的极限

幻影般的香料垄断经营　　16 世纪初叶，在葡萄牙人开始染指印度洋海域贸易活动的时期，非常重视以上四种贸易方法中的第一种，即葡萄牙和印度洋之间的贸易。既然由王室派遣船只，采取这种方法也是理所当然的。但是，当初看上去已经成功的葡萄牙在欧洲对胡椒和香料实施的垄断经营，不久之后也明显被发现没有产生预想中的利润。在印度洋海域，为了逃避葡萄牙人的限制，贸易商们不断想出各种新方法把商品运到埃及和西亚，优质商品经由威尼斯不断地大量涌入欧洲。威尼斯人即便不下海捕鱼，也能活得十分滋润。

实际上，在构成葡属印度领地的"锁链"上，有一个很大的破绽。位于红海入口处的亚丁始终没有被葡萄牙人收入囊中。在附近没有补给基地的葡萄牙人要想在红海入口张网以待非常困难，当地商人运送香料的船只可轻而易举地摆脱他们的监视。另外，在现实中，西亚地区也有需求，在这种情况下，就不可能完全拒绝在红海和波斯湾港口卸下香料。比如，若拒绝装满胡椒的船只通关，就会眼睁睁地看着关税流失，这对霍尔木兹负责财务的官员来说恐怕也很难办。上岸后的商品被运送到哪里，自然不在葡萄牙人的管辖范围之内，其去向便不得而知。

为了建设和维护"葡萄牙锁链"的众多要塞和据点，需要耗费大量的资金，这个问题令葡萄牙王室颇感头疼。对于几乎没有陆地领土的"海上帝国"来说，建筑材料的筹集和运输也很困难。根据建设场地所处位置的不同，有一些材料需要专门从欧洲不远万里运来。驻守要塞和据点的人员所需的粮食、酬劳，以及弹药武器的补给都需要耗费大量资金。这个"锁链"的圈画得过于大了。葡萄牙销售胡椒和香料所获得的利润，大多被上述费用所抵消。因此，到了16世纪中叶，无论是经过葡萄牙还是经由威尼斯，胡椒和香料的价格已相差很小。尽管葡萄牙人做了大量的努力，但垄断香料贸易的野心最终还是化为了泡影。

向走私贸易和本地化的倾斜

毅然奔赴一个陌生遥远的地方，这需要下相当大的决心，更何况是在四百年前离开生养的故乡葡萄牙，前往遥远的东方异国。他们都是一些什么样的人呢？在抵达印度之前，必须忍受半年以上的各种艰辛，在险象环生的大海上漂泊。况且，在气候和水土都大不相同的"东印度"，葡萄牙人的死亡率非常高。可以说，普通人是绝对不会想去那种地方的。在当时的西欧，还不存在观光旅游这一概念，只有商务或者练手艺的工匠以及朝拜之人会走这种远路，外出旅行的人的数量微乎其微。除一部分宣誓绝对效忠国王的贵族和官员以外，奔赴东方的大部分人在葡萄牙都是无业游民、深陷囹圄的犯人，以及梦想一夜暴富的商人。船队更是让死不足惜的犯人充当士兵。

在东印度有幸生还，一定程度上对当地情况比较熟悉的大部分人开始了走私贸易。最初，这是一些冒险家、暴徒以及只顾自身利益的人的混合体。他们在印度的东西海岸、泰国和缅甸沿海地区，以及澳门和长崎等东亚海域的各地建立据点。他们熟悉当地的商业习惯，和当地商人打成一片，开始一起做生意。这种倾向随着时间的推移越来越强。对于这些人来说，葡属印度和自己没有任何关系，也不是什么重要的事情。

来到东印度的葡萄牙人几乎都是男性，女性则凤毛麟角。也正因为如此，他们大多和当地女性结婚生子，诞生了所谓的"欧亚混血儿"。在正式场合，这些孩子虽然是葡萄牙人的身份，但一直居住在当地又和当地女性结婚生子，要求他们的后代对葡萄牙国王效忠几乎是不可能的事。

　　因此，要维持葡属印度的正常运转，需要从本国持续投入大量人力。但是，从王室财政、本国人口构成上来看，这并不是一件简单的事情。而且，要强制居住在当地的人们一直保持葡萄牙人的身份也非常困难。随着时间的推移，印度属地内部已经出现空洞化的现象，在亚洲之海的葡萄牙人几近无政府状态，大都在进行走私贸易活动。

荷兰的威胁　　就这样，随着时间的变迁，葡萄牙的"海上帝国"逐渐变质，已经丧失了初期的热情和活力。其中最重要的原因是缺乏本国和印度属地的一体化管理运作。1581 年之后，葡萄牙王位由西班牙国王腓力二世兼任，这也造成了一定的影响。腓力二世忙于欧洲王室战争，加上和新教徒之间的战争，甚至不得不考虑对美洲大陆的经营，可谓异常忙碌，因此，无法集中精力管理"东印度"也是顺理成章的。尽管如此，至少在印度洋海域，只要不出现威胁葡萄牙人权威的竞争者的话，葡萄牙人的地位还是稳定的。

　　但过了不久，这种威胁就出现了。这次是荷兰人。现在荷兰所处的低海拔地区（尼德兰王国），当时正处于西班牙哈布斯堡家族的统治之下。受 16 世纪前半期宗教改革运动的影响，大部分荷兰人成为加尔文派新教徒。1568 年，荷兰人发动了反抗强迫信仰天主教的西班牙国王腓力二世的叛乱。直到 1648 年其他欧洲国家正式承认荷兰独立为止，荷兰与西班牙之间一直处于战争状态。由西班牙国王继承了王位的葡萄牙，从继承的那一刻开始也视荷兰人为敌。

16 世纪，在西北欧经济中心比利时安特卫普的商人中，新教徒占据多数。西班牙国王强迫他们改变信仰，信奉天主教，为了反抗西班牙国王的这一暴政，他们中的大部分人移居到了荷兰，特别是阿姆斯特丹。因此，阿姆斯特丹在 1585 年之后的三十多年间，城市人口增至 7.5 万人，到 1622 年发展成为有 10.5 万人居住的大城市。在新增加的人口中，大部分都是从安特卫普移居过来的富商、金融业者、手工业者，这极大地增强了阿姆斯特丹的经济实力。

由于地势较低、湿地众多而不适于发展农业，大部分荷兰人很早就下海从事渔业和海运业。在这些海运业者中，有的到葡萄牙的里斯本购进胡椒和香料等东印度商品，再将其运送到波罗的海沿岸。但当荷兰和哈布斯堡家族陷入战争状态之后，他们随即被禁止前往伊比利亚半岛的港口。当先进的航海技术和集中的资金结合在一起时，即将发生什么事情显而易见。这时，荷兰人开始考虑自己开辟前往东印度的航线了。

第二章

东印度公司的诞生

东印度公司的成立

荷兰人的东方航海 　　16 世纪 90 年代荷兰人开始考虑直接前往东印度的理由，除第一章结尾所说的以外，还有其他几个。首先是英国的"私掠船"问题。"私掠船"是指在海上袭击其他船只并掠夺货物的船，实质上和海盗船没什么区别。但不同点在于，这种掠夺行为被该船所属国家的国王和政府许可。当时，任何一个欧洲国家都禁止海盗行为，抓到海盗的话绝对执行绞刑。但是，如果这个国家的国王和其他国家处于敌对状态，该国王可允许其船只攻击敌国的船只，这就是私掠船。私掠船可以说是海军的民间援军。普通船员突然变身海盗，二者之间只是一纸之差。

另外，这里所写的英国，正确的说法应该是英格兰。当时，苏格兰、爱尔兰与英格兰还不是一个国家。领地、政治体制，加上各自国家归属意识的不同，把当时的英格兰王国和现在的大不列颠及北爱尔兰联合王国都称为"英国"，实际上存在很大的问题，这会让人们很容易以为英国是一个从古至今一直存在的国家。本书为了简化叙述，姑且认为读者已经了解了这一问题，对大不列颠岛最重要的政治权力及其领域，斗胆使用"英国"这一跨越时代的词语。

当时，新教国家英国与天主教国家西班牙和葡萄牙处于战争状态。笔者希望读者能够回忆起来世界史教科书中写有以下事件：1588年，"英国海军击败了西班牙的无敌舰队"。因此，英国的私掠船经常在大西洋上袭击装有胡椒的葡萄牙船。1592年后，欧洲的胡椒价格不断高涨。

此外在北欧，也出现了围绕胡椒销售据点的纠纷。运至里斯本的大部分胡椒都是由与王室签有协议的商人负责销售，当时签署此协议的有天主教的意大利人和西班牙商人，此外还有德国南部的富格尔（Fugger）家族和韦尔泽（Welser）家族。荷兰人自己不能销售胡椒，而作为面向北欧的胡椒销售基地的汉堡逐渐实力增强。对于经济增长加速的荷兰人来说，这是无法忍受的。

各种偶然的因素集合在一起，就会发生一桩决定性的事件。只要缺少其中一个要素，或许该事件也不会发生。例如，假如西班牙王室和葡萄牙王室没有合二为一的话，会怎样呢？亚洲之海

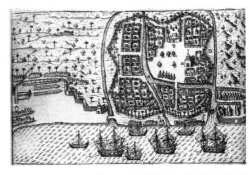

其后的历史恐怕和我们现在所知道的会大不一样。

不管怎样，这一事件终究还是发生了。1595年4月，为穿过好望角前往东印度，由四艘船

爪哇岛西部的万丹　荷兰人首次前往东印度期间抵达的港口城市，1598年发行的地图。Anthony Farrington, *Trading Places*

组成的船队从阿姆斯特丹出发了，该船队共计装有100门以上的大炮、10万荷兰盾以上的银币和大量货物。

在这之前，欧洲的水手们都已经非常熟悉前往东方的航线。葡萄牙船上有很多非葡萄牙人船员，相关的信息也早已传递至葡萄牙以外的地方。此外，欧洲各地还以葡萄牙人的信息为基础，出版了各种各样的地图。但即便如此，这四艘荷兰船在途中还是遇到了各种不可预测的困难，历经15个月才抵达爪哇岛西部的港口城市万丹（Banten）。与一个世纪前达·伽马航海一样，由于中途失去了很多船员，船队不得不在途中放弃了一艘船，剩余的三艘船好不容易才在1597年8月回到荷兰。这次印度尼西亚之行往返耗时两年零四个月。船员也由最初的240人减至87人，约有三分之二的船员在航海途中殒命大海，可谓一段悲惨的航海历程。但就算这样，能有三艘船返回这一事实也是非常重要的。虽然没有明确说明获得了多少收益，但带回来的商品在出售之后

荷兰船队返回阿姆斯特丹　亨德里克·科内利斯·维姆作品，1599年。根据《荷兰绘画的黄金时代》整理

所获得的收益并没有让出资人蒙受损失。

虽然说不上是一次成功的航海，但是这也证明了不经过葡萄牙人之手直接和东方开展贸易是可能的。人们为此群情激昂，以阿姆斯特丹为代表的北海沿岸众多荷兰城市的商人和金融业者纷纷出资舾装船只，争先恐后前往东方。其数目到1602年上升至15支船队，合计达65艘船。自1591年以来的十年间，前往东方的葡萄牙船总数也不过46艘而已。很显然，葡萄牙人已然无力阻止其他国家的船只和人员前往东印度。1599年7月，雅各布·范·涅克（Jacob van Neck）指挥的四支船队返回阿姆斯特丹，带回了令人眼花缭乱的堆积成山的东方商品。此行获得了巨大成功，并被评价为"自荷兰建国以来，还从来没有过装有如此财富的船只"。此次航海的利润率高达399%。东印度贸易一举风靡各地。

英国东印度公司的成立

荷兰人的一系列举动自然也很快就传到其他国家。"既然荷兰人都能做到，那我们也能做到"，持这种想法的人不在少数。但实际上，要想将商船送到东印度，就必须克服诸多困难。首先，需要能经受远洋航行的坚固船只，不管是自己建造还是购买或租赁，然后还必须得

　　　　　　　　　　　　　　　　　东印度公司与亚洲之海

进行舾装。出于安全考虑，前往东印度的航海至少需要三到四艘船一起行动。为了和东方进行商品交换，还要准备大量白银。另外，还需要雇用相当数量的以船长为首的船员、水手、医生等人员，必须提前给他们发放酬劳。这一切，自然需要庞大的资金。加上往返东印度至少需要一年半的时间，投资在此期间是无法回收的。如果船只能安全回来的话，可以确保收回本金，并有部分收益，但如果船只回不来的话，那就是竹篮打水一场空，损失在所难免。

因此，和东印度之间的贸易，事实上并不是谁都可以参加那么简单。就算是拥有葡萄牙王室那样的财力，要想单独继续东印度贸易也是非常困难的。大部分富商、金融家都不轻易参与风险极高且资金回笼慢的东印度贸易，而是转向投资相对安全且资金回笼快的欧洲区域内贸易。至于16世纪末期相继组织起来的荷兰船队，则是有剩余资金且谋求高利润的商人和金融家，及以阿姆斯特丹为首的整个城市共同出资的项目。到16世纪末，既有开展东方贸易的意愿又有财力实施者，只有荷兰的几个城市和英国伦敦的群体。

在此期间，英国人对于东印度的商品并没有经过好望角，而是经由地中海和莫斯科辗转进口。为此，英国专门设立了"黎凡特公司"来开展和地中海东岸地区的贸易，英国国王允许该公司垄断经营该区域的贸易，不允许其他英国人参与。但黎凡特公司的领导层在得知荷兰人经由好望角的东印度贸易获得成功之后，清醒地认识到如果任由形势发展下去，他们将在东方贸易领域失去竞争力。因此，他们也想直接开展东印度贸易。

在开始新的事业之际，可资参考的是黎凡特公司迄今一贯的做法。公司虽然在形式上继续存在，但采取按每次出海集资，航海结束后按出资比例返还本金和利润的决算方式。待下次出海时，又再次筹集新的资金。当时，一般采取以出售股份的方式大范围筹集资金，作为固定资产来运营的股份有限公司的组织构架尚不存在。

在为第一次航海提供资金的 215 名股东中的三分之一、25 名公司董事中的一半都是黎凡特公司的相关人士。东印度公司成立后的首任总裁托马斯·史密斯也同时兼任黎凡特公司的总裁。另外，在东印度公司的投资者中，也有莫斯科公司（尝试经由俄罗斯开展与波斯和印度之间贸易的公司）和弗吉尼亚殖民协会的股东。托马斯·史密斯同时也是弗吉尼亚殖民协会的负责人。可以说，对海外扩张感兴趣且敢于投资的英国资本家仍然屈指可数。但即便如此，当时筹集到的资金高达 68373 英镑。当时，石匠或木工等熟练技工工作一天的工资也只有 7 便士（1 英镑等于 240 便士）。就算他们每天辛劳工作，一年的收入也只有 10 英镑，由此看来，这笔资金可谓巨款。

试图从事东印度贸易的人们，首先要成立作为事业母体的公司等组织，为确保事业成功，他们向当时的女王伊丽莎白一世提出申请，希望允许其公司垄断和东印度的贸易。通过宫廷当权者

的疏通，此事奏效，1600年12月31日，女王颁发了特许状。当时的英国使用儒略历（Julius），按照现在使用的格里高利历（Gregory）进行换算的话，应该是1601年1月10日的事情。至此，诞生了一家对日后英国和亚洲乃至世界历史进程产生巨大影响的公司。公司名称为"东印度公司"（East India Company），简称为EIC。

托马斯·史密斯　英国东印度公司（EIC）的首任总裁。根据 *Trading Places* 整理

　　1601年3月，英国东印度公司的四艘船组成的船队首次前往东印度。船队有五百多名船员，拥有110门大炮，是不折不扣的舰队。船队的目的地是香料产地，也是葡萄牙人海洋统治无法涉及且与当地存在对立的东南亚。船队首先到达苏门答腊的亚齐，受到当地统治者的优待。然后到达爪哇岛西部的万丹，当地统治者允许船队留下几名船员，以便在英国船只下次抵港之前购齐所需商品。在马六甲海峡，英国船队袭击并掠夺了装载香料的葡萄牙船只。1603年9月之前，这四艘船均平安返回英国。起初感到非常恐怖的首次航海大获成功，由于获益巨大，1604年即组织了第二次航海，公司的运营也渐渐步入正轨。据传，在最初的十年间，公司的利润率高达155%。

英国东印度公司的性质

从伊丽莎白一世颁发的特许状上，就可以看出东印度公司初期的性质，在这里简要介绍一下其内容。首先，特许状颁发的对象是"和东印度进行贸易的伦敦商人的代表和团体"，一般情况下，我们将这个公司称为"英国东印度公司"，但这至少不是其初期的名称。另外，仅从"英国东印度公司"这一名称来看，很多人都会认为这是英国国王或政府建立的国有企业，这是错误的。设立这一公司的是伦敦商人，国王只是对此给予了许可。当时，英国国王或政府还没有自己建立此类贸易公司的想法。国王或政府为了自身利益，有时甚至采取一些不利于东印度公司的政策。例如，1637年，查理一世为了获得高额回报，把在东印度范围内东印度公司尚未设立商馆的地方的交易权颁发给了其他公司。

其次，英国东印度公司一直被认为是为了征服亚洲各国并实行殖民统治而成立的机构，这也是误解。通过了解之后的历史发展历程，现代人做这样的理解无可厚非，但至少在该公司成立初期，创办者和颁发许可的国王都没有想过通过武力来获取领土。虽然也曾经考虑过购买土地，但这只不过是为了便于交易所做的考虑。不管怎样，通过与物产丰富的亚洲开展贸易并获取巨额利润，才是公司的最终目标。

公司创办者从国王那里获得了长达十五年的开展东印度贸易的垄断权。国王为此禁止其他英国人成立公司并参与该项贸易。在拥有自由贸易至上的价值观，甚至出台了"禁止垄断法"的现代社会，如果政府给予一个公司如此特权的话，肯定会遭到各方的指责。但在当时，实施的是和现代完全相反的贸易体系。东印度公司的样板黎凡特公司即是如此，即便葡萄牙王室所梦想的也是垄断香料贸易。对于当时在欧洲从事商业的人们来说，"垄断"是理所当然要实现的目标。

荷兰东印度公司的成立　　　　与资本家、金融家仅集中在伦敦的英国不一样，在荷兰北部沿海各地的城市里设置据点的东方贸易公司为数众多，竞争激烈。由于受季风的影响，大部分船队几乎同时到达，加之在产地或集散地相互竞争购买，导致当地的进货价格飙升。而这些船队同期带回大量相同的商品，这也使得欧洲的销售价格下跌，导致恶性循环。对此，各城市的股东们当然希望制止这种恶性竞争，继而获得稳定的利益。

据此，荷兰各省以及共和国政府充当中间人，试图让各地的公司合并成一家公司，并为此开展了艰难的交涉。核心问题在于，其他城市的公司对财力强大的阿姆斯特丹的公司抱有很强的警惕心。他们担心，一旦合并的话，新公司所有事务都有可能会听命于阿姆斯特丹。但大家最终还是达成协议，于1602年3月成立了新的组织。这就是"Verenigde Oostindische Compagnie"，通称"荷兰东印度公司"。该公司由之前的阿姆斯特丹、代尔夫特、霍伦、鹿特丹、恩克赫伊曾五个城市和单独在泽兰省米德尔堡设

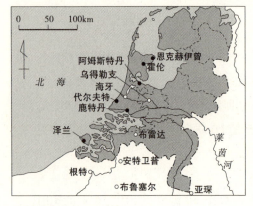
荷兰东印度公司的六个分部

立据点的六家公司合并而成，并吸收了更多的资本，由此组成一个庞大的公司。该公司名称取其荷兰语名称的第一个字母，简称为 VOC。

与英国东印度公司一样，荷兰共和国政府向该公司颁发了特许状。这一特许状由42条条款构成，明确规定了以下内容：自特许状颁布起21年内，荷兰和东印度间经由好望角的贸易由该公司垄断经营。和英国的公司一样，这家公司的目的也是试图"垄断"东印度贸易。其次，该公司还以荷兰国会的名义，有权在东印度建设要塞、任命总督、招募士兵，并有权和当地统治者签署条约。

这种做法无视亚洲之海当地居民的存在、权利和意志，完全就是一厢情愿的荷兰人之间的权利授予。此事姑且不论，更值得玩味的是，东印度公司虽然属于荷兰这个国家，但却可以不经政府同意在海外建立要塞、任命总督、招募士兵等等，俨然是一个准国家的存在。如果在现在，像总部位于美国的微软公司，无论规模多么大，也绝对不被允许在国外自主建造要塞、雇用士兵。但东印度公司却被允许这样做。此事说明，当时还不像现在这样，由国家及其政府集中拥有政治和军事权力。

荷兰东印度公司（VOC）的特许状 1602年3月20日颁发。Leo Akvild and Els M. Jacobs (ed.), *The Colourful World of the VOC*

东印度公司虽然取得了政府的特许权，但是到底是一家民间公司，不是荷兰政府设立的国有企业。这一事实，在特许权到期需要重新延长期限时，就能清楚地看到。政府向申请继续垄断的公司提出了回报的要求，公司不得不为此支付给政府150万荷兰盾。此外，1665年爆发第二次英荷战争之际，荷兰政府面临军舰不足的窘境，便以特许状的更新作为交换条件，要求公司提供20艘船。公司的船只虽然装备有大炮，但不是荷兰海军的船只。虽然略显累赘，但笔者还是想强调，荷兰这个国家和荷兰东印度公司并非一体。

荷兰东印度公司六个分部的分配金额

支部名称	资金分配金额（荷兰盾）	比率（%）
阿姆斯特丹	3674915	57.2
泽兰	1300405	20.2
代尔夫特	469400	7.3
鹿特丹	173000	2.7
霍伦	266868	4.2
恩克赫伊曾	540000	8.4

但与英国东印度公司相比较的话，荷兰东印度公司在"公"这方面的性质要略强一些。荷兰政府为成立公司对各方面的交涉进行了斡旋，在以城市为单位的公司分部里，也都有各城市当权者的投资。另外，政府还要求公司的管理层和员工宣誓效忠荷兰议会，船队在返回时有义务向政府汇报。

另外还需要指出的一个重点是，为成立这一公司而募集的资本并不仅是为了一次航海，而是长达十年的投资。其管理模式和英国东印度公司不一样，并不是每次航海结束后都会向投资人返还资金。在这十年间，资金如何使用由公司自己决定。这可以说是向现代股份有限公司迈进了一步。这也是只有在当时拥有大量剩余资金的荷兰才能实现的一种公司运营方式。

荷兰东印度公司最初的融资金额是6424588荷兰盾。在出资者中，阿姆斯特丹有1143人，泽兰（米德尔堡）有264人。英国东印度公司的初期资本换算成荷兰盾的话，约合53万荷兰盾。换言之，荷兰公司是以英国公司的12倍以上的资本起家的。在当时的英国和荷兰，除了商业资本有很大差异之外，荷兰已经有了数次东印度航海的成绩，对东印度贸易几乎没有抵触情绪。与之相反，英国由于是最初的"冒险"，这或许让出资者们有些犹豫。荷兰公司的上述巨额资金被分配到六个分部，由每个分部独立使用。1603年12月18日，荷兰东印度公司由12艘船组成的船队首次从荷兰出航。船队司令官不单从事贸易，还受命攻占莫桑比克、果阿等葡萄牙人设在亚洲之海的据点。与英国东印度公司不同的是，荷兰东印度公司从一开始就非常清楚地把葡萄牙当作竞争对手，并把打败葡萄牙作为目标之一。

东印度公司进入印度洋海域

葡萄牙人和马鲁古群岛 欧洲人无论如何都想得到的以丁香、豆蔻、肉豆蔻为代表的高级香料的产地，位于现在印度尼西亚东部的马鲁古群岛和班达群岛。如前所述，16世纪初叶，葡萄牙人在攻陷马六甲之后不久即造访过该地。当时，在该地区丁香生产量最大的特尔纳特（Ternate）岛和蒂多雷（Tidore）岛上分别有一个苏丹（伊斯兰教徒的国王），两者分庭抗礼，不断对抗。起初，特尔纳特岛苏丹希望能够利用葡萄牙人的武力因而对他们表示欢迎，葡萄牙人利用这一点成功在岛上建立了要塞。但是，由于葡萄牙人和其后经由太平洋抵达该地的西班牙人长期对立，使得苏丹仍然紧紧掌握丁香的生产和销售大权，而葡萄牙人能做的也仅仅是从同是商人集团的苏丹那里进货而已。

这两个岛上的苏丹用其特产丁香换取葡萄牙人运来的武器弹药和印度产的棉布，试图借此来加强自己的经济和军事实力。并且，他们的经济和军事影响力不限于马鲁古群岛，还逐渐波及了周边的班达群岛和新几内亚岛西部。马鲁古群岛的统治者，巧妙

高级香料的产地

地利用葡萄牙人来扩大自己的权力。从这个角度来看，香料的产地并非简单地被欧洲势力征服并变成其殖民地。

到了 16 世纪后半期，围绕丁香贸易的主导权问题，葡萄牙人和特尔纳特岛苏丹的矛盾加深。双方的争斗导致伤亡众多，葡萄牙人杀害了苏丹，被赶出该岛，只得来到蒂多雷岛建立要塞。虽然他们能够继续丁香贸易，但与印度西海岸不一样的是，他们没能达到控制海上贸易并发行通行证的程度。要想牢牢掌控海路复杂难行的东南亚海域，需要常驻相当数量的船只。不过对于葡萄牙王室和果阿总督来说，他们均没有如此雄厚的财力。

欧洲对亚洲信息的积累

自葡萄牙人出现在亚洲之海以来的一个世纪里，有关亚洲海域的信息在欧洲被以文字、书籍、地图等形式积累起来。1595 年出版的林斯霍滕

（Linschoten）所著《东方航海记》即是其中之一。荷兰人和英国人在实际出发之前已经清楚走什么样的航线安全，哪里有葡萄牙人的要塞，从哪里走能安全且低价地买到香料，各种香料分别产自何地等基本信息。

利用文字、书籍和地图来积累外国的相关信息，是这一时期欧洲各国知识分子的最大特征。以一种语言记录的信息，马上就会被翻译成其他语言出版。不用说，在这一时期，活字印刷术的产生有着非同寻常的意义。

这一趋势到了17世纪也没有太大改变。在船队首次航海回来之后的1603年，英国东印度公司随即出版了以"东印度之旅真实全面的故事"为题的34页的小册子。在这本小册子中，写有52组马来语单词，包括"这个东西怎么卖？""要去哪里？""好的""不好"等基本语句，以及数字、船只、胡椒等商业词汇。此外，这本小册子还介绍了55个孟语（缅甸南部的语言）单词。1614年《英语—马来语会话》这本书出版，它其实是从荷兰语书籍翻译过来的。这一时期，西北欧的大部分人对新鲜事物都拥有强烈的求知欲。

也许这是因为他们接触的是自己从未知道的魅力十足的世界。但即便如此，也正是因为积累了如此众多信息，西北欧的人们才能在事先做好准备的情况下前往亚洲之海。这与除了日本等极少数国家，亚洲各国对外国人特别是西北欧人一无所知形成鲜明对照。当然，在亚洲海域，对新到当地的西北欧人的信息也会在人与人之间相互流传。但是，如果知道这种信息的人死了的话，也就没人知道了，加之流传范围有限，也不知道能否正确传达。另外，随着时间的推移，其内容也会发生变化。于是乎，历经百年积累下来的有关彼此信息的差距已经相当大。信息鸿沟早晚会招致重大的后果，这一点不管在现在还是过去都是一样。

荷兰东印度公司进入亚洲各地 在进入东南亚海域之后不久，荷兰东印度公司就尝试着垄断马鲁古群岛和班达群岛的高级香料贸易。与葡萄牙人一样，他们试图通过垄断来控制欧洲的市场价格。1605 年，荷兰人攻占了位于班达群岛和马鲁古群岛之间的安汶岛（Amboina）上的葡萄牙要塞，继而接近特尔纳特岛的苏丹并答应对其进行军事援助，共同对抗在蒂多雷岛设置据点的葡萄牙人和西班牙人。

为了垄断香料贸易，需要确保从荷兰本国来的船只和从马鲁古群岛及班达群岛装载香料的船只的会合场所，也需要确保船员和水手的安全休息场所、士兵营地、采购和装卸货物的保管场所。换言之，也就是需要一个"约会贸易"的场所。当初，爪哇岛西部的万丹曾发挥过作用，但万丹是万丹王国的都城，荷兰人在这个城市未必能够自由行事。

为此，荷兰东印度公司对其他地点进行了慎重的调查。1619 年，荷兰东印度公司开始把万丹王国境内的港口城市雅加达设为据点。这是凭武力硬从万丹王国和英国东印度公司手里抢过来

的。这个新建立的
要塞被命名为巴达
维亚，这一名称源自
罗马帝国时期居住在
荷兰周边的巴达维
亚族。据记载，1620
年1月的城内人口有
873人，其中有71名

荷兰东印度公司的据点——巴达维亚的市场　1650年前后

日本人。日本人占城市总人口的十二分之一或十三分之一，也算一大
群体了。当时，荷兰东印度公司在日本平户已经设置了商馆，这些
日本人大部分都是作为东印度公司的雇佣兵从平户渡海而来的。

　　于巴达维亚设置据点的荷兰东印度公司，在进入香料群岛的
过程中，其行为比葡萄牙人更加暴力。1620年，班达群岛居民拒
绝向荷兰东印度公司交付香料。荷兰方面认为这是由在其后进入
东南亚的竞争对手英国煽动起来的，于是派兵讨伐。荷兰东印度
公司的军队接连占领各个岛屿，在英国人的据点伦岛（Run）上，
抓捕了将近800人并将他们押送到巴达维亚充当奴隶。剩下的
居民们仅表现出一丝抵抗，东印度公司就把充当人质的47名当
地领导人杀害了。人质们全部没有丝毫抗议地死去，但据说只有
一人用荷兰语小声说道："主人呀，这样做还有慈悲心吗？"一
个奉命监督行刑的无名荷兰人在其日记中这样写道："事件就这
样结束了！到底谁是正确的，只有上帝才知道。死刑结束后，首

扬·皮特斯佐恩·科恩 巴达维亚总督，绰号"班达屠夫"。Femme S. Gaastra, *De geschiedenis van de VOC*

级到处都是，混乱不堪，参加这种工作真是抱歉，只想尽快收场。"如果逃往其他岛屿的居民被抓获的话，其中的成年人会被全部杀害。这样，有些岛屿上的居民消失，东印度公司开始向这里派来公司雇员，使用奴隶种植肉豆蔻。永积昭在其著作中，记录下了伦岛事件的来龙去脉。

同样的事件在其他岛上也有发生。在接下来的 1621 年，巴达维亚总督扬·皮特斯佐恩·科恩（Jan Pieterszoon Coen）亲自率领 2000 多名士兵（其中日本兵有 87 名）在盛产肉豆蔻的班达岛登陆，开始了野蛮的杀戮。1500 多名居民不是被杀害就是被带到爪哇岛去当奴隶，岛上完全没有了居民。科恩在向该岛派遣奴隶的同时，又向欧洲人出租农业种植园让其种植肉豆蔻。

在当时人口稀少的东南亚，爆发战争时只是把人作为俘虏抓起来，杀人的情况非常少见。从这个角度来看，当地人一定会认为荷兰人采取的战略十分异常。科恩甚至被称作"班达屠夫"，这一恶名一直流传至今。

高级香料贸易的垄断

就这样，荷兰东印度公司一再使用武力，试图通过直接控制高级香料的生产来达

东印度公司与亚洲之海

到贸易垄断的目的。当时，各地的丁香收购商人聚集于苏拉威西岛的望加锡。荷兰东印度公司还对此地的统治者施加压力，让其驱逐葡萄牙、西班牙、英国等欧洲国家的商人。荷兰人宣称，在欧洲人中，只有荷兰人才有收购丁香的权利。对此，望加锡的国王明确主张，"神创造了大地并将其分给众人，大海是众生之海，无人能够妨碍航海"，并且拒绝了他们的要求。

经过激战，荷兰人终于在1669年迫使望加锡屈服。1641年，荷兰人还占领了葡萄牙的重要据点马六甲。他们专门指定了种植丁香的岛屿和场地，除此以外的土地甚至连树都被砍倒。虽然不时遭到各地的抵抗，荷兰人的势力还是在东南亚海域扩张开来。到17世纪末，荷兰人基本上成功地把其他欧洲国家的商人排除在高级香料的直接交易之外。

但值得注意的是，荷兰人排挤掉的是欧洲各国以船运面向欧洲市场的贸易活动。中国商人、当地的马来族商人以及与葡萄牙王室无直接关系的土著葡萄牙裔商人依旧继续从事香料贸易。虽然量不大，但在荷兰东印度公司尚未控制的港口城市，其他欧洲国家的商人依然可以购买丁香和肉豆蔻等。

在扩大自己在东南亚海域势力的同时，荷兰东印度公司还不断地在亚洲之海的其他地区开设商馆。在西印度洋海域，早在17世纪前半期，荷兰东印度公司即在阿拉伯半岛的摩卡（Mokha）、波斯湾的阿巴斯（Bandar Abbas）和印度西北的古吉拉特地区的苏拉特设立了商馆。在17世纪中叶，荷兰人占领了葡萄牙人在

荷兰东印度公司的主要商馆所在地　17世纪到18世纪

印度西南海岸的重要据点科钦，驱逐了占据肉桂产地锡兰（斯里兰卡）的葡萄牙人。此外，荷兰东印度公司还在科罗曼德尔海岸的默吉利伯德纳姆（Machilipatnam）、普里卡特和泰国的大城等地也设立了商馆。

接着，在东海沿岸地区，荷兰东印度公司在平户、长崎还有台湾地区也设立了商馆。其详细经过将在下一章论述。总之，荷兰东印度公司在亚洲之海几乎全部区域内开展了业务。在日本，总是有人会说荷兰东印度公司的活动只限于东南亚和日本，但这种说法并不能反映当时的实际状况。至少从17世纪到18世纪初期，在亚洲之海的几乎所有地方，荷兰东印度公司的存在和活动是远远超过欧洲其他国家的同类公司的。

东印度公司与亚洲之海

**英国东印度公司在
亚洲各地的发展**

英国东印度公司也和
荷兰东印度公司一
样，一开始试图直
接采购东南亚的高
级香料。但由于船

安汶岛　1623年，荷兰人对当地的 EIC 馆员、日本雇佣兵和葡萄牙人进行屠杀。*The Colourful World of the VOC*

只、人员和资金的差距太大，难以和荷兰公司竞争。1613年，英国东印度公司在日本平户也设立了商馆，但无法维持，仅仅十年时间就关闭了。派往产地的船只不时被荷兰船只抓捕，香料贸易经常受到阻碍。1623年，荷兰东印度公司以英国东印度公司试图夺取其在安汶岛的要塞为由，把该岛上的英国东印度公司商馆馆长及馆员十人和九名日本雇佣兵、一名葡萄牙人杀害。以此事为契机，英国东印度公司放弃了冒险前往高级香料产地直接购买的方式，在东南亚地区一边躲避荷兰东印度公司的攻击，一边只是勉强在万丹和苏门答腊岛购买胡椒，在望加锡购买高级香料。

另外一方面，英国东印度公司还把目光投向了棉布的产地南亚次大陆。虽然遭到葡萄牙人的抵抗，但英国人还是在1608年首次把船开到了印度西北部的苏拉特（Surat）港。与东南亚不一样，在"大陆帝国"统治下的印度西海岸，他们的贸易活动相对顺利。特别是他们从统治印度北部的莫卧儿帝国皇帝贾汉吉尔那里，获得了有利的条件以开展贸易。

南亚次大陆东南侧，也即科罗曼德尔海岸地区，是面向东南亚的优质棉布产地，也是重视香料贸易的东印度公司不能罢手的地方。英国东印度公司在得到当地王公许可的情况下，早在1611年就已在默吉利伯德纳姆设置了商馆。1639年，在当地王公的邀请下，英国东印度公司在马德拉斯又设立了新的据点。这位王公以邀请的形式租借给英国东印度公司一定的土地，允许其在该地建立要塞。此外，他还免除了英国东印度公司在马德拉斯的贸易关税，并把从其他商人处得来的税收的一半分给英国东印度公司。对于东印度公司来说，这可是天赐良机。与葡萄牙人竭尽全力抢夺果阿、荷兰人凭借武力抢占巴达维亚都不一样，英国东印度公司是在当地王公的邀请下，以和平的方式构建了在南亚次大陆的桥头堡。

给予一半关税收入这样的罕见条件，在英国东印度公司同波斯的贸易中也能看见，在这里简单叙述一下其经过。英国东印度公司为了和丝绸产地的波斯开展贸易，向当时统治波斯的萨法维（Safavid）帝国皇帝阿巴斯一世（1587—1629年在位）派遣使节。阿巴斯一世允许公司在波斯湾开展贸易，但作为交换条件，要求公司在萨法维帝国军队攻占霍尔木兹岛上的葡萄牙要塞之际提供支援。由于地处森林资源匮乏的伊朗高原，萨法维帝国无法建造军舰。虽然霍尔木兹岛距离波斯本土仅八公里，但阿巴斯一世却一直无法攻占该岛。

对于试图削弱葡萄牙在亚洲之海影响力的英国东印度公司来说，这只是一件"顺水人情"的事情。1622年，公司派遣三艘船前往波斯湾。萨法维帝国的军队借助英国东印度公司的船只登上霍尔木兹岛，并在英国船只海上炮击的支援和掩护下，成功地夺取了要塞，令葡萄牙人弃城投降。阿巴斯一世把霍尔木兹港口城市的功能转移到伊朗本土方面的港口加龙（Gamron），并给这个新城市取名"阿巴斯"。为了回报英国东印度公司所做出的贡献，阿巴斯一世给予公司在波斯湾的贸易免征关税的优惠，并以公司常驻两艘船以确保阿巴斯的安全为条件，将其港口一半的关税收入分给英国东印度公司。

阿巴斯一世 萨法维帝国第五代皇帝（画像），大英博物馆收藏。根据板垣雄三监译《伊斯兰世界》整理

与马德拉斯不一样的是，波斯并不是无条件提供优惠的。实际上，英国东印度公司为了得到这一半的关税，不得不每年都和波斯方面反复交涉，可谓劳神。不管怎么说，阿巴斯一世还是允许公司在波斯境内自由经商且不征收关税。第二年，荷兰东印度公司也得到了在波斯帝国境内自由贸易的许可。这对于西北欧的东印度公司而言，可谓一大特权。

印度洋海域的王权和贸易　　在印度和波斯等西印度洋海域，也包括莫卧儿帝国范围内，欧洲各国的东印度公司屡次在非常有利的条件下开展贸易，这从葡萄牙时代就已如此。这种情况和下一章节要介绍的东亚海域的情况形成鲜明对照。那么，印度和波斯等"大陆帝国"的统治者们为何会给予欧洲公司如此优惠的条件呢？

对从海上贸易收取关税的不甚关心、帝王的宽厚仁慈及款待远客的风俗、灵活利用英国和荷兰的海上武力，以及英国和荷兰的公司以国家而非商人的名义进行的谈判等，都可以作为重要原因来考虑，但其中任何一个都不是决定性的因素。

与之相关且有必要引起注意的是，完全看不出当时印度和波斯的统治者有给予"本国"商人优惠的想法。假如有一丁点儿这种想法的话，难以想象他们会给予这些语言、宗教习惯迥异的欧洲人以不合常理的特权，更不用说对方是一百年来在亚洲之海肆意妄为的葡萄牙人的同类。这与给予自己臣民的公司垄断东印度贸易的特权、允许私掠船袭击他国商船的英国国王相比，两者之间的差异显而易见。笔者不禁认为，在当时的西北欧和印度、波斯，国王与其统治下的臣民的关系，"国家"这一概念的含义是不一样的。

不管怎样，当时亚洲"大陆帝国"的统治者们没有想到给予西北欧人少许特权会使自己的政权和领土陷入危险。他们只是把西北欧人看作众多商人群体中的一员。

这样，荷兰和英国的东印度公司打破了葡萄牙"海上帝国"的锁链，在整个亚洲之海开展贸易活动。但这并不意味着"海上帝国"的消失，在取代葡萄牙之后，荷兰和英国的东印度公司成了"海上帝国"的新主角。

东印度公司的结构

荷兰东印度公司的组织结构和营运

虽然同被称为东印度公司，但英国、荷兰，还有后来成立的法国的公司，其在组织结构和营运方式上却各具特点，有很大的差异。这种差异对三家公司其后的历史发展也有着重大意义。对于法国公司，之后会专门进行论述。在这里，首先介绍17世纪中叶经营管理已经步入稳定时期的荷兰和英国东印度公司的公司组织结构和营运方式。

由六个城市的公司合并而成的荷兰东印度公司拥有相当复杂的组织机构。说到公司，我们一般首先会想到总公司的存在，但荷兰东印度公司却没有总公司，有的只是在联合公司成立之前设于各城市的称为卡梅尔（carmel）的六个分部。各分部拥有自己的造船厂，独立舾装后派遣船只前往东印度。但如果各分部各自为政、胡乱派船的话，就不能称为联合公司。关于公司的整体经营，由各分部的代表约60人组成董事会来负责。在董事会董事

VOC 位于阿姆斯特丹的造船厂 *De geschiedenis van de VOC*

的构成上，阿姆斯特丹有 20 人，泽兰有 12 人，其他四个分部则各有 7 人，董事这一职位起初是终身制。

在东印度公司成立前各个城市自行航海的时代，计划并资助航海的人要负无限的责任，但在东印度公司成立之后，这种责任就变成了有限的。即便如此，最大分部的董事至少必须出资 6000 荷兰盾，万一公司出现亏损，必须首先使用这些资金来填补亏空。但在特许状中，关于以公司名义负担的针对第三者的债务，则明确注明他们无须承担。这种有限责任制被现代的有限责任公司所延续。起初，董事的收入因每次航海的利润不同而上下波动，1647 年，公司引进薪酬制并实行固定工资制。

另外，一般的公司股东，最低也能收到 10% 左右的分红，平均则能收到 20%，但他们对公司的决策和经营方针没有任何影响力。这一点和后面提及的英国东印度公司的情况大不相同。还有，公司不发行股票，出资者及其出资额只是计入公司的账簿而已。但由于拥有稳定的高分红率，荷兰东印度公司的股份大受欢迎，据说最高时曾按照 400% 以上的溢价率进行交易。

对于公司的实质性经营方针，由董事中选出 17 位重要董事开会决定。该会议也被称为"十七人会议"。每年召开两到三次。

在这17人中，阿姆斯特丹有8人、米德尔堡（泽兰）有4人、其他四个分部各派1人，最后1人由阿姆斯特丹以外的五个分部轮流派人担任。之所以采取这一做法，主要是出于避免让阿姆斯特丹的重要董事超过半数的考虑。十七人会议的会场有六年设在阿姆斯特丹，其后的两年则设在米德尔堡。

VOC霍伦分部的董事们　霍伦分部是十七人会议之下六个分部中的一个。*De geschiedenis van de VOC*

十七人会议下设财务、监察、财产管理、舾装、通信等委员会，由出身各卡梅尔（分部）的董事具体负责。由于和东印度之间的通信业务特别重要，在海牙设立了专门的事务局。十七人会议的主要工作是决定各卡梅尔派往东印度的船只数量和公司员工、船员、水手的人数，确定运往东印度的商品的种类和数量、在东印度的进货种类和数量，决定东印度商品的拍卖以及对投资者的分红。

十七人会议的指令和订单，首先全部送至设在巴达维亚的印度委员会。以总督为首的六人组成的印度委员会，在统一管理分散于亚洲各地的商馆和要塞的同时，与十七人会议保持密切联系，参与公司整个贸易业务的运营工作。财务会计、商品管理，以及与本国的通信联系等商业相关业务自不必说，由于公司在东

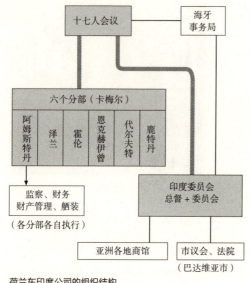

南亚拥有以巴达维亚为代表的几处直接统治的地区，所以这些地方的行政、司法、军务等工作也在印度委员会的管辖之下。

虽然印度委员会有义务每年向本国的十七人会议提交报告，但由于通信往来至少需要一年半的时间，所以日常工作基本上全由巴达维亚的总督全权决定。此外，从各商馆和要塞提交的报告和咨询也都先集中到巴达维亚，此处可以处理的事情一般就立即处理了。

后面还会提及，在荷兰东印度公司的所有业务中，亚洲各地的贸易占了极大比重。这些贸易基本都是由巴达维亚总督和印度委员会负责处理。关于本国的十七人会议和巴达维亚的印度委员会之间的关系，18世纪初叶曾担任总督的扬·凡·瑞贝克（Jan van Reibeek）曾说过这样一句话："祖国的绅士们在祖国下达最高指示，但在这里，我们根据自己的良知做出判断。"据此可知，巴达维亚的印度委员会与其说是东印度公司在当地的办事处，不如说是类似于亚洲总部那样的重要机构。

**英国东印度公司的
组织结构和营运**

英国东印度公司的体制，与本国没有总公司而在亚洲拥有强大中心据点的荷兰东印度公司形成鲜明对照。英国东印度公司在本国设有稳定的总公司，而在亚洲却没有像巴达维亚那样的中心据点。

在 16 世纪中叶取得克伦威尔颁发的特许状（1657）和查理二世颁发的特许状（1661）之后，英国东印度公司的组织结构逐渐固定下来。这些特许状中，首先承认公司拥有永久资本。英国东印度公司从此成为股份有限公司。其次，在东印度，公司的司法权、货币铸造权、保护贸易活动的军事权、非法贸易船只的检举权也得到承认。其他的英国人团体所进行的海上违法贸易活动，对于试图以垄断来确保收益的东印度公司而言，是一个很大的威胁。在取得特许状之后，该公司终于可以名正言顺地亲自取缔这些组织了。

伦敦的总公司办公大楼经过数次搬迁之后，最终选择了位于利德霍尔（Leadenhall）街的克拉文大楼（Craven House），这一建筑物后来被称为"东印度大楼"。此外，公司在泰晤士河下游的黑墙（Black Wall）设有造船厂、货物仓库、退役水手医院等。

每年 4 月，公司召开股东大会，投票选举 24 位董事（其中总裁 1 名、副总裁 1 名）组成董事会，以负责公司的日常管理工作。每持有 500 英镑股票的股东有一票的投票权，每增加 500 英镑则相应地增加一票投票权。与荷兰东印度公司的不同之处在

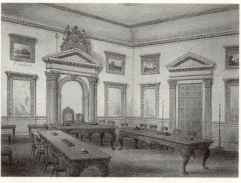

伦敦的英国东印度公司总部及东印度公司董事会 最早的东印度公司总部（左）。两次搬迁后新的东印度公司总部（右）。*Trading Places*

于，英国东印度公司的股东可以按出资比例间接地参与公司的经营和管理。

董事会至少每周召开一次，围绕船只派遣计划、装货计划、运回商品的销售计划、发给亚洲各地商馆的命令和人事等问题进行商议。董事会下设总会计、监察、书记、律师、审计等各种高级职位，董事在各自分管的委员会中开展相关工作。

另外，17世纪前半期的亚洲，公司位于爪哇岛的万丹和印度西北部的苏拉特的商馆占据着最重要的位置。但无论是哪一个商馆，都是设置于当地统治势力之下，在防御能力方面存在若干问题。另外，公司的活动也一定程度受到当地统治者的制约。之后，马德拉斯、孟买以及17世纪末的加尔各答的重要性开始增强。在这些地方，除了商馆，英国人还设立要塞并派兵驻守，其行动几乎不受当地统治者的制约。到17世纪末，英国人在这三个城市分别派总督进驻，令其分别管辖属地内的商馆。比如，波

东印度公司与亚洲之海

斯的商馆属于孟买辖区，亚齐的商馆属于马德拉斯辖区。

　　由总督负责召开的委员会，不仅负责贸易业务，还负责东印度公司有关船只和士兵的军事行动与作战指挥、辖区内与臣民相关的领事业务和审判，还有和当地统治者之间的外交谈判等。上述三地的总督辖区也和巴达维亚一样，相对于伦敦的总公司拥有一定程度的自主权和独立性，但并不像巴达维亚那样实行集权统治。

第三章

东亚海域的秩序和日本

明帝国和东亚海域的国际秩序

东亚海域的王权和国际贸易　　各位知道"倭寇"这个词吗？它是从 13 世纪到 16 世纪，在从东海到南海的朝鲜、中国沿海地区进行大肆抢夺的海盗集团的总称。倭寇大体上分为前（14 世纪中叶）、后（16 世纪中叶）两个时期，前期开始于 1350 年倭寇对朝鲜半岛庆尚道的袭击。被当地人称为"贼"的主力是居住在九州及其周边岛屿的"倭人"。他们居住在远离政治中心的边界地区，就是村井章节所谓的"边缘人"。他们的攻击相当激烈，导致朝鲜半岛的高丽王朝及之后的李氏王朝，还有推翻了元朝后开始统治中国的明朝均不断要求日本足利幕府取缔倭寇。1386 年，明朝甚至以幕府放任倭寇不管为由与日本断交。

最终因为朝鲜施展巧妙的怀柔政策起了部分作用，倭寇在15世纪初期基本收敛。明朝正式认可和足利幕府的国家贸易也是在这一时期。但是，进入16世纪以后，海盗在中国沿海地区再次猖獗起来。这称为后期倭寇。详细情况之后将再行说明，这里要先说的是明朝建立后不久即实行"海禁"政策，禁止境内的民间商人开展对外贸易，也禁止华商和外国商人之间的私人贸易及出国。这种死板的统治政策使得中国沿海地区的人们失去经济利益，他们和支持他们的东海沿岸地区的人们成为后期倭寇的主力。这些人避开明朝官府的耳目，秘密开展贸易，并不时在沿海地区和海上进行抢劫。

明朝深受后期倭寇和北方蒙古游牧民族的侵扰之苦（所谓"北虏南倭"），到1550年前后，明政权甚至面临非常严重的危机。这一点是中国史和东亚史研究专家的通说。专门研究这一地区历史的专家们基本都持一致意见，那这种解释应该是没错的。但是，如果我们去看印度洋海域的政治权力和国际贸易关系的话，这个说法就有些让人无法认同了。因为这种说法是在默认大陆的政治权力同时也要控制海上的前提下总结出来的。

葡萄牙人在印度海域是名副其实的"海盗"。他们在印度洋海域嚣张跋扈的16世纪，正是萨法维帝国和莫卧儿帝国崛起的时期。那么，萨法维帝国和莫卧儿帝国是否深受葡萄牙人之苦呢？对此，这一地区的历史研究并没有做如此解释。的确，像卡里卡特和霍尔木兹这样特殊的沿海港口城市的弱小统治势力，在经济上会受到葡萄牙人海盗行为的严重冲击。此外，萨法维帝国和莫卧儿帝国境内的商人，肯定也有受到冲击的。但是，根植于"大陆帝国"本身的政治、经济和社会形势，并没有因为葡萄牙人和后来的荷兰人、英国人的海盗行为而陷入严重危机。此外，正如下一章提及的那样，在这一时期，在这两个帝国中有着据点的印度人、伊朗人及亚美尼亚人，反而比以前更加积极地"走出去"，在新的政治和经济领域大显身手。

不管你是本地商人还是葡萄牙人，只要把各种各样的商品运到其领地内，均会受到欢迎，这是西印度洋海域"大陆帝国"所采取的基本态度。皇帝或者国王都拥有被称为"国王之船"的商船，不时以"商人"的身份开展海上交易，但在一般情况下，这一海域的政治势力大多没有打算对整个海上贸易实行实质性管理。因此，"海上贸易难以控制、海盗侵扰沿海地区令政权陷入危机"这一命题未必是放之四海而皆准的。

在东亚史的文脉之中，一般都会认为，大陆的政治权力（国家）对海上贸易进行管理和管制是理所当然的。如果该政权在贸易管制和打击海盗方面进展不顺的话，就可能出现弊政乃至权力衰退。至少本书提及时期的东亚地区，海陆是连接在一起的。在这里可以清楚地看到，印度洋海域和东亚海域的社会及政治权力的性质是大相径庭的。葡萄牙人和之后的欧洲的东印度公司从"经济之海"的印度洋海域再向东边前进，进入的却是大陆政治权力试图管理和控制的"政治之海"。

解说 17 世纪之后东亚海域的整体情况是本章的主题，但为了更清楚理解当时的情况，必须要了解这一海域以明朝为中心的独特的国际关系体系。在此，我们暂且追溯到 14 世纪。

明帝国和朝贡贸易

1368 年，把元朝统治势力驱逐回蒙古高原之后建立起来的明朝，除了最初的七年外，只承认基于独特地区秩序观的被称为"朝贡"的对外贸易方式。这种秩序观认为，与作为文化中心的中华即明帝国毗邻的文明程度较低的夷狄，即周边国家之间，不管是否存在直接统治，一般都认为存在上下关系或君臣关系。位于地区秩序中心位置的明帝国是处于"上"或"君"的地位，而周边各国则是"下"和"臣"，此事自不待言。而在作为臣下的周边各国之间，又有不同的排序。例如，朝鲜的李朝和日本列岛的室町幕府是相当于皇子地位的亲王，琉球和安南是只相当于皇孙地位的郡王。

周边邻国遵从这一秩序并臣服于明帝国，仰慕其德行，期待着定期派送使节，进献贡品，这种行为即被称为"朝贡"。这种秩序观的理想之处在于，周边邻国使节携带贡品前来觐见明朝皇帝，明朝廷则按照相应的礼仪接待该使节，之后作为回礼会让其带着高于贡品价值的物品回国。这种关系仅仅只是一种理念，在现实中不见得会完全顺利运行，但明帝国非常执着于这一理念。

在朝贡的使节中，不时也掺杂着一些商人，明朝廷允许他

东印度公司与亚洲之海

们把运来的商品在内地城市和港口城市与本地商人进行交易。在明朝首位皇帝洪武帝（明太祖朱元璋）执政的三十一年间，前后三十五次向海外派送使节，敦促各国朝贡。15世纪初永乐帝命令郑和率船队从东南亚进入印度洋海域，此事众所周知，但这也是为了劝说东南亚和印度洋海域各国臣服明帝国并进行朝贡。中国再怎么地大物博，像热带产品这样中国没有的东西还是很多。对此，只能通过贸易来给予补充。基于这一背景，明帝国才通过大力开展朝贡贸易来获取国内所需物资。

在明朝之前的宋、元两朝就已经存在朝贡贸易这一制度。但除了官方的朝贡贸易，民间层面的华商和外国商人之间的贸易也非常活跃，有华商走出去的情况，也有外国商人进来的情况。例如，在镰仓幕府时期的博多港，有大量像谢国民这样的华商在从事着中日贸易。在宋、元时期，福建泉州有蒲寿庚等西亚出身的穆斯林居住。换言之，在宋、元时期，朝贡这种官方贸易和民间贸易并行不悖。

但到了明朝时期，明朝廷只认可朝贡贸易这一对外贸易方式，严格禁止民间商人到海外开展贸易。"不准寸板下海"，这种严禁出海的政策被称为"海禁"。只有访问中国的外国使节以及随行商人进行的官方贸易才被认可。华商也只有在与明朝使节同行的情况下，才能前往海外。换言之，明朝试图通过对海洋进行管理和控制来垄断对外贸易。

假如是在交通和通信手段发达、国家拥有强大军事实力的现代，这恐怕有实现的可能，但在当时，试图完全封锁漫长的中国大陆东部、东南部沿海地区，禁止人民出海，应该是无法实现的。实际上，就像后来看到的那样，打破禁令从事海外贸易的人络绎不绝。尽管如此，从明朝出台海禁政策到1567年缓和该政策为止，这一政策前后维持了近两百年。前后朝代并没有如此严格限制对外贸易，与之相比，明朝的政策明显有悖常理。那么，明朝为什么会长时间持续推行如此强硬的政策呢？

对于这个问题，笔者迄今为止还没有找到能够令人完全信服的答案。有一种说法认为，元朝末期的混乱导致东亚地区的国际秩序崩溃，而明朝则试图以自己为中心再建这一秩序。虽然笔者认为这种说法比较恰当，但有必要连华商到海外也要禁止吗？此外，"国际秩序"不只是对于明代，对于任何一个朝代都是必要的。那么，为什么明朝前后的宋朝、元朝和清朝都没有采取明朝那样严格的政策呢？

还有一种说法认为，明朝看到了元朝时期以白银为轴心的经济政策存在很大局限，试图排除白银，构建一种不依赖货币经济的交易制度。假如明朝意识到"一国经济"，同时禁止了跨越比海岸线还长的陆地边界的民间交易的话，那么这种说法可以理解。但是，这两种观点都还没有完全被证明。更有一种说法认为，这是为了强调继承"外族"元朝的"汉人"王朝的正统性。但是，用"民族"这一概念来划分人类群体，是到近代之后的事情，因此这种解释也不充分。对于当时人们意识中人类群体的划分，还需要进一步开展深入的研究。如此，明朝采取的海禁政策还存在很多谜团，大量必须要考虑的问题仍然摆在那里。

有趣的是，即便明朝采取如此做法，很多周边国家都回应了明朝的朝贡要求。在洪武帝在位的三十一年间，共有 16 个国家向明帝国进行了朝贡，其朝贡次数总计达到 280 次，主要有日本、高丽、琉球、安南（越南北部）、占城（越南中南部）、真腊（越南南部和柬埔寨）、暹罗（泰国）、爪哇等国。郑和下西洋的时候，也有像文莱、马六甲、苏禄这样的国家，国王为了朝贡而专程拜访明朝廷。有明一代，朝贡国家的总数达到 40 国以上。

各国派送使节到明帝国的理由很多，但非常清楚的是，这些国家都接受按照明帝国规定的朝贡规则来开展贸易。这或许是由于其对中国的产品需求很大，同时和中国开展贸易能够获得很大收益。在东亚海域，明朝构想的观念上的秩序波及海外各国，具有很大的影响力。

各国访问明帝国港口城市的使节们，实际上可能就是贸易商人。但是，总之他们是以属于明确的"国家"，且该"国"臣服于明帝国为条件和中国开展贸易的。在朝贡制度的背后，有一个原则即"国"和"人"保持一致。只要是接受了明帝国所制定的秩序，"日本人"还是由日本政府管理，"琉球人"则由琉球政府管理，"暹罗人"由暹罗政府管理。这与同时代不拘泥于国家和政治权力的范畴，而是由商人群体开展自由贸易的印度洋海域相比，有着很大的不同。

东亚海域的交易地点（15世纪到16世纪）

走私贸易和石见银矿

在中国沿海地区，经常存在无视明朝制定的秩序甚至公然反抗的集团。明朝对于东南亚出产的各种香料和染料等需求较大，其贸易能带来巨大利益，因此开始进行明朝朝廷禁止的贸易方式，即民间走私的人络绎不绝。这也是一种必然。从15世纪后半期开始，作为海外贸易的据点，位于福建省漳州东南部的月港快速发展起来。当地商人无视海禁令，从福建向东南亚派出大型船只。在原本负责取缔走私的官员中，也有参加此类走私活动的。而为了应对监管，这些从事走私的人也开始武装起来。

　　进入16世纪后，走私商人也开始聚集至浙江舟山群岛的双屿岛。与月港相比，双屿岛的便利之处在于，当地既是丝绸生产地，同时距离外国产品重要消费市场的江南地区也比较近。此外，作为和日本开展走私贸易的据点，当地也有独特的地理优势。

位于平户的王直住宅遗址 王直作为华商走私贸易的首领驰名中外。笔者摄

当时，日本室町幕府日趋软弱，作为官方朝贡贸易的勘合贸易，其运作也并非正常可言。1523年，在中方指定的日本船只抵达港口宁波时，与堺商人勾结在一起的细川家族和与博多商人相互勾结的大内家族的使节团之间发生了暴力冲突。事件爆发后，明朝廷索性将勘合贸易减少为十年一次。自此，走私贸易的比重越发增大。

在15世纪末之前的中日贸易中，日本船只装载着硫黄、铠甲、刀剑等日本商品和经由琉球获得的东南亚商品运往中国，交换中国所产的丝绸、陶瓷、铜钱等。但从贸易的数量和重要性来看，中日贸易比中国和东南亚的贸易小得多。日本想从中国获取的商品很多，而中国对日本产品的需求却没有那么大。但1530年以后，这种状态发生了根本性变化。明帝国无论如何都想得到的东西，在日本也能够进行大量生产。

这种商品就是白银。明朝廷为了抵御蒙古游牧民的入侵，在华北修建长城并驻扎大量军队。朝廷为了筹措军需物资，需要民众纳税并支付白银。但在当时，明朝境内的白银产量远远不能满足需求。而恰在此时（16世纪30年代），日本发现了石见银矿，通过使用从朝鲜传来的灰吹法这一冶炼技术，白银产量突飞猛进。这是历史上出现"事情偶然出现一致"的最好案例。由于日本白银的出现，中日贸易兴起了一股热潮，之前一直不受重视的对日贸易的重要性得到增强。通过走私商人之手，日本白银如潮水般涌进明帝国境内。就连让葡萄牙人乘船抵达种子岛的船东——华商王直也开始在双屿设立据点，成为走私商人中的一员。

葡萄牙人的出现和耶稣会

葡萄牙人向东亚海域进军　　葡萄牙人首次踏上中国大地是在占领马六甲之后的 1513 年。在这一年，葡萄牙商人乔治·阿尔瓦瑞斯（Jarge Alvares）乘坐华商平底帆船抵达华南港口城市广州。当时，他只是一个普通的民间贸易商人，不能在广州进行朝贡贸易。因此，他只能在珠江口的屯门岛及其周边地区进行走私贸易。然而，他很快就明白，葡萄牙人非常喜欢华商运往东南亚的丝绸和瓷器，而将东南亚的调味料和香料销往中国也能赚得盆满钵盈。由于在东南亚设有据点，葡萄牙人自然对与中国的贸易非常关心。

要想与华商开展官方且有组织的贸易，就必须遵循明朝的海禁政策，通过"朝贡"的形式来进行，并且要首先向明朝廷派遣使节。于是，1517 年，托梅·皮雷斯作为使者赶赴广州，请求与明朝建立正式外交关系。作为首次用欧洲语言记录马六甲以东海域的地理学和民俗学等信息的《东方诸国记》的作者，托梅·皮雷斯闻名于世。在用尽各种办法并打通各种关系之后，他终于在1520年于南京觐见了当时的皇帝正德帝（明武宗朱厚照），之后还和皇帝一同前往北京。但不久之后正德帝即驾崩，朝廷内部的政治势力发生变化。由于逃亡海外的马六甲国王派遣使节前往明朝廷，并揭露了葡萄牙人在马六甲的暴行，皮雷斯等人在广州被捕入狱，同时被没收全部财产。

更加糟糕的是，1519年来到广州的葡萄牙船长西蒙·德·安得拉德（Simao de Andrade），试图将其在印度洋海域常用的以武力开展贸易的方法同样运用于东亚海域。他们在屯门岛构筑要塞，将沿海居民驱使为奴隶，还袭击并抢劫了众多进入广州湾的船只。这种方法在到达马六甲之前的印度洋海域的任何地方都适用，但他们不知道在东亚海域，一个强大的大陆帝国同时也控制着海域。这一连串的事件，使得明朝廷加深了对葡萄牙人的警惕。1521年，明朝命令葡萄牙人撤离，继而攻击屯门岛。葡萄牙人采取了与在印度洋海域时同样的对策，试图通过炮击来击退明军，但未得逞，最终弹尽粮绝被迫撤退。明朝军队并非像卡利卡特或马六甲的军队那样软弱可欺。

此后，葡萄牙人也曾数次试图以武力在广州湾开展贸易，都未能得逞。如此反复使用暴力，要让明朝廷允许他们开展正式的朝贡贸易已无可能。葡萄牙人随即违抗明朝海禁政策，在浙江、福建到广东沿海地区或海上从事走私贸易。他们中的大部分都是"私人"身份的葡萄牙人，是为了追求利益来到欧亚大陆东方海域的莽汉和不轨之徒。他们和在月港、双屿建立据点并从事走私贸易的华商相互勾结，把中国产品运往马六甲并赚取巨额利润。

1542 年或 1543 年漂到日本九州南部种子岛的葡萄牙人，应该就是上述葡萄牙人的同伙。不管怎么说，日本历史上"铁炮传来"这一重大事件，意味着向东前进的葡萄牙人的活动已经到达了欧亚大陆东端的日本列岛。

占据澳门　　虽说有很多明朝的官僚权贵与走私贸易有千丝万缕的关系，但也有认为只要禁令一出，就必须取缔在沿海各地盛行的走私贸易的刚正不阿之士。浙江巡抚朱纨就是其中之一。1548 年，他亲率船队，奇袭舟山群岛的双屿岛，扫荡了岛上的华商和葡萄牙人等走私集团。岛上多数建筑物被烧毁，双屿岛基本成为废墟。其后，他又展开大规模军事作战，对逃跑的走私商人穷追猛打。但这种做法反而把走私商人们逼到了与明军公然作对的境地。他们以武力还击明军，并在中国沿海各地烧杀掠夺。一般认为，这一时期正是后期倭寇最横行的时期。廉洁并极富正义感的朱纨受到众多与走私素有瓜葛的当权者的围攻，反而背上助长倭寇的罪名，最后被逼自杀。

另一方面，作为走私贸易的首领，王直将其主要据点从日本的五岛列岛迁移至平户，其活动更加肆无忌惮。在五岛列岛和平户，居住着众多在东海从事走私贸易的诸如松浦党之流的团伙。对王直来说，这里可能是与他非常有缘的土地。与他联手的葡

现代澳门的妈祖庙　澳门旅游局提供

萄牙人首次造访平户是在朱纨发动讨伐倭寇的战争后不久，也就是1550年的事情。由于明朝和足利政权之间为朝贡关系，因而在日本也同样只允许正式勘合贸易。但是这时正是战国时代最盛时期，九州地区的大名们好像从来没有考虑过管理走私贸易。作为从海外进口商品的海运商人，王直和葡萄牙人受到了平户领主松浦隆信的热烈欢迎。

到16世纪中叶，作为葡萄牙"海上帝国"的掌权者，果阿的总督和马六甲的行政长官都十分清楚东亚海域的国际秩序以及通过该贸易能获得高额回报这一事实。特别值得关注的是，在日本购入白银，到中国将其换成生丝和瓷器，然后再运回日本以高价售出，中日贸易所产生的巨大利润，具有非同寻常的诱惑力。他们当然也想参与到这一贸易当中。为此，他们需要在中国沿海地区设立商品收购和物资补给的据点。这样的话，无论如何也必须得到明帝国的许可。

1552年，莱昂内尔·德·索萨（Lyonel de Sousa）以王室舰队司令官的身份来到广州湾，制服了在中国沿海一带胡作非为的葡萄牙走私商人及其海盗船，从而卖了一个人情给明朝廷。他的这一举动是为了表明重视秩序的葡萄牙"海上帝国"和作为个人的葡萄牙人之间有着完全不同的立场。1553年，他在贿赂当地主

19 世纪澳门的妈祖庙　威廉·普林塞普创作，1838 年

管官员之后，以船只触礁需要晾晒货物为由提出登陆请求，继而在位于广州湾入口的澳门半岛上岸，然后就赖在岛上不走了。"澳门"这一名字来源于半岛前沿建立的祭祀妈祖的庙宇，当地称为妈祖庙。妈祖是汇集了船员信仰的神。1557 年，在葡萄牙人在此居住成为既成事实的四年后，明朝官府允许他们暂时居住。葡萄牙人遂在半岛沿海和前沿地带修建房屋和要塞，逐渐把这里改造成他们在东亚海域的据点。

1573 年，明朝廷正式承认了葡萄牙人在澳门的居留权。但是，必须注意的是，这是以他们每年需要缴纳 500 两白银的地租作为条件的。明帝国绝对没有把澳门割让给葡萄牙人的意思，只是认可了他们在澳门的居住权。这一点和葡萄牙人在印度洋海域设立的据点大相径庭。随着经济的发展，到澳门居住的华人也逐渐增多，但是他们遵从的并非葡萄牙法律而是明朝法律。明朝廷还在澳门半岛设立了派驻机构。在连接半岛和大陆的沙洲上，明朝官府设置了防止葡萄牙人私自进入大陆的关卡。澳门成为葡萄牙租借地是在英国通过鸦片战争占领香港岛之后，即 19 世纪后半期的 1887 年以后的事情。

获得澳门之后，葡萄牙人参与中日贸易变得简单起来。自

东印度公司与亚洲之海

16世纪50年代后期开始，作为澳门的葡萄牙总督的舰队司令（Capitão-mór，俗称"加比丹·莫尔"），其乘坐的船只几乎每年都会抵达九州地区的港口。此外，很多私人的葡萄牙船只也把澳门作为出发地。在现代日本，通常把和葡萄牙人的贸易总称为"南蛮贸易"，认为这是欧洲和日本之间的贸易，但这是错误的。从里斯本直接前往日本的船只一艘都没有。葡萄牙人运来的主要商品是中国产的生丝，其他的商品也几乎都是中国或者东南亚所产。一些无官方背景的葡萄牙人受雇于华商，接受华商融资，这样的事例也很多。葡萄牙人并非杜绝与其他国家的人交往而独自开展贸易。

根据高濑弘一郎对葡萄牙国王颁发的97份有关日本的命令和给果阿总督的书信等文件的研究来看，其中有72份是关于天主教在日本的传教事宜。澳门和日本的贸易在这里几乎已经结束，而且这也不是远在葡萄牙的国王本人所强烈关注的事项。在当时处于"各种民族杂居"状态的东南亚海域，葡萄牙人只是作为从事走私贸易的一个团体来开展贸易活动的。

耶稣会和沙勿略

虽然之前没有详细说明，但葡萄牙人进军东方是不能和天主教分开来考虑的。而且，在思考和研究17世纪后东亚海域的历史时，天主教问题尤显重要。笔者就此做一个大致的归纳。

达·伽马航海的目的之一，就是要到东方寻找祭司王约翰。

在他的船上，一同乘有属于圣三位一体会的两名修道士。他们作为天主教徒，即便在船上也必须要进行礼拜。万一出现船员死亡，举行涂油仪式也必须要有圣职者不可。所以，在前往东印度的葡萄牙船上肯定能看到天主教神父的身影。作为天主教教徒，他们不仅主持葡萄牙人日常生活中的各种重要仪式，还积极尝试向当地人传教。为此，方济各会、多明我会的修道士接连不断来到印度，宣传天主教教义。早在15世纪，罗马教皇就已经给葡萄牙国王颁发过敕书，奖励葡萄牙人在从非洲到印度的新发现地区传教，给予其传教保护者的权利。遵照这一命令，天主教神父争先恐后地奔向东印度。命令中所用的"传教保护者"这一概念比较重要，需要着重说明一下。

在一般情况下，为了修建教堂和修道院并维持其运转，需要一定的土地和收入。在当时的欧洲天主教文化圈，提供土地、维持教会建筑，以及照顾神父生活的人，被称为该教会的"保护者"。这一制度适用于新占领的海外领地，则被叫作"传教保护者"。在葡萄牙人占领下的东印度，国王以"传教保护者"的身份为传教提供各种必要条件，而神父则在葡萄牙国王的庇护下从事传教工作。1534年，葡萄牙国王在领有的果阿设立教区，以作为在东印度的传教据点，就是基于上述背景。因此，我们必须要看到在东印度，天主教的传教和葡萄牙的领土占领是一体的。

也就在同一年，为了对抗十多年前在欧洲发起的宗教改革运动，耶稣会在巴黎成立。耶稣会宣誓绝对服从罗马教皇，要求成员严格遵守纪律，同时也非常重视海外传教，这一姿态不久就引起了葡萄牙国王的注意。国王表明了想把耶稣会成员送到印度的想法，耶稣会会长依纳爵·罗耀拉（Ignacio de Loyola）指示方济各·沙勿略（Francis Xavier）和另外一位同道中人一起乘坐葡萄牙船只远赴印度。"我希望把异教徒的地盘一个个征服"，谨记依纳爵·罗耀拉的教诲，沙勿略在饱经艰辛的漫长海上之旅后终于抵达果阿，这是在1542年5月6日。

虽然在印度南部传教三年，在马六甲和马鲁古群岛等东南亚也传教三年，但沙勿略的传教活动并没有取得意料之中的效果，可谓度日如年。而改变他这种窘境的，是他和日本天主教徒安次郎的相遇。在与安次郎详谈之后，沙勿略觉得有望在新天地日本进行传教。1549年，在安次郎的指引之下，沙勿略从马六甲出发前往日本。这是葡萄牙人首次漂到种子岛六年后的事情。而在这个时候，有像安次郎一样曾到达果阿并成为天主教教徒的日本人，这件事本身就非常有意思。在明朝官员朱纨讨伐走私贸易之际，澳门还没有落到葡萄牙人的手中。沙勿略乘坐的平底帆船没法停靠中国沿海港口，只得径直开往日本列岛，并在8月抵达鹿儿岛。

耶稣会在日本的传教和贸易　在日本的两年三个月里，沙勿略踏遍了鹿儿岛、平户、山口，并经由堺到京都，在返回山口之后还去过大分。除了山口和京都，其他城市全部是贸易港口，其中，山口是控制中日勘合贸易的大内家族的大本营，而京都是名义上管理海外贸易的天皇和室町幕府政权所在地。从他所访问的地点，我们可以清楚地看出，沙勿略的行动和葡萄牙船只的贸易活动紧密相关。据说在他前往日本之际，马六甲的行政长官为他准备了30桶（5700公斤）精选的胡椒，用作他的交通费、两年的活动经费，以及教堂的建设经费。在日本，如果不把这些不是那么有用的商品交换成生活必需品的话，他是无法活下去的。先不说他本人传教的热情，在他访问的日本各地，沙勿略一行最初应是被看作商人。由于沙勿略不会说日语，由安次郎等弟子代他传授天主教教义，因此，能理解教义和海外贸易没有关系，明白他们在传教的人一定不多。

他在信中提到"堺是一个非常大的港口，是一个有很多商人和富人的城市。与日本其他地方比起来，这里有很多黄金和白银，可以在堺设置葡萄牙商馆"，"如果阁下信任我，可将送来的商品交由我管理，我敢保证可以以一增百"等多处与贸易有关的信息。由此可见，日本的耶稣会传教活动和葡萄牙人的贸易活动从一开始就是无法割断的。在沙勿略之后来到日本并在日本西部各地建设神学校和教堂、组织传教组织的耶稣会传教士，其大部分都没有得到葡萄牙国王充足的资金支持，只得通过斡旋中日生丝贸易及日本对华贸易，作为中介来获取利益，然后将其作为教会的活动资金。

对于生存在战国时期的九州各地的诸侯来说，与葡萄牙人开展贸易，不仅能得到高额收益，而且能得到高级的中国产品和制

东印度公司与亚洲之海

造新传入的炮弹、枪弹所需的铅和硝石，所以有很大吸引力。当然，他们也非常清楚葡萄牙船的到来和天主教传教士的到来是相互配套的。只要允许传教士居留并在其领地内传教，葡萄牙船就会到来，开展海外贸易也就成为可能。九州各地的诸侯之所以争相接受天主教，其原因之一就在于此。

最为夸张的是，1580 年，信奉天主教的大名大村纯忠甚至将长崎捐赠给耶稣会。他个人未必是单纯为了贸易上的利益而改信天主教。但不管怎么说，耶稣会想要获得一个稳定的传教据点，大村纯忠则想让葡萄牙船定期靠港，双方的想法不谋而合。与在印度东南地区的马德拉斯的情况（给欧洲人提供方便）一样，日本也发生了同样的事情。

耶稣会的传教和占领领土　　耶稣会的传教不仅与贸易有关，与军事也密切相关。与亚洲其他地区相比，耶稣会在日本的传教活动相对顺利并取得了很大成果，但也不得不面对很多抵抗和迫害。在这种时候，改信天主教的诸侯和领主就成了耶稣会坚强的后盾。在葡萄牙国王和罗马教皇的财政、军事方面的支持并不充分的情况下，能从反对者的攻击中保护耶稣会成员也只有这些人。对耶稣会而言，他们是重要的教友，同时也是保护者。相反，如果他们遇到困境，耶稣会成员也会积极地提供军事援助。例如，他们向有马晴信提供粮食、金钱、铅、硝石，还向在战争中处于危险境地的大村纯忠提供火绳枪，这

多明我会（Santo Domingo）教堂遗址　位于耶稣会的据点长崎，右图为显示教会建筑情况的发掘现场。长崎市教育委员会提供

些事情广为人知。

　　从这个角度来说，当把长崎收入囊中之后，耶稣会成员很快就着手把长崎建成要塞，这是非常自然的事情。为了防守要塞，需要士兵和武器。1585 年，耶稣会经由马尼拉向国王腓力二世（西班牙和葡萄牙两国的国王）发出请求，希望国王派遣船只运送士兵、弹药、大炮、粮食，还有金钱。如果我们回想起葡萄牙国王拥有在东印度传教保护权的话，那么被捐赠给耶稣会的长崎，迟早会被从欧洲过来的人看作葡萄牙国王的领地。

　　据此可知，16 世纪后半期耶稣会在日本列岛的传教活动，与其说是纯粹的传教，不如说是传教与贸易活动以及基于获取领土的想法而采取的军事活动的混合，其性质非常复杂。1579 年，作为耶稣会东印度观察员，范礼安（Alessandro Valignano）访问了日本。其提交的报告表明，当时日本统治者在一定程度上已经正确地认识了耶稣会活动的内幕。

　　"与以往相比，日本的领主们开始抱有强烈的疑虑，担心我

东印度公司与亚洲之海

们是不是企图在日本做什么坏事。如果允许我们在其领地内传教的话，为了在日本保护我们的葡萄牙国王陛下，我们是不是要和他们领地内的天主教徒一起发起叛乱？"

到了西班牙的修道会成员抵达并开始和耶稣会竞争传教的16世纪末，日本的信教人口据说已经有37万，还有达50万的说法。这相当于当时日本总人口的3%到4%。

对于日本的统治者来说，这已经到了无法忽视的程度了。

日本的"锁国"政策和荷兰东印度公司

统一政权的诞生

在这里，请允许我稍微提及一些个人的体验。几年前，我和研究日本中世史的村井章介领导的日本史研究小组一起开展实地调研，巡回考察了分布在九州西部的松浦半岛北部、东部的中世纪城堡和港口设施遗址。我们考察了松园氏、志佐氏、波多氏、山代氏等很多中世纪地方豪族的城堡遗址，对城堡的尺寸大小已经非常熟悉。之后，我们去了丰臣秀吉花了不到一年时间修建起来的名护屋城址，该城堡被作为他进攻朝鲜的基地。展示丰臣秀吉强大权力的名护屋城规模很大，给人一种无比的压迫感。也正是因为刚看完中世纪的其他城堡，所以我们才能切身感受到丰臣秀吉刚刚建立的

名护屋城址 丰臣秀吉修建的城堡遗址，曾作为侵略朝鲜的基地。佐贺县唐津市政府提供

统一政权的力量是多么巨大。

为什么诞生了以名护屋城作为象征的强大政权呢？当时，我曾抱有如此简单的疑问。可以说，正是因为统一了日本列岛，丰臣秀吉得以集中全日本所有诸侯的财力，才有可能建造如此规模的城堡。但是，丰臣秀吉建造的不仅是名护屋城，他还建造了京都的聚乐第和伏见城、大阪城等豪华绚烂的大型建筑。这与镰仓、室町幕府时期的统治者主要修建规模较小的寺院（即使这样也已非常壮观）相比，其规模不可同日而语。此外，丰臣秀吉更是投入巨资，发动了侵略朝鲜的战争。丰臣秀吉拥有如此巨大的权力，无疑是以令人无法想象的巨大经济实力为背景的。虽然没有明确的证据，但他的经济实力和石见白银的生产以及16世纪非常活跃的海外贸易不无关系。在葡萄牙人和耶稣会成员开始与日本列岛保持关系的16世纪后半期，日本列岛迎来了政治、经济、社会大变革的时代。

自战国时期以来，社会动乱随着政权的统一而迅速结束。1582年，织田信长在本能寺遇难。之后，丰臣秀吉消灭了明智光秀和柴田胜家等织田信长的旧部，令德川家康臣服，并统一了纪州和四国。其后的1587年，他又征伐九州的诸侯岛津并大获全胜。在织田信长死后仅仅五年时间内，丰臣秀吉就统一了日本列岛西部地区。1590年，他又消灭了小田原的诸侯北条，平定了日本列岛东部地区。至此，除了北海道，丰臣秀吉统一了日本列岛的大部分地区。离1580年范礼安报告"本州共有53个王国"还不到十年的时间，日本就已经统一成一个国家了。

在这之后，丰臣秀吉开始了长达八年的侵略朝鲜战争，这是对以明朝为中心的东亚观念性国际秩序的重大挑战。日本军队和支援朝鲜的明朝军队直接交战。这意味着丰臣秀吉统一后的日本破坏了通过朝贡关系所建立起来的与明朝之间的君臣关系，继而脱离了明朝想象中的国际秩序。

1598年，随着丰臣秀吉死去，侵略朝鲜战争告一段落。经过关原之战，德川家康坐上了统一政权的宝座。通过同日本已经讲和的朝鲜和被岛津征服的琉球，德川家康试图和明朝改善关系，但都不顺利。结果直到1644年明朝灭亡，两国外交关系一直都比较疏远。德川政权和明朝之后的清朝也没有正式建立外交关系。

如果像印度洋海域那样，大陆政权并不认真考虑控制海洋，各"国"之间的国际秩序也尚不确定，这就不是什么大问题。但在东亚海域，至少自明朝以来，以中华为顶点的观念性国际秩序通过朝贡关系发挥着相应的作用，直至清朝也未改变。既然已经脱离了这种华夷秩序，那么德川政权就必须要在这一秩序之外获取自己政权合法性的理由，制定以自己为中心的新秩序，并照此来开展海外贸易。自此，日本边窥视着中国，边走自己的道路。

上：活跃于吕宋安南之间的贸易朱印
船 下：庆长十一年（1606）的朱印
状 记有"自日本到安南国商船也"

朱印船贸易的意义

这条自己的道路通过朱印船贸易、锁国、禁止天主教等一系列政策完整地表现出来。下面按顺序进行说明。

16世纪前半期兴起的中日贸易热潮一直持续到了16世纪后半期乃至末期。这是因为日本需要中国的丝绸，而中国需要日本的白银。但到1551年大内政权灭亡后，中日两国间的勘合贸易遂告中断。即便明朝在1567年放宽海禁政策，但在官方贸易层面还是不允许华商前往日本或日商访问中国。因此，中日两国间的贸易就只能通过走私商人或者在澳门设置据点的葡萄牙人来进行。此外，由于明朝允许华商前往东南亚各地，所以日本商人只要抵达东南亚，就可以在那里与华商直接做生意。这就是所谓的"出会贸易"。因此，从16世纪末开始，驶往东南亚的日本船只数量急剧增长。

在统一全国之后，德川家康向出航海外的船只颁发新的朱印证，并请求东南亚各国保障携带朱印证的船只的安全和贸易。此外，他还命令获得朱印证的船也即朱印船必须从长崎出港。关于这种朱印船制度，可以说是德川家康政权为了管理已经相当发

东印度公司与亚洲之海

达的日本和东南亚的民间贸易活动所采取的一种方法。只要是在日本设有据点的人，不论其"国籍"如何，均可获得朱印证。除日本的商人、大名和武士以外，华商和欧洲商人也可获得朱印证。这或许是德川幕府在对海外贸易活动进行管理的同时，优先考虑稳定进口商品的结果。

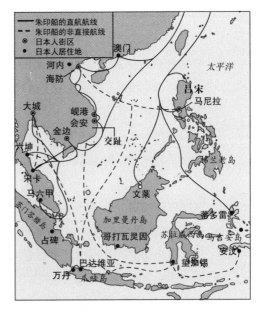

朱印船航线和东南亚的日本人街区　根据岩生成一所著《续南洋日本城的研究》整理

根据中国自然资源部所供标准地图绘制而成

　　从 1604 年到朱印船制度被废止的 1635 年的三十二年间，共有 356 艘朱印船出航前往东南亚各地。去得最多的地方是交趾（越南南部），有 71 艘。然后是暹罗（泰国）56 艘、吕宋（菲律宾）54 艘。在上述东南亚各地的港口城市和首都，逐渐出现了日本人居住的街区，其中居住着在日本无以度日的浪人、天主教徒、贸易商人，再加上被本地人或外国人雇用的人。这就是所谓的日本城。在最鼎盛的时期，据说移居吕宋的日本人有 3000

人、移居暹罗的有 1500 人。在日本历史上，如此大规模地向海外移民，可谓一种例外现象。但就像下一章也会论述的那样，在当时的亚洲之海，伴随着贸易活动的日渐繁荣，亚洲各地之间产生了大量移民。这一时期日本人向海外移民，也可以说是这种移民现象的一种反映。但值得注意的是，东亚海域经常是移民的输出国，而不是接收国。

关于中日之间的勘合贸易，发布勘合的主体是位于地区秩序核心位置的明朝。与之相比，在朱印船制度中，德川幕府依靠自己的意志来颁发朱印证，这一点也需要引起注意。自德川幕府从明朝的观念性秩序中脱离出来后，就不得不以自己的意志管理贸易，并建立起以自己为中心的地区秩序。在当时大陆政权管理海上贸易及其从业人员被视为理所当然的东亚海域，这是唯一的选择。

当然，不单是针对出航，对来航船只的限制和管理也逐步浮现出来。1616 年，欧洲船只的停泊港被规定为平户和长崎。1635 年，华商船只的停泊港被限制在长崎。这些海外贸易管理政策的最终目标是禁止日本人和日本船只前往海外、来航的外国船只仅限于荷兰船只和中国船只、外国船只的停泊港仅限于长崎，也就是所谓的"锁国"政策。毫无疏漏地管理海上贸易正是德川政权树立权威的上策。

禁止天主教　　　　　　　遵从欧洲天主教文化圈的安排，耶稣会在和葡萄牙国王的传教保护权保持表里如一的关系的同时，大力推动在日本的传教，但其中也包含了难以从根本上解决的矛盾。那就是，只要日本不成为葡萄牙领地，那么让日本人改变信仰的事业就无法完成。对此，笔者具体说明一下。例如，如果日本人改变信仰的工作不断取得进展，日本人信徒逐渐增加的话，就必须要在日本某地设置天主教主教职位。从传教保护权这一角度来考虑的话，有权选择主教并向罗马教皇推荐的是葡萄牙国王。此外，准备修建主教教堂的土地以及修建教堂的也是葡萄牙国王。这当中反映不了日本人的意见和要求，日本也就成了葡萄牙的一部分。即便如此，另一方面，更现实的问题是，就算葡萄牙国王非常关心在日本的天主教传教活动，但两国之间在地理上远隔重洋，葡萄牙国王是难以派遣大军征服日本并获得土地的。

在这一背景下，耶稣会成员应该是内心充满矛盾地在日本传教。他们对这一事情的本质有多大程度的了解我们不得而知，但对于必然和葡萄牙国王的领土占领发生关联的耶稣会的传教活动，日本的统治者无疑感受到了某种程度的威胁。1587年，丰臣秀吉从耶稣会手中收回长崎并对其进行直辖管理，同时首次发布驱逐传教士的命令。导致这一事件的直接原因是耶稣会准教区负责人卡斯帕·科埃略（Gaspar Coelho）在博多当面拜访丰臣秀吉时，试图以武装船队司令官的姿态施加压力。这虽然是科埃略的无心之举，但却让之前隐约觉得天主教传教活动带有危险性的丰臣秀吉切身体会到了这一危险。在确信无疑之后，丰臣秀吉采取了上述强硬政策。

除此之外，让日本统治者认为天主教危险的确切原因还有很多。例如，统一后的幕府政权采取的基本政策是"王法为本"，即世俗权力优先于宗教权力。此外，当时日本的社会秩序是以"神国"意识为基础的，而天主教教义与此完全不相容；占日本总人口3%到4%的日本天主教教徒疯狂的反社会的行为；荷兰人和英国人告诫日本，称天主教传教和葡萄牙、西班牙的领土野心之间有莫大关系；等等。另外，也有学者指出，天主教教徒以外的普通日本人大多信仰被称为"日本宗"的宗教。由于他们所重视的"天道"与天主教教义互不相容，大部分人都支持统治者的政策。上述原因叠加在一起，使得幕府开始驱逐传教士，禁止天主教的转播。当统治者看到不断有传教士乘坐从东南亚来的船只试图潜入日本时，甚至废除了朱印船制度。当然，这也是因为有了其他的代替进口海外商品的方法，但由此也可以看出，德川幕府是下了很大决心来禁止天主教的。

有意思的是，禁止天主教的不单是日本的统治者。尽管事态的表现在细节上有所不同，但取代明朝的清朝、朝鲜，还有越南也采取了大致相同的政策。在17世纪到18世纪的东亚海域周边各国，禁止天主教成了一种共同的政策。支撑东亚地区政权的理念和社会秩序，与天主教教义和以传教为前提的天主教教会的世界观之间的深深隔阂难以调和。对于东亚海域的政权而言，天主教传教士的存在是一种极大的威胁。

与之相对照，在同一时期，在耶稣会和其他修道会开展传教活动的印度洋海域，却没有出现禁止天主教的政策。与东亚海域相比，在莫卧儿帝国和萨法维帝国的领地内，有更多的传教士在进行传教活动。他们的行动基本自由，当地政权也没有对其采取很大的限制。在一份官方的历史档案中，留存有萨法维帝国国王在宫廷里举行耶稣会传教士和伊斯兰教学者就哪一种信仰更好进行讨论的记录。但最终，这一地区的传教士们无法使更多的人改变宗教信仰，他们主要被作为医生或者巫师来对待。进入 18 世纪中叶，由于看不到当地人改变信仰的前景，耶稣会和方济各会等修道会自主撤离波斯。对于印度洋周边各国的统治者而言，天主教并非致命威胁。在这一点上，印度洋海域和东亚海域有着很大的不同。

荷兰东印度公司和出岛　　荷兰东印度公司进入东亚海域的情况，与在东南亚的情况有很大不同。最大的不同就是，他们用武力威胁当地政权的惯用伎俩不再奏效。至少在中国和日本，荷兰东印度公司披着老实善良的外衣开展贸易。1604 年以后，公司曾数次造访广州，希望和明朝开始正式贸易，但都被以没有朝贡关系为由遭到拒绝。不得已，荷兰东印度公司只好通过与华商的走私贸易、东南亚的出会贸易、袭击葡萄牙和西班牙船只来获得中国产品。但在东亚海域，无论如何还是需要一个据点。于是在 1622 年，荷兰东印度公司派出 12 艘船组成

VOC 在台南的要塞热兰遮城　建造于台湾西南部，是荷兰
对华和对日贸易据点

的庞大船队攻打葡萄牙人占据的澳门，但在损失 300 人以后仍被击退。1624 年，他们终于在台湾西南部的沿海地区（现为台南市）构建要塞，并取名为热兰遮城（安平城，Zeelandia），把这里作为对华贸易的据点。

1609 年，荷兰东印度公司的两艘船驶入日本平户港，德川家康许可他们在这里设立商馆。但是，这个商馆最初与其说是为了贸易，不如说其作为军事基地的作用更大一些。在这一时期，围绕着高级香料产地的马鲁古群岛的权益问题，荷兰东印度公司和葡萄牙人、西班牙人，还有英国东印度公司存在纠纷，荷兰东印度公司将粮食、武器、木材、石材，加上日本雇佣兵从平户送到东南亚。此外，平户也是袭击来往于澳门和长崎之间的葡萄牙船只的极佳地点。

直到荷兰人于 17 世纪 20 年代在台湾设置商馆，并且确立用日本白银交换中国生丝的转口贸易之后，平户的荷兰商馆才得以发挥其原有的功能。进入 17 世纪 30 年代后，荷兰东印度公司的船只除了台湾，还把巴达维亚、暹罗、交趾、柬埔寨、东京（越南北部地区）等各地的大量特产运进日本。

对于德川政权来说，与荷兰人开展贸易最大的好处在于，他

东印度公司与亚洲之海

现在的热兰遮城遗址 立有郑成功像（右）的安平古堡很受游客欢迎，古堡内还有瞭望台。台湾旅游协会提供

们没有和天主教传教士相互勾结。德川幕府虽然也想和葡萄牙人继续开展贸易以便获得中国和东南亚的产品，但却对天主教传教一事异常烦恼，难以取舍。因此，德川幕府对扩大与荷兰人的贸易持非常欢迎的态度。

同时，为了使在日本的贸易顺利进行，荷兰人对德川幕府的命令和要求也是照章接受。比如，当德川幕府禁止出口武器和日本雇佣兵时，他们照此办理。1628年，荷兰东印度公司在台湾的商馆试图对日本朱印船征收关税，从而引发了台湾事件。这时也是荷兰方面把事件的最终责任人——台湾商馆馆长带到平户交给日方处理。1633年以后，平户商馆馆长甚至前往江户参见德川幕府将军，对于获准和日本开展贸易一事表示感谢。更有甚者，天草岛原之乱爆发时，受德川政权的委托，荷兰东印度公司派船只驶往岛原半岛的原城湾附近，并向城里发射了炮弹。

在1637年荷兰东印度公司的利润总额中，平户商馆的贸易额所产生的利润占到七成以上。既然能有如此高额的收益，为了维持贸易关系，荷兰人就算受些委屈也会忍受，这是极为自然的事情。1640年，德川幕府以前一年刚刚建起的石造仓库墙上刻有的公历建造年份和天主教有关系为由，命令荷兰人将其拆除，

平户荷兰商馆石造仓库复原图　1639 年由荷兰东印度公司建造，该仓库的复原工作正在进行。平户市教育委员会提供

商馆馆长马上遵命照办。1641 年，德川幕府命令他们把商馆从平户迁移到长崎，他们也未加任何抵抗而遵从搬迁。之后，德川幕府又命令荷兰人搬到长崎的一个人工小岛出岛上，并原则上禁止他们外出。对此，荷兰人也都服从。

这与荷兰人在亚洲其他地区经常采取高压且傲慢的态度大相径庭，甚至是一种让人难以相信的低姿态。几乎就在同时，荷兰东印度公司在东南亚采取极端暴力的手段，借此垄断香料贸易。这其中的差别令人惊讶。公司最大的目的是通过贸易获取利益，或许是为了达成这一目的，公司就在各地采取了最适合当地的方法。

在被称为"政治之海"的东亚海域，葡萄牙人和荷兰人等欧洲人无法做到为所欲为，这是因为他们还没有足够强大的军事和经济力量。1662 年，荷兰东印度公司被东亚海域的一大势力——郑成功大军击败，好不容易在台湾设立的商馆也被迫放弃，这就是一个很好的例子。与印度洋海域相比，西北欧东印度公司在东亚海域的影响力受到很大限制。基于现实的考量，他们只好暂时遵守这一海域的秩序，并努力从中实现利润的最大化。

东印度公司与亚洲之海

第四章

生气蓬勃的大移动时代

亚洲人的迁移

华人的世纪

在 17 世纪到 18 世纪东印度公司开创事业的亚洲，很多人离开生养自己的故土，漂洋过海并移居到遥远的新土地上。其中有追求商业利益的贸易商人、在移居地掌握政治权力的人、经营矿山等产业的人、工商业者、雇佣兵、农场和矿山的体力劳动者、为宫廷工作的诗人和文人等各种各样的移民。

如果认为欧亚大陆是同一个世界的话，善于航海、关心贸易活动的欧洲人操控东印度公司的船只驶往亚洲这件事，本身就可以看成是人们在欧亚大陆全境频繁移动和交流的一种形态，或者是一种变种。人的迁移进而引发新的迁移，这开创了欧亚大陆各国社会的新局面。在本章中，笔者将针对人的移动和运送人的船只进行简单的归纳。

首先是关于华人的移居。从15世纪开始，在东南亚各地的港口城市就已经出现了众多华商。虽说其后随着时代的变化而略有增减，但直到18世纪末，从中国到东南亚的商人活动本身基本没有发生太大变化。除了上述商人活动以外，17世纪之后开始出现移民掌握政治权力，以及大量劳工从华南各地移居到台湾和东南亚的现象。在东南亚的历史发展进程中，18世纪也被称为"华人的世纪"。这也说明在这一百年中，在东南亚的政治和经济领域中，华人的动向特别引人注目。

从华南新近移居到东南亚的华人和当地统治者密切结合，试图让自己的贸易活动处于有利的地位。从这样的结盟中，开始出现掌握当地政治权力的人。在泰国湾东岸的河仙（Hatien），广东出身的莫姓建立了政权。在马来半岛的港口宋卡，出现了福建出身的吴氏政权。无论哪一个都是被当地统治者任命为总督，但实际上他们是控制贸易港口的独立政治势力。

不只是华人，在这一时期的东南亚和南亚，外国商人和当地统治者结合，在其中央和地方担任要职的情况也时有发生。在17世纪后半期大城王朝（Ayutthaya）那莱国王（Narai）宫廷中，有伊朗籍和法国籍官员，而出身希腊并成为最高行政官员的康斯坦丁·伯孔（Constatine Phaulkon）更是广为人知。一位法国传教士在其著作中记录了伯孔的富有程度，"暹罗王没有给他发一分钱的工资，他却任性大肆挥霍。他自己拥有五六艘商船，来往于中国和日本之间，这使得他赚得盆满钵满"。如后所述，从在南亚的伊朗人的例子也可看出，在当时的东南亚或南亚地区，至少在统治阶层这一层面，当时并没有所谓根据民族来区别"外"和"内"的情况。我在第五章和第六章也会讲到，这和当时严格区分外国人和日本人的日本形成鲜明对照。

在17世纪前半期，华人自大陆移居台湾，开始了台湾岛上最早的水稻种植。17世纪80年代中期，生活在福建、广东沿海地区的人们开始和东南亚进行贸易，继而移居海外。在马来半岛、加里曼丹岛、廖内群岛等地，胡椒和黑儿茶等经济作物的种植、黄金和锡等矿山的开采如火如荼，贸易船只和移民运送船将大量的华人劳工送到当地。此时已和当地政治权力紧密联系在一起的富裕华商，也不时在接收和输送劳工过程中充当中介。如此一来，东南亚各地出现了以成年男性为主的华人社会。为他们运送所需物资的中国商船也形成了一个新的交易网络。

同期，也能看到欧洲人和华人的接触。1662年，荷兰东印度公司在失去台湾的商馆之后，就不再派遣船只前往中国，而是从抵达巴达维亚的中国船只那里购买中国产品。从1690年到1740年的五十年间是中国商船在巴达维亚开展贸易的鼎盛时期。中国船只不仅运送中国产品，还把大批移民送到了巴达维亚。从开始城市建设的17世纪20年代起，华商、手工业者、劳工逐渐移居到当地，其人口到1680年已达约3000人的规模。从这个时候开始，在城市的周边地区，种植甘蔗并生产蔗糖的农场开始增加，这些农场大部分由华人经营，其生产也由华人劳工进行。蔗糖是荷兰东印度公司带到日本和西亚的重要商品，其生产却和华人移民有着密切的关系。1740 年，巴达维亚发生了屠杀华人的事件，据称被杀害的华人人数达到一万。荷兰东印度公司的贸易活动也引发了华人移民爪哇的新动向。

伊朗人和印度人的移居　在西方，出身伊朗高原的伊朗人开始进入南亚次大陆各地。自 16 世纪到 17 世纪，在位于德干高原（Deccan Plateau）的阿迪尔沙王国（Adil Shahi）和库杜布沙王国（Qutb Shah），还有成立于印度北部且其势力逐渐向南方扩张的莫卧儿帝国等国家的宫廷中，出身伊朗高原并成为政治家的人很多。这是因为，在莫卧儿帝国和印度穆斯林政权的宫廷中，非常重视波斯语、波斯礼仪和教养。在莫卧儿帝国的宫廷中，虽然时期不同会有一些差别，但有 20% 到 30% 的官员是来自伊朗高原的移民及其子孙。在他们当中，也不乏有名的诗人和文人。

大部分伊朗人并不仅仅从事政治，也有作为企业家和商人开展活动的。例如，米尔·穆罕默德·赛义德·阿尔迪斯塔（Mir Muhammad Said Ardistani）这个人出身于伊斯法罕（Esfahan）郊区，在 17 世纪前半期被雇用并来到库杜布沙王国，成为印度东南海岸默吉利伯德纳姆的行政长官。他通过贸易和开采钻石矿成为富甲一方的富豪，最后甚至担任王国的宰相。之后由于遭到新国王的冷遇，遂转任北方的莫卧儿帝国的高官，在莫卧儿宫廷里也有很大的影响力。

17 世纪的伊斯法罕 阿巴斯一世迁都以后成为萨法维帝国的首都。根据《约翰·查丁"伊斯法罕志"研究》整理

伊朗人也迁移到泰国大城王国，并在当地形成了颇具影响力的外国人社区。在这些人当中，也有人在当时大城王国的宫廷政治中发挥重要作用。在 17 世纪后半期，伊朗人在大城王国的国际商业活动达到鼎盛，其中的富商不时派遣船只访问日本长崎。因此，1672 年，长崎甚至专门设立波斯语翻译的职位，为大城王国商船的到来做好准备。

另一方面，印度各地也有不少人移居到新的土地上。印度西北的古吉拉特和旁遮普邦（Punjab）地区的人们，以商人身份进入在伊朗高原设有据点的萨法维帝国境内，经营以棉织品和靛蓝为主的商品。此外，从事金融业和外币兑换的人也很多。到 17 世纪后半期，在萨法维帝国的首都伊斯法罕居住的印度人已经超过一万人。在濒临波斯湾、作为面向印度贸易的窗口的阿巴斯港，居民的三分之一是印度人。至少在经济活动比较顺利的 18 世纪前半期之前，伊朗高原和南亚次大陆之间的人员往来十分频繁。

亚美尼亚商人和英国东印度公司

"现在不存在和亚美尼亚人无关的贸易。他们不仅远赴欧洲,还一直抵达亚洲的边缘,除了中国和日本,来往于印度、东京湾、爪哇、菲律宾等东方所有的地方。"(塔维涅,1676 年)

"亚美尼亚人是世界上最有才能的商人。"(让·夏尔丹,1692 年)

在 17 世纪到 18 世纪的西北欧,两位法国旅行家的游记是了解东方有关信息的主要来源。对于亚美尼亚商人,二人做了上述评论。亚美尼亚商人和欧洲人相互协作,不断扩大他们自己的贸易活动。

在奥斯曼帝国时代,原本生活在高加索地区阿拉斯河流域的亚美尼亚商人从濒临地中海的伊斯坦布尔、伊兹密尔、阿勒颇等港口城市出海,前往意大利的威尼斯和里窝那。到 16 世纪 60 年代,东至印度北部的阿格拉、西到荷兰的阿姆斯特丹,亚美尼亚商人都设有据点,从事丝绸、宝石、工艺品等商品的国际贸易。

17 世纪初叶,萨法维帝国国王阿巴斯一世强迫阿拉斯河流域的亚美尼亚富商迁移至新建的首都伊斯法罕,给予他们很多特权,令其从事波斯特产的丝绸的贸易。由于原先住在高加索的城市焦勒法(Julfa),因此他们将所居住的城市取名为新焦勒法。以新焦勒法为中心,横跨欧亚大陆东西两端的亚美尼亚商人网络更具活力。在整个 17 世纪,作为国际贸易商人、金融业者,他们的活动非常活跃。他们经商所到达的地方,甚至已经到了位于欧亚大陆内陆地区的加德满都和拉萨。

东印度公司与亚洲之海

马德拉斯的亚美尼亚教堂和亚美尼亚人的墓碑 墓碑现位于苏拉特的荷兰人墓地。笔者摄

在亚洲之海，亚美尼亚商人的贸易活动最初是与欧洲各国的东印度公司相互竞争。但是，他们逐渐加强了和英国东印度公司的合作。1688年，亚美尼亚驻伦敦社区的代表和英国东印度公司签订了协议。促成双方成功签署协议的中间人是法国人让·夏尔丹，他属于胡格诺派教徒（新教徒），曾两次到波斯和印度经商，之后回到伦敦居住并从事东方贸易。除了是一位游记作家，他还是一位珠宝商人，与亚美尼亚商人有着密切的关系。

该协议规定，亚美尼亚商人在将商品运往欧洲时，只使用英国东印度公司的船只。作为回报，亚美尼亚商人可以在英国东印度公司在亚洲之海的所有据点建房并从事贸易，而且可以建立教会并举行宗教仪式。在这之后，亚美尼亚商人的活动和英国东印度公司有了密切的关联，在英国东印度公司和英国人进驻的广州、槟城、新加坡、香港等地，都能看到他们的身影。

王权和国际商业

就这样，在亚洲之海内众多地区不断扩大活动范围的华人、伊朗人、印度人、亚美尼亚人等各色人种，虽然也有按照血缘和出生地组成社区的情况，但所有人构成一个整体，并不强烈地拥有现代意义上"中国人""伊朗人""印度人""亚美尼亚人"等作为"国民"这一概念上的意识。据说亚美尼亚人在渐渐走向这一方向，但他们还没有发展到像欧洲东印度公司那样拥有一个统一稳固的公司组织。他们只是通过个人、家族或同族的努力，在新的土地上落地生根，勤奋工作，安居乐业。

如前所述，当时印度洋海域的王权和政治权力积极接待疆域外人员的来访，并在政治和经济上给予他们很多机会。在经济上，只要能给境内带来丰富的商品，能给王室宫廷带来经济利润，则开展贸易的主体是谁或出生于何处都不是很大的问题。这也可以说是一种自由贸易。这与允许本国的一家公司垄断对东印度贸易的欧洲各国的王权，以及禁止本国商人前往海外、限制外国商人贸易数量的日本德川政权的做法截然不同。欧洲和日本政权采取内外有别的对外政策，以及限制商业活动的"贸易管制"。王权和政治权力对于国际商业的这两种不同政策，对之后的世界史发展历程有着深远的意义。

虽然可以指出在亚洲之海地区，存在两种对于贸易采取不同态度的政权，但是对于为何会产生这种差异，目前的研究还很难回答。总之，可以强调的是，在从东南亚到西亚的广袤地区，欧洲的东印度公司并未受到很大抵抗就被接受，并顺利地开展其事业，与这些地区的统治者开放的态度和对"自由贸易"

的认可有着莫大关系。

此外还需要强调的是，至少在18世纪中叶之前，不能将欧洲人和亚洲人区别开来，并将欧洲东印度公司的活动放在双方处于相互对立的二元结构之中来考虑。从华人和亚美尼亚人的案例也可以清楚地看出，欧洲各国东印度公司的活动和亚洲之海的人的大范围移动有着密切的关系，两者相互补充、相互协助。欧洲人并非单方面地对亚洲人进行"压榨"。相反，对亚洲人而言，"外国人"也不单单只是欧洲人。在各色人等相互交织、相互竞争并开展国际贸易的亚洲之海，欧洲人也在尽量融入这一环境，并在其中让自己获得最大的利益。

东印度公司的船只

应该借船还是拥有船只　在远距离的海上贸易中，船只是所有事业的基础。如不提及船只就无法阐述东印度公司的活动。首先，笔者尽最大可能来具体说明东印度公司航海使用的船只的数量、形状、大小、载货量、航线等。

下表显示了自达·伽马发现印度航线开始到1799年大约三百年间，欧洲各国前往亚洲之海的船只数量。在这期间，总计有超过一万艘的船前往亚洲各地。从表中还可以看出以下信息：直到17世纪，葡萄牙人依然派遣一定数量的船只前往亚洲之海；

在 18 世纪中叶之前，荷兰东印度公司的船只经常保持最多状态，17 世纪中叶年平均 20 艘以上，18 世纪前半期已经达到年平均 37 到 38 艘；自 18 世纪 30 年代以后，法国船只的数量急剧增加。

现在分国别再来仔细分析一下。自 1601 年到 1833 年，英国东印度公司有 1577 艘船进行了 4563 次航海。公司最初在泰晤士河下游的黑墙拥有自己的造船厂并建造船只，1656 年将该造船厂出售之后，主要租赁该造船厂建造的船只。关于前往东印度的船只所有权，一般分成 16 股或 32 股，要想成为船东的人可以任意购买股份。伦敦的富豪、政治家和商人大多购入此类股份，英国东印度公司的董事和股东也有成为船东的。换言之，公司的上层领导是在用公司的钱租自己的船。

船东的权利和股权一样，在一次航海结束之后常常会转让给其他有意者。以船长为首的船员均由船东雇用，东印度公司和船东就租赁时间、目的地港口、货物的种类、违约时的处理等方面签署协议之后，船只出发前往东印度。从这个角度来看，英国东印度公司已然成为熟悉国际商业运作的纯粹的贸易公司，而不是海运公司。

另一方面，从 1602 年到 1794 年，荷兰东印度公司有 1772 艘船前往亚洲各地并航海 4721 次。关于其航海的时间，大约有三分之一是在 17 世纪，三分之二是在 18 世纪。其中，有 1470 艘船是由公司各分部的造船厂建造并所有。其明细如下：阿姆斯特丹有 728 艘（占 49.8%），泽兰 306 艘（20.9%），鹿特丹 107 艘（7.3%），

前往东印度的欧洲船只的舾装情况（单位：艘）

年份	葡萄牙	荷兰	英国	法国	丹麦	瑞典
1500—1549	476					
1550—1599	260					
1600—1609	71	76	17	2	—	
1610—1619	66	117	77	10	8	
1620—1629	60	141	58	—	9	
1630—1639	33	157	59	6	6	
1640—1649	42	165	75	6	—	
1650—1659	35	205	81	6	—	
1660—1669	21	238	91	24	2	
1670—1679	25	232	131	30	11	
1680—1689	19	204	142	35	8	
1690—1699	24	235	80	36	14	
1700—1709	22	281	120	38	18	—
1710—1719	20	310	127	41	4	23
1720—1729	19	382	149	55	10	30
1730—1739	24	375	154	109	22	11
1740—1749	27	314	184	124	33	21
1750—1759	28	290	191	135	29	15
1760—1769	16	292	242	105	29	11
1770—1779	13	290	229	194	35	—
1780—1789	15	298	292	303	43	—
1790—1799	—	119	177	196	25	—
合计	1316	4721	2676	1455	306	111

代尔夫特 111 艘（7.6%），霍伦 107 艘（7.3%），恩克赫伊曾 108 艘（7.4%），剩下的 300 余艘则采取购买或者租赁的方式。与英国东印度公司不同的是，建造船只和补充船员均由荷兰东印度公司实施。荷兰东印度公司是开展国际贸易、造船和海运的复合型

荷兰东印度公司的帆船 鹿特丹海事博物馆收藏。根据 *The Colourful World of the VOC* 整理

大企业。稍晚成立的法国东印度公司在 1665 年到 1770 年间向亚洲派遣了 732 艘船。该公司至少在 1730 年以后沿用了荷兰东印度公司的经营方针，即在洛里昂（Lorient）的造船厂自行建造船只。

丹麦东印度公司也在哥本哈根拥有造船厂。瑞典和奥斯坦德（Ostend，奥地利政府出资设立的公司）的东印度公司是通过购买的方式拥有船只。也就是说，没有自己的船只、仅靠租赁的只有英国东印度公司。

自己拥有船只还是租赁船只这两种选择各有利弊，好像也没有优劣之说。1788 年，荷兰东印度公司的 17 名董事中有一人曾建议："与其自己造船，不如像英国公司那样实行租借，这岂不是更便宜吗？"但到第二年，其他董事们通过计算得知，荷兰船只一次所花费的成本为每吨 190—220 荷兰盾，与之相比，英国船只则要花费 333 荷兰盾，因此荷兰最终没有采用租赁的方法。

如果在现在基本采取自由竞争的时代，会让很多家造船企业、海运企业竞争，然后从中选出价格最优者签订合同，这是最为经济的做法。但英国东印度公司却没能采取这一方法。公司的大部分董事和股东都在投资造船业和海运业，他们都希望公司支付更多的钱来租赁他们的船只。

东印度公司与亚洲之海

另外，还需要注意的是，之前所列的数字仅仅只是自欧洲开往亚洲的船只数量。在所建造的船只当中，往返于欧洲和亚洲之间的主要是大型船只，小型船只一旦抵达亚洲海域，就基本只用于亚洲海域内的海上贸易活动。而亚洲海域的航海情况，并没有被计入上述账簿。以荷兰东印度公司为例，从荷兰开往亚洲的船只有 4721 次，以此相对比，从亚洲返回荷兰的船只有 3348 次，这其中有相当多的船只留在了亚洲海域。

英国东印度公司则一般是租借大型船只十年，利用其在欧洲和亚洲之间航行四五次。荷兰东印度公司由于使用的是自己公司的船只，会一直使用到船只报废。不过一般使用到报废处理之前在欧洲和亚洲之间也就航行六七次，有些也会更多，也有在二十五年间航行了十一次的船只。

自 17 世纪末以后，英国东印度公司在印度孟买设立造船厂，在那里建造自己公司的船只，主要用于亚洲区域内的贸易活动。在印度，由于有即便浸水也不容易腐坏的高质量柚木，据说比在英国建造的普通船只的使用寿命要长。而荷兰东印度公司在亚洲本地几乎不建造船只，而是在印度或爪哇购买在亚洲海域使用的小型船只。据此可知，东印度公司的船只并不完全是欧洲建造的。

船只的大小和形状　　关于船只的大小，17 世纪常见的是排水量 300—600 吨的船只。规格超过长 36

米、宽 10 米的很少。加上大船需要雇用大量的水手，吃水变深，无法进入没有疏通淤泥的港口和河流，所以不太受欢迎。不过，进入 18 世纪以后，船只的载货量大幅度增加，排水量超过 600 吨的多了起来，也有 800—900 吨的，有些时候 1200 吨的大型船只也有使用。

各国东印度公司船只的大小和形状没有太大差别，船只的基本构造和建造技术也没有很大的变化。船只的龙骨和船头、船尾等骨架部分采用坚固的橡木，船体的外板和甲板等使用杉木。我们以荷兰东印度公司的船只为例进行说明。就整体而言，船尾的形状可大致分为方形和圆形。方形中有三根桅杆的大型船统称为斯皮格尔帆船（speegel），小型船则被称为帆船、平底小渔船（pinas）、小快船（fregat）等。这种型号的船，方型的船尾部分能保证有较多乘客和高级船员使用的房间。圆形的代表是福禄特式帆船（flute），其建造费和维护费比较廉价，是比较适合运送谷物等大批量物资的船只。另外还有小型两排桨船（galiot）、双桅渔船（hooker）等帆船。

东印度公司船只的特征在于虽然说是商船，却装载有大炮。因此，船的基本形状和军舰大致一样。但如果大炮数量过多的话，装载商品的仓库空间就变小，士兵的数量也必须增加。既然是商船，就要用尽量多的空间来装载商品，尽量减少船员数量。所以，任何一个国家的船只，其大炮的数量一般都限定在 22—28 门。

在 17 世纪到 18 世纪的欧洲，不单为了东印度公司，海军的

东印度公司与亚洲之海

舰艇、欧洲沿海地区的船舶制造都需要大量木材，橡木和冷杉等合适的木材严重不足。像法国王室就在领地内各处植树造林，为资源枯竭做准备。东印度公司的船只需要牢固的船体，但木材不足，于是开始逐步大量使用钢铁材料。

船只的内部结构和货物装载

东印度公司船只的内部是什么样呢？根据船只的形状和大小，多少会有一些差异。

在此以 18 世纪前半期法国东印度公司的船只为例来介绍一下其内部情况。船底的船舱分为三大部分。最前面是存放淡水的地方，中间是最重要的货物仓库，后部设置有火药和贵金属的保管仓库及干面包储藏室。船前部一旦加入淡水的话，重心就会往前，这使得在航行中不容易保持平衡并经常发生摇晃。但为了尽量防止重要商品被水浸湿，采取这种方法是最好的。在航行过程中，为了避免货物移动，一般将石头和谷物作为船底的压舱石，并塞入各处缝隙。

船只从欧洲出发前往亚洲的时候，在容易积水潮湿的中央船舱下部，放入铁、锡、铜等金属，在其上面摆放桶装的葡萄酒和其他各种酒，之后在最上面堆放不耐湿的商品，诸如毛纺织品、面粉，还有在亚洲各地商馆工作的欧洲人的各种商品。在返程时，中央船舱的周边摆放装着染料植物、铜钱、中国瓷器的箱子，以防止中央摆放的商品潮湿。而中央则摆放丝绸、棉布、茶、咖啡、香料等，在纺织品包裹之间则塞入大量胡椒来防虫。

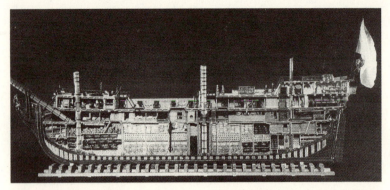

法国东印度公司船只的内部结构 载重 950 吨，是按照能从中国返回的标准建造的，并在丝绸上放置大量胡椒，以做防虫之用。根据 Louis Mezin (ed.), *La mer & la navigation (Cahiers de la Compagnie des Indes No3–1998)* 整理

在船桥处，有食物储藏室、肉羊羊圈、弹药库等，剩下的空间则堆满了船员和水手携带的物品、吊床等。上层甲板的前部是摆放绳子和船帆的地方，还有厨房、烤面包炉，后面是客舱。另外，面包烤炉是法国船只独有的，其他国家的东印度公司船只上没有。据说从那时候开始，法国人就已经对面包很在意了。大炮和各种武器、小艇也放在这一层。船尾最上层是高级船员和船长的食堂及寝室。

船上的饮食

以 17 世纪的英国船只为例，在大约 10 个月的海上旅途中，船上装有干面包、面粉、干牛肉、腌牛肉、腌猪肉、奶酪、干豌豆、干大豆、干鱼、燕麦、小麦粥等，作为船员和乘客的食物。为了防止坏血病，也装有柑橘和新鲜蔬菜。另外，为了吃到新鲜的肉类，一般也会带上活羊。

根据荷兰东印度公司相对详细的记录，一个船员每周大概要吃两次350克左右的肉，腌猪肉则每周一次。

我想我们日本人如果能在航海途中钓到鱼的话，定会节省很多食品。但是，这一时期的欧洲人好像对新鲜鱼类不太感兴趣。撰写过有关东印度公司著作的法林顿（Farrington）曾有如下记载："令人吃惊的是，鲜鱼就没有出现在这些船员的饭桌上。英国人就算是腐烂的肉也吃。"

船上装载的饮料有啤酒、苹果酒、葡萄酒、杜松子酒、朗姆酒等，淡水则按每人每天三升水的消耗量来装载。英国东印度公司的船只一般直接装入泰晤士河的水，恶臭不说，时间长了还会出现变质的情况。对于现代人来说，这种水是难以下咽的。

一眼看上去，船上的饮食整体单调贫乏。大部分研究人员也都是这样写的。但在近代以前的欧洲，能吃到肉的人的数量也相当有限，一般老百姓大多以蔬菜、燕麦和面包为主，与之相比，船上的饮食算是比较好的。后面还会有详细论述，招募前往东印度的船员并不是一件容易的事。因此可以认为，"豪华"的饮食是招募船员的主要卖点之一。

船只的航行
时期和航线

从欧洲出发前往亚洲各地的船只的出航时期，一般是从秋天到春天，即大多数都在冬天。特别是在圣诞节（12月中旬到次年1月初）和复活节（3月下旬到4月上旬），船只的出发比较集中。这是为了适应印度洋上4月到5月末开始、8月末到9月初结束的西南季风，在这之前到达非洲沿海地区。在这两个时期一口气穿越印度洋的话，是最能确保安全的。其次，特别是在圣诞节期间，比较容易购买到用于过冬的肉类，水手也比较容易招募。配合这一出航时期，各公司紧锣密鼓地筹备运往亚洲的货物、舾装船只、招募船员和水手、准备送达亚洲各地商馆的指示信件等。

虽然出发时间几乎相同，但各国东印度公司自欧洲前往亚洲的航线和经停港口却有微妙的差异。英国、法国，还有北欧各国的船只在绕过好望角后，要么穿过马达加斯加岛和非洲大陆之间的海峡，要么通过马达加斯加岛外侧驶向印度方向。与之相比，大部分直接驶向巴达维亚的荷兰东印度公司的船只到达好望角之后，乘着非洲南端有规律的西南风一路东进，并在接近澳大利亚的时候径直北上。由于这一航线几乎没有受到印度洋季风的影响，所以在17世纪后半期以后从欧洲出发时，只有荷兰船不怎么受出发时间的限制。从欧洲到亚洲的航海时间一般是8个月左右，但也因途中的气象条件和目的地而有所不同。

从亚洲各地前往欧洲的船只的出发时间也要和印度洋东北季风保持一致，大体定在10月末到次年3月，因此，从欧洲返回的时间大概在春末到初秋。根据船只的返程时间，欧洲各地均设置大型市场，用以销售带回来的亚洲商品。

无论哪个国家的船只，在欧洲和亚洲之间航行的过程中，都至少要在中途停靠港口一次，英国船只在西非的圣赫勒拿岛（Saint Helena）、荷兰船在好望角附近的开普敦、法国船在进入印度洋之后的马斯克林（Mascarene）群岛（现为毛里求斯或法属留尼汪岛）拥有据点。为了交换欧洲和亚洲的最新信息，筹集淡水、粮食等必要物资，修理船只，让船员和水手休息，中途必须要停靠港口。中途靠岸停泊的时间一般为3到4周。为了修理船只、让在航海中生病的人恢复，这些时间是必要的。

船只失事　　虽说海上航线的相关信息在不断增多，航海技术也在不断提高，但这并不意味着能完全避免航海中的事故。以荷兰东印度公司为例，在去程中有105艘船（2.2%）失事，被其他国家捕获的次数为36次（0.75%）。在返程中失事的有141次（4.2%），被捕获的有28次（0.8%）。在从亚洲返回欧洲的航程中，船只失事的概率非常高。

又以英国东印度公司为例，在4563艘船当中，由于被其他国家的船只捕获、海上火灾、爆炸等原因失去了大约231艘（占整体的5%）。法国船只、丹麦船只、瑞典船只的失事和被捕的比率稍高，分别是6.5%、6%、6%。粗略算来，在出发的100艘欧洲船里面，有4到6艘失事或者被捕获。这在海上航线和空中航线整治有度，能够确保安全运输的现代看来，确实是一个难以想象的比率。

船只失事最多的地点是在欧洲海域的北海、多佛尔海峡，

约翰·迪恩　在从中国回国的途中，一人生还的迪恩领到了终生养老金，并获得仓库主任的职位。根据 *Trading Places* 整理

还有苏格兰和爱尔兰附近海域。这是由于冬季欧洲海域海上风暴比较多。除此之外，好望角周边、科罗曼德尔海岸和孟加拉湾等也不时发生失事事件，在这些海域，由于飓风时有发生，船只失事也比较多。

在船只失事时，会出现意想不到的英雄。笔者在这里介绍几个例子。

1738 年 3 月 9 日，英国东印度公司的"苏塞克斯"号从中国装载大量瓷器返回欧洲。途中在马达加斯加附近海域遭遇强风，船只失去主桅杆，海水大量浸进船舱，船只濒临沉没。船长决定弃船，命令全体船员转移到附近的同行船只上。但是，约翰·迪恩和其他 15 名水手并未离开船只，而是千方百计保持船的平衡，最终驾驶"苏塞克斯"号成功抵达马达加斯加的港口。在当地完成应急修理之后，他们驶向非洲沿岸的莫桑比克，但这次却又在莫桑比克海峡触礁搁浅。只有迪恩和另外 4 人从船上逃出，在救生艇上几乎处于没吃没喝的状态，最后耗费 17 天终于回到马达加斯加。

最终生还的只有迪恩一人，他在 1741 年回到伦敦。其后，迪恩出现在东印度公司董事会上，要求公司为其忠实坚守岗位支付相应的报酬。董事会为他坚韧不屈和忠于职守的精神所感动，同意向他支付100英镑的养老金，并任命其为伦敦药品仓库主任。

贝纳丹·德·圣比埃在其小说《保尔与维吉妮》中，描述了法国东印度公司的"圣热兰"号遭遇暴风雨的事件。这是以毛里求斯岛附近海域实际发生的同名船只的失事事件为原型来撰写的，当时毛里求斯岛还被称为法国岛。"圣热兰"号在锚绳断裂之后，被冲入大海，并在岸边不远处触礁搁浅。

> 那一时刻，令人永远怜悯的事情映入眼帘。一个年轻女孩出现在船的栏杆附近，把手伸向拼命接近她的青年，她就是维吉妮……水手们已经陆续跳入大海……看到这一场景的人们可以听见有人在声嘶力竭地叫喊："救救她！救救她！不要离开！"但是就在那时，恐怖的巨大海浪像山峰一样朝琥珀岛和海岸之间挤压过来，黑色的巨浪翻滚着、咆哮着，朝搁浅的船只冲了过来……维吉妮已经意识到无法逃生，一只手放在衣服上，另外一只手放在胸口，以热切的眼神仰视天空。其英姿就像即将升入天堂的天使那样。

这部小说的作者为了使故事情节符合圣女升天的意境，把时间描述为1744年的圣诞平安夜，而现实中的失事则是发生在同年 8 月 18 日。"圣热兰"号为了进入毛里求斯岛的圣路易港，在靠近岛屿时由于激烈的摇晃而不小心搁浅在珊瑚礁上，导致主桅杆折断，救生艇也被毁坏，前后桅杆倾倒之后更损坏了船体，船体拦腰断为两截之后迅速沉没。从船上跳进大海并游到岛上的只有 9 人，其余 181 人殒命大海。

欧洲人的往来

乘坐荷兰东印度公司船只穿越大海的人们

在大约两百年的东印度公司时代里，到底是什么样的人，又是多少人往来于欧洲和亚洲之间呢？在这里，我们来介绍一下被研究得最为详细的荷兰东印度公司的情况。

如右页表所示，乘坐荷兰东印度公司船只从欧洲前往亚洲的人数为 975700 人，从亚洲到欧洲的人数 367000 人。并不是所有船只的乘客及其名单都有保留，所以这也只能是一个大概的数字。敌国人员、奴隶、俘虏等出于各种原因不能计入名册的人也有相当的数量。另一方面，在 18 世纪，数次往返于欧亚之间的船员也特别多。此外，从亚洲前往欧洲的人也不仅是之前从欧洲到亚洲来的人。在亚洲出生的欧洲后裔、受雇于东印度公司的船员以及欧洲人的用人等首次去欧洲的亚洲人也包括在这 36 万人中。

东印度公司与亚洲之海

乘坐荷兰东印度公司船只跨越印度洋的人数（单位：人）

年份	从欧洲到亚洲	从亚洲到欧洲
1602—1610	8500	3700
1610—1620	19000	4500
1620—1630	23700	6300
1630—1640	28900	10000
1640—1650	36100	11900
1650—1660	40200	13000
1660—1670	40900	14400
1670—1680	42700	15900
1680—1690	37800	16400
1690—1700	43000	18300
小计	320800	114400
1700—1710	49600	22400
1710—1720	59900	26500
1720—1730	71700	34300
1730—1740	74300	34600
1740—1750	73100	23900
1750—1760	80500	28000
1760—1770	85500	27700
1770—1780	75500	28400
1780—1790	61900	17700
1790—1795	22900	9100
小计	654900	252600
合计	975700	367000

因此，这些数字只是大概的数字。即便如此，去亚洲的人数和从亚洲返回的人数之间相差约60万，这是一个相当大的数字。换言之，去亚洲的人中只有三分之一的人返回欧洲，其余三分之二的人，大部分在往返的船上或者在当地工作中死去。船上的致

死率，与相同人数在相同时期的陆上致死率 4% 相比高出很多，特别是在从欧洲到亚洲的船上的平均致死率达到 8%—9%，有些年份甚至高达 15%。坏血病、脚气、疟疾堪称船上的三大疾病。此外，令人恐惧的红痢疾和伤寒等传染病也会发生。欧洲商船几乎可以全员平安抵达巴达维亚，但在那里有很多人由于染上热带疟疾而送命。对欧洲人来说，亚洲也许是积累财富的希望之地，但在抵达这一彼岸的过程中，却时常与死亡为邻。

在公司的记录中将这些怀着勇气登船的人分为四类：船员、士兵、工匠以及乘客。在占人员总数约 60% 的船员中，又可细分为船长、高级船员、水手、学徒工等级别。由于士兵（约占总数的 30%）和工匠是要在亚洲和开普殖民地（Cape Colony）工作，所以是在荷兰本国招募的人。他们的工作主要是在抵达亚洲之后才开始，所以士兵在船上仅负责站岗放哨，工匠只是担任各种修理。在遇到暴风雨等紧急情况下，他们也会对水手施以援手，共渡难关。

船员和公司所签合同的雇用期限一般是三年（1658 年之后改为五年），其他人则是五年。合同期结束之后，如果想要继续留在亚洲，他们可以延长合同并继续工作，也可以不签订新合同，辞职之后作为自由市民居住在亚洲各地公司的据点。有些人开始从事贸易和金融业，与公司成为客户关系的也不在少数。被雇用的水手和士兵在抵达巴达维亚之后，根据其本人的才干或运气，在亚洲各地的商馆从事馆员、书记、仓库管库员等工作。在这些人当中，有人甚至成为公司在亚洲拥有最高地位的巴达维亚总督。因为在亚洲各地的欧洲人的死亡率比较高，商馆的重要岗位常常出现空缺，必须要尽快填补这些空缺。

在第四类的乘客中，大部分是即将担任东印度公司当地商馆高级领导的富商、法官和神父。此外，在巴达维亚等设有海外商馆的城市居住的自由市民也有乘船同行的。他们在船上不用工作，甚至可以带上妻子和用人。这是只有他们才被允许的特权，船员和士兵禁止带家属。

说到家属，在荷兰东印度公司存在的大约两百年间，仅知道的就有100名以上的女性在船上担任士兵或水手等，加上没有被记录在册的，也许每年都有这样的事情发生。这不禁让我们觉得非常浪漫，"或许她们是想和恋人在一起，又或许是去和在亚洲的恋人相会"。但现实却总是非常残忍，船上的女性大多在20多岁到40岁之间，在经历过用人或做针线活或结婚之后，由于很难找到适合女性的工作，不得已才在前往东印度的船上工作。有关这一时期荷兰女性的情况，第六章会再次提及。在荷兰，至今还流传着这样的民谣，"很久以前，能干的姑娘们，就出海当水手"。

员工的招募　前往亚洲的人们，具体是如何招募的呢？

在船只出海之前，荷兰东印度公司的六个分部会招聘必要的人员。招募水手，会与荷兰共和国海军和欧洲开展海上交易的其他商船产生竞争。而招募士兵，则主要和荷兰共和国陆军存在竞争。虽然工资水平和上述竞争对手不相上下，但由于是长期在遥远的异乡工作，以及环境变化造成的伤病率和死亡率相当高这两个难点，东印度公司的招聘并没有预想中的那么顺利。所以，他们委托被称为"出卖灵魂"的经纪人来招员工，尝试以各种手段广招人才。

此类经纪人劝诱不知实情的人或身背债务的人前往东印度，以公司支付的工资作为担保来让这些人签署借条（这被称为"灵魂"），提供他们到出发之前的住宿、饮食和生活必需品等。有时还引诱他们到经纪人自己经营的港口娱乐街的招待所、妓院、酒吧等场所喝酒、赌博、买春等，从而让他们不停地借钱。在取得借条之后，为了不让他们逃跑，将这些人软禁在屋内甚至地下室，一天只给少量食物直到出发。这种做法，实际上是一种近似人口贩卖的违法中介行当。但随着公司的不断壮大，即便采取类似这样的非常手段，也还是无法满足越来越多的人力需求。

进入 18 世纪后，公司甚至已经到了被称为"所有的恶棍、破产者、落榜生、倒闭者、失败者、野蛮者、逃亡者、告密者、放荡不羁者的避难所"的程度，即不管什么样的人都不得不雇用的状况。这是因为在 18 世纪，荷兰人口停滞在 100 万到 150 万之间，基本没有增加。人口不足，加上因为对外战争频繁，军队提供高薪雇走了大量的年轻人，到了 18 世纪后半期，连最低限度的水手也不能确保，船只出航也不得不经常推迟。

多国籍的员工　荷兰东印度公司不仅雇用荷

肯普费　来自德国的外科医生，著有《日本史》等著作。财团法人日本国际医学协会收藏

兰人，雇用外国人的比率也很高。到17世纪中叶，士兵的65%、船员的35%都是外国出身。到1770年，士兵的80%、船员的50%以上都是外国出身。在船员中，来自北海和波罗的海沿岸各国且能熟练操作船只的人才很多。士兵方面，由于能够获得比当地更高的工资，从德国各地招来的贫穷且健康状态差的非熟练劳工占了很大部分。

公司高级领导的情况也差不多。例如，曾在荷兰东印度公司工作并把日本江户时代重要信息传入欧洲的卡隆（来自荷兰南部）、恩格尔伯特·肯普费（Engelbert Kaempfer，来自德国）、桑伯格（Thunberg，来自瑞典）都不是荷兰人。因此，并非只有荷兰人才为荷兰东印度公司工作。

到了18世纪，为了解决人才不足问题，他们开始在亚洲各地雇用水手和士兵。虽然在1715年雇用亚洲当地人作为水手还是被禁止的，但到1750年以后这些规定变得名存实亡。公司雇用了大量印度人、华人、爪哇人。根据公司快要关闭时的1792年的记录，在欧洲和亚洲的航海途中停靠开普的东印度公司船只的水手明细为：欧洲人579人、印度人（摩尔人）233人、爪哇人 101 人、华人 504 人。从工作人员的来源地这一点来看，荷兰东印度公司可谓一个典型的跨国企业。

其他东印度公司的情况 关于荷兰以外的其他东印度公司，除了法国东印度公司以外，大多没有被深入详细地研究。往来于欧洲和亚洲之间的具体人数也不是非常清楚。但假如船只大小和在前往亚洲航海途中的死亡率没有很大差别的话，英国东印度公司因其航海次数和荷兰东印度公司大致相同，可以推测该公司从欧洲到亚洲大约运送了 100 万人，从亚洲到欧洲的运送人数为 30 万到 40 万人。

关于法国东印度公司的情况，仅 1719 年到 1769 年之间的数字能够掌握。根据这一期间的统计可知，同期从欧洲前往亚洲的人数为 77501 人。如果加上丹麦、瑞典等其他小型东印度公司的人数，在 17 世纪到 18 世纪的两百年间，从欧洲前往亚洲的人数总计估计超过 200 万，而从亚洲返回欧洲的人数则为 70 万到 80 万。虽然已经是相当大的数目，但相比于在 15 世纪末到 19 世纪初的三百多年间，从西非横渡大西洋被运到美洲的 1000 万到 1200 万的黑人奴隶，则已经是非常小了。

荷兰东印度公司的员工和船员大多是从东北欧各地招募过来的，那么其他公司的情况又是怎样的呢？英国公司是船东雇用船员，所以公司没有留下详细记录，但大部分船员和士兵大概都是来自不列颠群岛和爱尔兰。不过，自 1699 年开始，与荷兰公司

东印度公司与亚洲之海

的情况一样，英国东印度公司开始雇用印度当地的船员，他们被称为"印度水手"（lascar）。

法国东印度公司的职员基本上是法国人。与荷兰相比，法国是比其人口多 20 倍的人口大国。如后所述，由于采取接近国营的经营方式，可以强制征调，法国东印度公司在确保船员和员工方面没有荷兰东印度公司那么困难。在所有员工中，有三分之一是自主报名，其余的三分之二则按照海军的条件下发强制性命令，使受命人员不得不在公司工作。

亚洲的船只——独桅帆船和平底帆船

信息的匮乏 有关东印度公司的船只保留有很多资料，也积累了不少研究，我们已经了解了不少信息，但关于同时期其在亚洲之海制造并大量使用的船只，却没有留下多少资料。最大的原因在于，亚洲各地实际使用船只的人们没有像欧洲东印度公司那样有组织地、系统地留下相关文件。但是，可供参考的资料和文献也并非完全没有，让我们期待今后的研究。在此，笔者根据目前掌握的情况，简单地归纳一下代表亚洲之船的独桅帆船（dhow）和平底帆船。

印度洋海域的独桅帆船 在东印度公司时期，当地人大量使用此类船只，三角帆是显著特征。根据 *The Colourful World of the VOC* 整理

印度洋海域的主要船只——独桅帆船

有关在印度洋海域被称为独桅帆船的这一帆船名称，有两种意见。一种意见认为，独桅帆船是欧洲人对在印度洋海域使用的各种木帆船的总称；另外一种意见认为，这一海域最大的船只被称为独桅帆船。究竟哪种意见是正确的，笔者无法判断。不管怎样，在东印度公司时代，当地人在印度洋海域使用的主要船只是独桅帆船这一点是没有错的。根据 1814 年抵达沙特阿拉伯吉达港的一个欧洲人所述，停泊在那里的大型独桅帆船长 60 英尺（18.3 米）、宽 14 英尺（4.3 米）。与东印度公司数百吨位的大型船只相比，独桅帆船的大小为其一半左右。

独桅帆船的最大特征在于，船上有两到三根帆柱，帆柱上面挂有大三角风帆和船头三角风帆。这种风帆的大小和形状最适合从一定方向借助季风的动力向前行驶。在被葡萄牙人称为卡瑞克帆船（carrack）和卡拉维尔帆船（caravel）的船只进入印度洋海域之前，这一海域的船只的大部分不使用铁钉，而是通过采用以椰子树叶纤维做成细绳来缝合外板的"外板优先制造法"建

东印度公司与亚洲之海

成。关于这种建造方法，马可·波罗在其游记中也有记载。但是，在当地人知悉葡萄牙船的坚固性和良好的操作性能之后，马上吸取了葡萄牙人的建造方法，首先搭好龙骨和肋骨，然后用铁钉固定外板，这种方法称为"肋骨优先制造法"。船尾也从之前的尖型改变成平角形状。因此，从船只的构造和形状本身来

现在的独桅帆船　铃木英明摄

说，欧洲船和独桅帆船之间似乎没有太大的差异。

　　关于独桅帆船的所属关系和船员构成的详细情况，目前还不是十分清楚。作为一个例子，笔者介绍一下1701年停泊在印度西北地区古吉拉特邦苏拉特港的当地船只的一览表。这是荷兰东印度公司的商馆人员记录下来的。一览表中总共记录了112艘船，其详细内容如下：330—500吨的大型船有17艘、150—300吨的中型船有42艘、100—300吨的小型船有38艘、大小不明的有3艘，此外还有莫卧儿帝国皇帝所属的船12艘，但也大小不明。不知道这些船是不是都被称为独桅帆船，但由于所有者都是当地的商人，想必大部分的船只都属于这一范畴。

　　在普通船只中，有17艘是由一位叫阿卜杜勒·卡夫尔（Abdul Gafoor）的商人所有，其中最大的一艘有500吨。他还拥有5艘300吨以上的船，150—300吨的船有9艘。他的船只曾在菲律

宾的马尼拉和中国开展贸易活动。其余船只的所有者有54人，其中有35人只拥有1艘，其余19人则每人拥有2—5艘。仅从这张表可以看出，当地人并没有采用共同拥有船只的方式。但是，在同时期的马德拉斯和本地治里（Pondicherry），欧洲人和当地人共同拥有船只的情况已经屡见不鲜。正常情况下，很难想象在独桅帆船的世界里会不知道船只的共同所有形式。船舶的所有方式应该有单独拥有和共同拥有两种方式，但尚不清楚什么场合采取什么方式。

阿卜杜勒·卡夫尔的大型船只"菲斯雷桑"号（Fez Resan）上，除了他自己雇用的船长以外，还有首席商人和普通商人以及三名波斯商人一同乘船。船长和商人们管理阿卜杜勒·卡夫尔的货物，船上同时也装载着马拉巴尔海岸的葡萄牙人和马六甲的荷兰人、摩尔商人的货物。此外，波斯商人除了自己的货物之外，可能还管理着居住在马尼拉的亚美尼亚商人的货物。船员们也在船上装入了可为自己带来利益的各种商品，这种特权一般被认为是其工资的一部分。包括上述船员的特权等内容，这些船只在货物装载的原则和实际运营方面，与欧洲的东印度公司船只似乎没有太大区别。

东亚海域的主要船只——平底帆船

"平底帆船"（戎克）这一词语原本不是汉语，是马来西亚语对中国船只的泛称，其后这一名称被中国人和欧洲人广泛使

唐船之图·宁波船　中国平底帆船的一种，用布或竹子做成的方形风帆是其最大特征。根据《平户·松浦家名宝展》整理

用，在中国甚至用汉字"戎克"来称呼。这种船只的特征在于，有着和欧洲船只一样的龙骨，使用布或竹子做成的方形风帆，船只内部的横切面使用10块以上的隔板来加固。17世纪到18世纪在东亚海域使用的大型平底帆船，吨位一般为500—600吨，船员有100—200人，从这些数据来看，这些船只与东印度公司船只的规模大致相当。使用期限为十到二十年，这一点也基本相同。

与欧洲一样，在估测船只使用期间的修理费等预算的基础上，建造和舾装如此大型的船只、购入商品等，在中国也是难以凭个人财力来支撑的。于是，中国一般采取合作伙伴模式，船员持有船只股份的情况也很多。

船长代表共同出资者，负责航海和交易的一切事宜。在12世纪到13世纪，船长一般被称为"网首"，在17世纪到18世纪被称为"出海"。在船只出港时，"出海"负责管理舾装、记账、融资、雇用船员、分配船舱。在船只靠港时，"出海"负责船上货物的销售和进货、纳税、签署相关合同等。船员也依照职责称

平底帆船沉船的船底 陈列于福建省泉州湾古船陈列馆。笔者摄

呼，如会计（会计员）、总管（管家）、香工（负责船神的祭祀）、火长（大副）、舵工（掌舵负责人）、大缭（帆索负责人）、亚班（看管员）、头碇（船锚负责人）、押工（木工）、炮手、水手等。

　　通过销售或运送商品所得到的总收益去除必要支出后的纯利润，首先按照共同出资者和船员（用人）之间事先确定的比率（比如三七开）来进行分配。在此基础上，出资者按照出资比例，船员按职位高低，分别领取分红。另外，一般情况下还允许"出海"以下的船员，按照职位高低携带一定量的"私货"上船，到港之后进行销售。这一规则和欧洲东印度公司的情况是一样的。

　　关于独桅帆船和平底帆船还有很多不清楚的地方，但从以上论述来看，在船员的构成和利益分配方式等方面，亚洲的船只并没有十分独特且特别醒目的特征。至少可以认为在17世纪到18世纪的亚洲之海，欧洲的东印度公司船只和亚洲船只之间，在船员的构成、运输、贸易方式等方面并没有太大的差异。最大的区别在于，船只运营主体是由永久资本支持的东印度公司这样的股份有限公司，还是几个人合股出资的贸易商人。

第五章

亚洲的港口城市和商馆

长崎和荷兰东印度公司商馆

三个港口城市的东印度公司商馆

迄今为止的四章中，主要对 16 世纪到 17 世纪亚洲之海的政治和社会状况，以及进入该地区的葡萄牙人、英国和荷兰的东印度公司等的活动做了一个大致的说明。这是一个大的历史潮流，也是规定当时人们生活的一个框架。在本章和下一章中，将进一步集中焦点，将这一框架的"组成部分"放到聚光灯下来仔细查看。

这里所关注的是东印度公司的商馆和设置商馆的港口城市。在商馆用地的获得和建设、与当地人的沟通及纠纷处理、贸易的程序和方法等所有方面，东印度公司职员应该都是想按照自己的故乡西北欧的习惯和风俗来处理的，但在现实中，他们却不得不在各商馆所在的港口城市和周围社会的习惯和规则中寻找折中点。另外，东印度公司的商馆在一定程度上还必须遵从统治港口城市和周边社会的统治者的意志。欧洲人绝不是按照自己的意愿来维持和运营商馆的。因此，即使同样是东印度公司的商馆，其维持或运营的方法也根据场所的不同而有很大差异。

在这里，我们以日本的长崎、印度南部的马德拉斯、波斯的阿巴斯三个港口城市和设置在那里的东印度公司的商馆为例，分别比较其各自的特征。这三个港口城市都是在 16 世纪到 17 世纪为促进海外贸易而新建起来的。但是，城市和当地政权的关系以及东印度商馆的数量是不一样的。长崎是日本当地政府管理下，唯一由荷兰东印度公司设立商馆的港口城市。马德拉斯是英国东印度公司管理的港口城市，商馆也只有英国的。阿巴斯是当地政府管理的港口城市，市内设有荷兰、英国、法国三家东印度公司。

在这三个港口城市，外国人的住所，特别是东印度公司的商馆位于什么地方、又是什么样的建筑呢？统治各港口的统治者是如何对待从欧洲来的人呢？当地人是怎样和欧洲人进行交涉呢？对这些因素进行比较后发现，根据商馆设置地点的不同，欧洲人的立场也有很大差异。而在这些差异的背后，也反映了各地政治和社会结构的不同。

出岛的荷兰人 如第三章所述，17 世纪初成立的德川幕府试图尽最大可能对与海外贸易有关的人和物进行完全的控制和管理。1639 年以后，被允许和日本进行贸易的欧洲人只有在平户拥有商馆的荷兰东印度公司的职员（来自荷兰以外国家的人也很多，但在后面统称为荷兰人）。之后不久，他们被德川幕府命令搬迁至长崎湾附近的出岛。之后，一直到 19 世纪中叶开国为止，在所有欧洲人中，日本只允许荷兰人在长崎开展贸易。

推行禁止基督教政策的德川幕府，为了隔离在长崎的葡萄牙人，填海建造了一个扇形人工岛，这就是出岛。1636 年，该岛完成建设。承包出岛建造的是长崎、博多、京都、大阪、堺等地的 25 名富商，他们大部分从事以长崎为活动地点的朱印船贸易。对于荷兰人来说，他们没有自由选择地点建造商馆的权利。

荷兰人在 1641 年之后移居出岛，但出岛属于"天领"（德川将军家的领地），所以他们的身份只不过是"租客"。外国人在日本列岛取得土地等不动产是不被允许的。荷兰人居住的建筑物由作为"房东"的商人准备，荷兰东印度公司每年支付房租白银 55贯。根据片桐一男的研究，这一金额相当于现在的近一亿日元。在这些房租中，被称为出岛市民的"房东"首先向德川家缴纳地租，剩下的按各自的出资额进行分配。当台风等损坏房屋的时候，房东负责修理。在出岛的建筑物中，除特别许可由荷兰人建造的两栋荷兰风格的仓库以外，全部是日式风格的建筑。荷兰人根据

出岛图 根据 *De geschiedenis van de* 整理

自己的需要，对内部的房间进行改造和装修后再使用。

现在，长崎市教育委员会正在实施 19 世纪初叶出岛建筑的复原计划。以商馆馆长的住宅船长之家为首的 10 栋建筑，已经尽可能按当时的建造方法和材料进行了复原。这些拥有日本风格的外观结构和荷兰风格的内饰和家具的独特建筑群得以复苏。通过上述值得信赖的修复工程，可以充分感受到 19 世纪初叶的氛围。如果有机会造访长崎，笔者建议各位一定要到出岛遗址参观一下。

在能看到出岛荷兰商馆的长崎城市的前端，设置了被称为"长崎奉行"的官方贸易管理办公室，以便监视荷兰人的一举一动。有一座桥连接长崎和出岛，这非常有利于人员的进出管理，除了馆长访问江户或参加诹访神社祭祀活动等特殊情况，日本坚决禁止荷兰人离开出岛进入长崎。另外，在桥墩处还挂有标语，上面写着，非妓女（"倾城"）和传教僧侣（"高野圣"），不能进入出岛。给商馆运送生活用品的商人、修理房子的工匠和搬运工需要进入出岛的时候，需要持有管理该岛的被称为"出岛乙名"的官员发放的证明。就这样，荷兰人和日本人之间的交往被严格限制。最初，甚至连在出岛或船上死亡的荷兰人的遗体也禁止埋

复原后的船长之家的外观　出岛复原整备室提供

葬在日本的土地上。

当然，对荷兰船只运送来的商品的管理也很严格。船上所有商品要按照装船的状态接受检查，之后从出岛西侧的水门搬运上岛，并在决定买家之前一直被放在出岛的仓库里面。在这一过程中，"长崎奉行"的下属在水门旁边对所有货物的进出进行严格的检查。

华人和唐人街

在17世纪，东南亚的船只也曾不时来到长崎，但其次数逐渐减少。到了18世纪，除荷兰船只以外，只有中国船（唐船）还会来到长崎这座城市。与荷兰人相比，幕府当初对总称为"唐人"的华人的管理没有那么严格。他们来到长崎之后，可以住在市区并在市区自由活动。到了17世纪20年代，长崎市内已经居住了很多华人，并形成了具有一定规模的华人社区。华人可按其来源地的不同，修建被统称为"唐寺"的佛教寺庙，并自由祭拜。

但这种状况到1639年发生了变化，华人被禁止居住在长崎。他们不得不面临两种选择，即要么成为在海外和长崎之间往返的海外商人，要么归化日本并成为日本人。当时选择留在日本的华人中，衍生了称为"唐通事"的中文翻译家族。到1689年，

"唐馆绘卷"龙踊图　该图描绘了中国正月期间举行的观音祭日庆典活动，川原庆贺作。长崎历史文化博物馆收藏

在长崎东南郊区还设立了专为归化华人使用的唐人社区。此后，抵达长崎的华商就全部留宿在这个社区。之所以这样，是因为在德川幕府控制和管理贸易的官方活动所无法触及的地方，很多华人会进行走私贸易，此外，德川政权也害怕信仰天主教的华人来日。华人和日本人的交流也被严格限制。

唐人社区的面积为出岛的两倍以上，社区周围被壕沟和竹篱笆隔离开来。被允许进入该社区的只有指定的商人和妓女。他们在进出唐人社区时，也需要持有被称为"唐人屋敷乙名"的官员发放的证明。此外，和出岛一样，华人们也必须每年缴纳白银160贯的房租。这样一来，在长崎的华人和荷兰人都清楚地意识到，自己被划为"外国人"。

德川幕府的海外贸易政策

到了17世纪末期，德川幕府基本确定了海外贸易政策和对外国人的政策。其特征是，彻底区分"内"和"外"，管理"内"人，严格禁止其前往海外；同时对于抵达日本的"外"人，也只允许其居住在指定地

东印度公司与亚洲之海

区，并加强监视，使他们完全遵从德川政权制定的秩序和规则。在这一点上，对华人和荷兰人都是一样的。这一政策的最终目标就是把海外贸易和统治下的人民完全纳入管理之中。

唐人社区一瞥　富岛屋版的木版画，作于1780年，《长崎唐馆图集成》为神户市立博物馆收藏。

德川幕府彻底禁止基督教，连荷兰人在出岛举行基督教仪式也被严格禁止。另外，由于是得到德川将军的厚意才被特别允许与日本开展贸易，为了郑重表达感谢和敬意，幕府还要求商馆馆长每年定期到江户觐见。

幕府严禁"外"人使用武力。荷兰船只抵港之后，被要求卸下大炮并抬到陆地上，中国船只的大炮也被封存。荷兰东印度公司在其他国家不时驻有士兵，但长崎商馆却一个士兵也没有。这好像也不是什么大事，但和其他地区的欧洲商馆相比，这一点可谓长崎商馆的最大特征。

为了管理这些"外"人，幕府在出岛和唐人社区均设置了名为"乙名"的政府官员。他们负责维持各居留区的秩序和治安，同时还管理着人员的日常进出。与"外"人交涉的翻译是日本人，也是在长崎的奉行的属下。针对荷兰人的是荷兰翻译，针对华人就设唐翻译（通事），他们就这样来从事与外国人的谈判。由于翻译也是荷兰人和华人日常生活的顾问，幕府通过翻译也能掌握"外"人的动向。

在建立掌握"人"的动静的同时，德川幕府在长崎建立了贸易管理体系。最初实行特权商人对最重要的进口产品——生丝的垄断购买，也就是"丝分配券制度"。根据"货物市法"和最高限价制度等法令，幕府事先确定好对外贸易总额，只允许特权商人在总额范围内开展贸易。在 1697 年之后，德川幕府采取了通过长崎会所直接管理贸易的制度，这样一来，各地大名和商人也就没有任何可操作的地方了。

1715 年，新井白石制定了一般被称为"正德新例"的新的对外贸易限制条例。根据这一条例，中国船只每年只能有 30 艘抵达长崎，交易额限定为白银 6000 贯；荷兰船只每年只能有 2 艘，交易额限制为白银 3000 贯。并且，中国船只还必须要持有德川幕府颁发的贸易许可证——信牌。没有信牌的船只不允许进入长崎港。

如此一来，在驱逐葡萄牙人之后，德川幕府试图建立的海外贸易管理制度在这一时期得以完成。当地政权对该国所有海外贸易和人员进出进行完全的控制和管理，这一制度在当时的世界上堪称唯一。这一体制原则上一直持续到幕府末期的开国。

马德拉斯和英国东印度公司商馆

马德拉斯的圣乔治要塞

在长崎的荷兰人遵从当地统治者的意愿，并在其监视和管理下进行贸易。与之相比，在马德拉斯的英国人的情况却正好相反。17世纪的印度东南部的科罗曼德尔沿海地区是世界上有名的高级棉织物产地。葡萄牙人从16世纪开始、荷兰东印度公司在1630年起就已经在该地区的普里卡特设有商馆，积极地开展棉织物的出口活动。但是，英国东印度公司由于还没有适合自己的据点，贸易活动一直不能顺利展开。于是，公司派遣职员寻找合适的贸易据点，其中有一位叫弗朗西斯·丁的职员传来了捷报。1639年8月22日，统治马德拉斯周边的地方豪族（纳亚卡，nayaka）允许英国东印度公司在马德拉斯港拥有特权。

英国东印度公司所获得的特权如下：一是英国东印度公司可以在自己认为最适合的地方建立要塞；二是建设要塞的费用起初由纳亚卡负担，英国东印度公司入城后返还；三是马德拉斯港征收的关税收入，纳亚卡和英国东印度公司对半分配；四是永远免除英国东印度公司的进出口关税，但对于通过马德拉斯之外的纳亚卡的领地的商品，须支付其他商人所须缴纳关税的一半；五是英国东印度公司可以铸造马德拉斯货币等。

在得知特权内容之后，英国东印度公司的领导们应该很开心。上述特权并非弗朗西斯·丁采取胁迫或者攻击手段得来的。为了让英国东印度公司的船停靠在自己领地内的小港口，纳亚卡自己提出了上述条件。但纳亚卡为何会给出如此优惠的条件呢？现在，拥有主权的人民和政府理所当然对国家的所有领域负责，我们认为这是民族国家的基本形态。从作为现代人的我们的角度来看，纳亚卡的上述行为近乎于对印度人民的背叛，因为马德拉斯后来成为英国人统治印度的重要据点。

但在民族国家这种思维出现之前的近代世界，这种例子却不时出现。

比如，请大家回想一下日本的大村纯忠将长崎捐赠给耶稣会的事情。为了在自己的领地内和葡萄牙船进行贸易，他提出了将长崎捐赠给耶稣会这样对葡萄牙人非常有利的条件。纳亚卡也许认为，贸易发展后得到关税收入，自己领地内商品丰富，这样就足够了。而当时的英国东印度公司也还只是一家单纯的贸易公司，依靠数艘船只的军事力量来进行征服或侵略，这种危险性难以想象。

日本和印度南部地区的差别在于，日本不久之后即将诞生一个强大的统一政权，并会将长崎收回作为直辖领地。与此相比，在印度南部地区，统治马德拉斯周边的政治权力从纳亚卡政权到毗奢耶那伽罗帝国、戈尔康达（Golkonda）王国，然后再到莫卧儿帝国，在大约五十年间，政权接连发生更迭。英国东印度公司一边和这些政权依次交涉，一边将自己的特权变成实际到手的利益。

不管怎样，公司对纳亚卡的提案没有异议，异常欣喜地决定

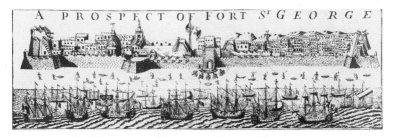

EIC 的据点马德拉斯的圣乔治要塞　资料来源：Henry D. Love, *Vestiges of Old Madras*

进入马德拉斯。纳亚卡转让给英国人的土地南北长 3.3 英里（约 5.3 公里）、东西宽 1 英里（约 1.6 公里）。公司虽然支付土地租金，但在该范围内拥有绝对统治权。从 1640 年开始，公司就赶紧进行了要塞的建设工作，到 1654 年，拥有四个突出圆角的欧式城堡已逐渐建成。英国人取英格兰守护圣人之名，将该城堡称为圣乔治要塞。自此，公司开始拥有了武力，要塞里也有了士兵驻守。

　　要塞及其周边很快就有人开始居住，但这里的人员构成和长崎完全不一样。最初，英国人只有 35 名。其后，自位于马德拉斯以南的葡萄牙人集聚地的桑多梅（Santhome），有葡萄牙人以及葡萄人和当地人生下的混血儿——欧亚大陆人数十家移居至此。此外，到 1640 年末之前，又有 300 到 400 家当地纺织工移居过来。之后以这些人为核心，马德拉斯这个城市快速发展起来。1673 年，一位名叫弗里耶斯（Fryers）的英国旅行者抵达马德拉斯之后，在其报告中做了如下记录：这个地方有 300 名英国人，数千名葡萄牙人，三万名本地人。

马德拉斯城的白人街区（左下）和黑人街区（左中）在白人街区内可以看到四角突出的要塞。据 Anna Jackson & Amin Jaffer（ed.），*Encounters—The Meeting of Asia and Europe* 1500–1800 整理

白人街区和黑人街区

到了 17 世纪后半期，马德拉斯城市的格局大致确定。从狭义上来看，就是要塞及其周边星罗棋布的东印度公司相关建筑。这一区域被称为白人街区，居住着东印度公司的职员，以及欧洲籍、犹太籍、亚美尼亚籍的富商，这一街区均被城墙包围着，建筑大多为欧式风格的石头和砖瓦建造的建筑，道路名称也是约克路、查尔斯路等具有英国特色的名字。1678 年，在白人街区的中心，英国国教会的圣玛丽教堂也开始建造。

与之相对，北侧分布着面积更大的黑人街区。这一街区居住着葡萄牙贸易商人，从周边地区移居来的以织布工、染印工为主的工人以及各种商人和手工业者。建筑大多使用土基、泥巴、椰子叶和稻草等建材，房屋小巧朴素，颇具本地风格。黑人街区和白人街区形成鲜明对照。这一区域建有印度教寺庙、清真寺、亚美尼亚东正教和天主教教堂。大致说来，可认定白人街区是英国人居住的街区，黑人街区是其他民族的街区。但是，马德拉斯并没有像长崎那样进行严格的区分。

由于英国东印度公司职员未必精通当地社会的风俗习惯和语言，公司最初雇用被称为"杜巴叙"（dubash）的精通当地情况的人作为中介和翻译，通过这个人来进行商品的收购和销售。自17世纪60年代开始，哈桑·汗 [Hasan Khan，又名卡西·维安纳（Kasi Viranna），亦称维莱那（Villena）] 受到公司重用。在他去世的时候，刚刚在马德拉斯南部本地治里设置据点的法国东印度公司的负责人弗朗索瓦·马丁（Francois Martin）在其日记中这样写道：

> 1680年4月，英国公司失去了对公司贸易有过极大贡献的人，这个人就是维莱那。年轻时，他作为基督教徒的奴隶接受了洗礼。之后成为穆罕默德教徒，其后又成为异教徒（印度教徒）。穆罕默德教徒相信他是摩尔人（伊斯兰教徒），而异教徒则认为他信仰他们自己的宗教。他不会读书写字。但是，他凭借自己的才华在马德拉斯成为英国公司的"第一商人"，在他的协助之下，公司业绩得到极大提高……他深得当地官员的信赖。由于经常赠送礼品，他还深得戈尔康达（Golkonda）宫廷的信任。不管宗教信仰和所属民族如何，他都一视同仁地为很多人做积德行善的事情。

与长崎不一样的是，马德拉斯不禁止任何宗教信仰。这从杜巴叙的例子也可以看出，宗教之间的门槛很低。另外，需要注意的是雇用翻译和中介的是东印度公司，而不是当地的政权。在戈尔康达国王的宫廷里，维莱那进行了各种各样对东印度公司贸易有利的谈判。贸易主导权显然掌握在英国东印度公司方面。与德川幕府的贸易管理政策形成鲜明对比的是，当地政权除了收取一定的税款，一般都不会对海上贸易做过多的管理。

谁来对人进行审判？　　如果说与长崎一样，马德拉斯也是分"内"和"外"的话，那便是这个城市白人街区和黑人街区的划分。但是，人们的居所也没有进行严格的区分。葡萄牙人和亚美尼亚人在两个街区均有居住。在经营酒吧等与公司没有直接业务关系的英国人中，也有人住在黑人街区。当然，两个街区之间的往来是可能的。另外，说起与印度南方人所居住的当地的关系，马德拉斯城，特别是其白人街区又由此变成"外"了。与长崎不同，根据人们的语言和"民族"来区别"内"和"外"这种想法，在这里是没有太多意义的。关于这一点，如果关注对住在马德拉斯市区但又不是东印度公司职员的人由谁来审判一项，就会显得更为明确。

1641年，东印度公司在马德拉斯刚刚站稳脚跟，发生了当地一名妇女被同族男子杀害的事件。当地的法官对此进行了裁决，并将结果迅速报告给纳亚卡。但是，纳亚卡以英国东印度公司拥有马德拉斯的统治权为由，命令将罪人按照英国的法律来裁决。结果，该罪犯被判处绞刑。

与此相反，同年在马德拉斯市中心发生了葡萄牙人杀害英国士兵的事件。商馆的委员会对不是英国人的欧洲人的裁决很是犹豫，但纳亚卡却主张尽快对葡萄牙人处以死刑，结果这人被执行枪决。英国东印度公司起初对某个人物是由当地统治者还是由公司来裁决此类事件，必须逐件进行慎重的讨论和微妙的调整。换言之，有关当地居民的审判，多数时候需要和当地统治者进行商讨，这对于英国东印度公司来说是一件令人头疼的事情。

但随着时间的流逝，周边地区的新统治者承认马德拉斯英国东印度公司的既得权益。有关住在马德拉斯居民之间的纠纷，不管是欧洲人还是当地居民，由英国东印度公司下达司法判决的习惯逐渐形成。尽管如此，在 17 世纪中叶，东印度公司不管怎样都还是优先处理贸易公司的相关活动。在公司业务间隙进行复杂的司法判断，这对商馆的官员来说是非常浪费时间和精力的一种负担。

1665 年，发生了一个奴隶少女被当地居民主人虐待致死事件。这已经不是商馆这一级别能够判断和处理的案件，于是他们向伦敦的总公司请示。总公司以这件事为契机，认为有必要将马德拉斯的贸易和政治司法一分为二，设立拥有司法权的总督职位。英国东印度公司明确提出以下方针，即城里的事情尽量由城里自行解决，公司则专心处理与贸易相关的事务。在这之后，马德拉斯从商馆分离，开始作为城市走上自己的道路。也可以说，从这时开始，英国在印度已经设立了殖民地。

1688 年，马德拉斯市设立市长（任期一年）和参事（终身），其职责范围包括：征收居民税、维持和管理监狱、创办和维持教授英语和数学的学校、管理公共建筑和与居民有关的司法事务等。说到参事，各位也许会觉得其成员都是英国人，但事实并非如此。参事共有十二名，其中，英国东印度公司职员三名，法国商人一名，葡萄牙商人两名，犹太教商人三名，当地商人三名。由此可以看出，马德拉斯在一定程度上考虑到了当地各种群体之间的利害关系。马德拉斯从一开始就不单是英国人的都市，这一点也和同时代的长崎大相径庭。

阿巴斯和众多东印度公司商馆

民族和宗教的大熔炉　　如第二章所述，1622 年，萨法维帝国的阿巴斯一世在英国东印度公司船只的支援下占领了葡萄牙人在霍尔木兹岛上的要塞，把霍尔木兹海岛的港口城市功能转移至大陆方面，因此在波斯湾入口北侧建立了阿巴斯。阿巴斯有着避风港和易于连通外海的优势，又是当地统治者为了开展海外贸易而建设起来的港口城市。这两点与长崎有着共同之处。但是，阿巴斯离波斯国内最近的消费市场和生产地尚有数百公里的距离，作为商道的山路险峻难走，贸易通道的维护和管理如果不细致，阿巴斯的港口功能就会大大受损。这一点，与通过大海连接周边各区域以及可以连接京都的长崎不同。

阿巴斯与长崎的另外一个不同点是城市的居民构成。在这个城市里从事贸易的居民，不论民族还是宗教信仰都是非常多样化的。根据推算，在最鼎盛时期，城中约有一万居民，其中大部分说波斯语，但因为和阿曼、巴林等阿拉伯半岛部落的贸易盛行，所以说阿拉伯语的居民也有很多。另外，让·夏尔丹的游记中记载这座城市三分之一的居民为印度籍居民。此外，亚美尼亚籍、土耳其籍居民、黑人奴隶的子孙，甚至欧洲籍以及欧洲籍居民男性和当地女性生下的孩子也很多。

在宗教方面，有逊尼派、什叶派的十二伊玛目派（Twelver）、艾巴德派（Ibadi）等伊斯兰教派教徒，还有各种各样的印度教徒，亚美尼亚东正教、天主教等基督教各派教徒，还有犹太教徒。天主教和新教虽然没有教堂，但是其他的宗教设施均分布在城市各处。与同时期的长崎不同，这个城市没有禁止宗教。从这一点上看，这个城市和马德拉斯的性格比较接近。

在这个由如此众多民族构成的城市中，不太可能形成单个民族的聚居区。另外，当地政权也没有打算让每个民族团体或宗教信徒团体单独居住。与马德拉斯一样，宗教和民族之间的界线并非难以跨越。在当时的史料记载中可以看到，成为当地船只船长的法国人、改信伊斯兰教并担任守卫阿巴斯城守备队长的原印度教徒、成为当地军队指挥官的法国人及在他手下工作的原荷

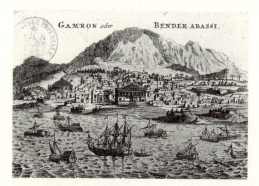

GAMRON oder　　　　BENDER ABASSI.

16 世纪的阿巴斯 位于波斯湾入口处。法国国立图书馆收藏

兰东印度公司士兵、改信伊斯兰教并在萨法维帝国政府工作的葡萄牙人等，人与人之间的生活和交流超越了民族和宗教的藩篱。当时的阿巴斯，应该就是这样一个民族和宗教的大熔炉。

关于港口的贸易管理业务，一般由被称为"夏邦达"（Shah Bandar）的港口官员来执行。"夏邦达"一词在波斯语里是"港口之王"的意思，在当时的印度洋海域直至东南亚各地均有广泛使用。但有趣的是，在印度以东地区和波斯，这个词语的意思却并非如此。在印度以东地区，这个词语的意思是指居住在港口城市的外国商人团体的代表，一个港口经常会有很多个"夏邦达"存在。而在波斯，这个词语的意思是指当地政府负责管理港口和征收税收的官员职位。为什么词源本来是波斯语的意思，到了其他地区，其意思会有如此大的差别，这实在是不可思议。由于笔者学识有限，目前还不能回答这个问题。

到 17 世纪 70 年代以后，在阿巴斯的"夏邦达"一职演变成承包征税的人。也就是说，获得这个职位的人在港口征收关税，再按照事先规定好的金额向政府交纳。此后，萨法维帝国政府自身并没有参加港口贸易的管理。当然，也没有对贸易额等进行

限制。这一点也与长崎大相径庭。

多家东印度公司共存　　在这个城市里，英国、荷兰、法国的东印度公司均设有商馆。法国东印度公司商馆只存在于 17 世纪后半期和 18 世纪的一段时间。多家东印度公司存于同一座城市，这一点也是阿巴斯这座城市与长崎、马德拉斯不同的地方。另外，东印度公司的商馆虽然位于便于与海上船只联系的沿岸，但还是和当地其他的建筑并排排列，并没有形成只有欧洲人的居住地。

　　萨法维帝国政权对欧洲东印度公司的态度基本还是友善的。欧洲的公司向当地政府提出很多特权要求，而非他们向公司提出。在双方进行谈判的时候，东印度公司雇用的主要是亚美尼亚籍基督徒翻译，他们发挥了非常重要的作用。当局也并非完全没有翻译，但至少当局没有考虑过通过翻译对外国人进行管理和监视。萨法维帝国没有在阿巴斯将居民分为"内"人和"外"人，继而进行严格管理的想法。在如此多样性的各民族共同生活的城市，刻意区分内外本身就是件很滑稽且没有任何实际意义的事。更不用说，萨法维帝国皇室家族本身也是一个由库尔德籍、土耳其籍、格鲁吉亚籍等家族组成的混血家族。

　　由于英国东印度公司在协助萨法维帝国攻克霍尔木兹的过程中做出了贡献，阿巴斯一世在阿巴斯赐予商馆一处建筑。这是一座以庭院为中心，四周围绕着砖制房屋的典型即卡拉凡萨雷

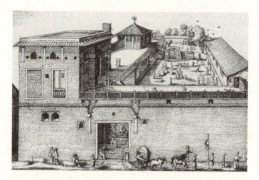

卡拉凡萨雷式的建筑 其特点在于拥有高耸的墙壁和宽阔的庭院，图中是位于印度苏拉特的荷兰商馆。根据 *Trading Places* 整理

（Caravansaray）式建筑。

在阿巴斯开港之后的第二年，进入波斯的荷兰东印度公司也和英国东印度公司一样，提出了希望当局赐予商馆建筑的申请，但没有被接受。所以，他们没有办法，只得在阿巴斯购入卡拉凡萨雷式的建筑作为商馆。至此，英国和荷兰都购买了当地建筑形式的建筑。之后进入的法国公司也买入了同样的建筑。在波斯，欧洲人可以购买不动产。因此，在那里建造西式的石头建筑应该是没有问题的。但是，当地高温潮湿的气候不适合修建西式建筑。并且，外墙壁很高很厚、没有窗户、只有两个入口的这种带中庭的当地建筑，在保障商馆人员安全和保管商品方面十分适宜。

三家东印度公司商馆之间，存在着微妙的关系。表面上他们非常礼貌地保持交往，背地里却互相窥视对方，在贸易和与政府的关系上，各自都想试图比其他商馆多占一些优势。具体例子将在下一章中进行介绍。在波斯，除阿巴斯以外，首都伊斯法罕、设拉子等内陆城市也设有商馆。比起商馆只限定在港口的长崎和马德拉斯，这里为欧洲人的贸易活动提供了更为有利的条件。

此外，在 17 世纪，相距很远的波斯商馆和日本商馆是对荷兰东印度公司来说最重要的两家商馆。因为在亚洲各地的商馆中，能够拿出足够的金、银、铜等贵金属来购买印度棉织品的只有这两家商馆。公司运送白糖、胡椒、香料等到波斯，再运送生丝、丝绸、鹿皮和鲨鱼皮到日本，进而以获得上述贵金属。

条约和恩惠

荷兰东印度公司自进入波斯之后，希望尽量避开萨法维帝国皇室销售的高价生丝，改为从民间商人那里购入，同时他们也希望能和英国公司一样不缴纳关税而开展贸易。以这两点为目标，公司反复和波斯宫廷进行交涉。在其间的1644年，公司甚至派遣了有507名船员和452名士兵乘坐的、由7艘船组成的舰队来到波斯湾，试图以军事实力来逼迫波斯方面答应要求。

由于作战失利，这一要求最终没有成功。这件事情发生在长崎的荷兰人老老实实地待在出岛之后不久。为了征服葡萄牙人占据的澳门，公司从巴达维亚派舰队出击大约也是在这一时期。像这样，荷兰东印度公司如果碰到公司的收益没有提高或者公司陷入不利状态，就会不惜使用武力。从这个角度来看，这一期间在长崎的贸易，虽然受到令人耻辱的待遇，但能够保证公司获得较大收益，这是非常罕见的。

我们可以再来看一个例子，这显示出欧洲人和伊朗人之间的不同文化交流的情况，特别有意思。围绕阿巴斯的关税收入，英国东印度公司和萨法维帝国进行了长期的交涉。如前所述，由于在 1622 年协助征服霍尔木兹有功,阿巴斯一世给予英国东印度公司享受减半征税的特权。阿巴斯一世在位期间,波斯方面遵守约定,英国东印度公司始终享受着特权。但在阿巴斯一世驾崩的 1629 年,双方认识上的微妙差异开始显现。

萨法维帝国的新政权有如下考虑:英国东印度公司得到关税减半征税的特权,不过是前任国王阿巴斯一世出于好意而给予英国东印度公司的恩惠。正所谓"新官不理旧账",一旦新国王开始执政,前任国王时代的特权和约定应予全部作废,不会自动更新。是否更新特权,完全取决于新国王的意思。

对此,英国方面则认为,关税减半征收这一特权是国与国之间的条约,只要条件没有发生根本性变化,双方应该以自己的名誉来遵守。国王的死并不能被看作根本条件的变化。国家应该优先于国王,也就是说,英国方面坚持这一特权是"国家"之间签署的条约,而萨法维帝国方面则认为是"国王"给予的"恩惠"。

作为现代人的我们,其想法和 17 世纪的英国人一样,认为即使国王和政权发生更替,也应该尊重和遵守国家之间签署的条约。这是以主权国家的存在为前提的主张。在主权国家遍布全世界的现代社会,这种主张被认为是理所当然的。但在 17 世纪的波斯,这并不是理所当然的。当统治者出现交替,所有的事情都有可能发生变化。在英国和波斯之间,关于"国家"(英文的 state,波斯语的 dawlat)这一概念,其内涵是不一样的。

东印度公司与亚洲之海

围绕着关税减半

希望获得特权的是英国东印度公司，万般无奈之下，公司只得遵从当地的习俗，向新国王提出了希望给予特权的申请。为打通政府内部的各种关系，需要贿赂有关官员，献给国王的礼物也是必不可少的。最终，这一特权顺利地更新。但反过来讲，这也意味着英国东印度公司接受了当地习俗，之后每一次新王即位时，公司都必须重复同样的申请手续。

虽说持有记录国王恩惠的官方文书，但是英国东印度公司为了得到一半的关税收入必须和阿巴斯的港口官员——"夏邦达"交涉。"夏邦达"使尽各种方法，试图降低"一半的关税收入"的数额。1653 年到 1568 年间，英国东印度公司从"夏邦达"收得了最高 700 拖曼（toman，波斯的货币单位）、最低 400 拖曼的收入。但是，实际在港口征收的税款超过 20000 拖曼。

在 17 世纪 70 年代前半期，到访波斯的让·夏尔丹见证了英国东印度公司和萨法维帝国之间围绕特权持续不变的交涉的情况。英国东印度公司以五十年前仅仅一次军事上的小小贡献为理由，每年都要求获得关税的一半，他对英国东印度公司的厚颜无耻感到震惊。但他也认为一旦签署了条约，波斯就必须给予英国方面特权。至少对于"国家"和"条约"等概念，法国人让·夏尔丹和英国东印度公司的人之间是共通的。

经过长期艰苦的交涉，英国东印度公司从"夏邦达"获得了"每年 1000 拖曼"，而不是"一半的关税收入"的新约定。这大概是和以下事件相互联动：17世纪70年代之后，阿巴斯的关税征收被承包出去，成为"夏邦达"的人在征收关税后，要将一定的金额缴纳给萨法维帝国。虽然有了新约定，但"夏邦达"也绝不会很爽快地把1000拖曼支付给英国东印度公司，公司只得不断地向伊斯法罕的中央政府提出申请，让其向"夏邦达"下发支付命令。

"夏邦达"是一个非常厉害的谈判对手，但英国东印度公司也是相当强硬和顽固的。英国东印度公司在萨法维帝国的首都伊斯法罕陷落、阿巴斯落入阿富汗人掌控下的18世纪20年代后期，还与"夏邦达"进行交涉并得到了1000拖曼。当时，伊朗高原陆地贸易通道的安全得不到保障，致使阿巴斯的贸易量骤减。这1000拖曼已经占英国东印度公司商馆收入的33%到41%了。英国东印度公司此举，体现了令人惊讶的坚韧不拔。

东印度公司与亚洲之海

第六章

丰富多彩的生活方式

长崎与女性、混血儿

关注个人的历史 第五章里介绍了设置在三座港口城市的东印度公司商馆，而本章则关注与这些商馆相关的个人的生活。人的一生，是受到时间和空间的限制的。在这个世界上的时候，每个人是怎样来拓展自己的生活呢？笔者试图走近他们和她们的生活，并将其与现代人的生活进行比较。通过了解和我们一样的个人的一生，我们能更深入地理解 17 世纪和 18 世纪这一时代及其社会。在此列举的人物有：长崎的外国人和日本人之间的混血儿以及妓女，马德拉斯的英国东印度公司职员和个体商人，阿巴斯的荷兰东印度公司商馆馆长。在走近他们的人生的同时，我们也试着思考当时的各地政权是如何与东印度公司打交道、东印度公司的商馆是怎样管理和发展其贸易、东印度公司在亚洲之海有多大的影响力等问题。

雅加达的小春 近代以前，从外国航行来到日本的基本都是年轻男性，他们在抵达日本之后，大多数会与日本女性发生关系。其结果是到16世纪之后，在长崎和平户的欧洲男性和日本女性生下了很多孩子。在当局要严格区分"内"人和"外"人的时候，如何定义这些孩子成了一个问题。在怎样处理这些孩子的问题上，德川幕府的政策根据时代的发展有很大的变化。以下重点关注这一点，并介绍17世纪前半期和18世纪以后这两个时期的混血儿及他们的一生。

在17世纪前半期，日本在逐渐推行"锁国"政策的过程中，出现了一个问题，即欧洲男性和日本女性之间生下的孩子的问题。从成为基督教徒以及和基督教徒生活在一起这点来看，他们被视作危险分子。因此，1636年，葡萄牙人的混血儿以及收养混血儿的日本人共287人被流放至澳门。1639年，日荷、日英等混血儿及其母亲共32人被流放至雅加达（巴达维亚）。这一时期的德川幕府，没有把和欧洲人有关联的人及混血儿看作自己应该管理的对象。

长崎出生的文学家西川如见（1648—1724）在其于18世纪初完成的《长崎夜话草》中收录了《雅加达书信》一文。作为文章主人公首次出现在历史上的这位女性，其"可怜"的遭遇以

"雅加达的小春"这一故事在二战前后为日本人所熟知。她就是1639年被流放到巴达维亚（雅加达）的32人之一。对此，我们通过岩生成一、白石广子两位学者的研究来追寻这位女性的一生。

这名女性的名字叫小春。父亲是名叫尼可拉斯·马林的意大利人，原来在葡萄牙船上当船员。1621年前后，他和日本女性结婚后住在平户，之后又来到了长崎。这名女性的日本名字不太清楚，荷兰方面的资料中有则玛利亚的记录。玛利亚19岁的时候，生了大女儿满，23岁的时候（1626）生下了二女儿小春。小春的父亲在1630年时还健在，但在1630年到1636年的某个时间在日本去世。在同母亲及姐姐一起被流放到巴达维亚的时候，小春才15岁。

到达巴达维亚之后，姐姐满和村上武左卫门在1642年结了婚。村上在当地三百多日本人的社区中可谓头面人物，自己从事海外贸易。但是，满在生完第一个孩子后不到三年就去世了。她们的母亲一直活到1647年。

小春在1646年21岁的时候结了婚。她的丈夫是东印度公司的事务助理西蒙·西蒙森。他是荷兰商馆职员西蒙森的儿子，出生在平户。当时，荷兰人不会带着妻子来到日本，所以西蒙的母亲或许也是日本人。两人拥有相同的境遇。西蒙和小春生有三男四女，或者三男五女，但多数夭折，比小春活得长的只有她的大女儿玛利亚。丈夫在公司里不断晋升并担任海关关长等职务之后，于1672年5月去世。此后，小春又活了二十五年，直到

日荷混血儿 kosyoro（姓名不详）用雅加达文写的信　在爪哇印花布做成的绢布上，绣有思念故乡的语句。木田家藏，平户观光资料馆提供

1697 年去世。

两人在巴达维亚的生活细节不得而知，但是从 1665 年夫妻两人就一起写遗书这件事情来看，应该是夫妻生活美满，并且拥有一定的财产。而从小春 1692 年再次写的遗书来看，她在巴达维亚高级住宅区的容克路拥有住宅，有来自印度西南地区的马拉巴尔海岸、巴厘岛、望加锡和科钦等地的奴隶至少 9 人在照顾她的饮食起居。此外，在小春作为"西蒙斯未亡人"从巴达维亚写给长崎亲戚的书信的复印件中可以看到，信件对她寄给长崎的亲戚和熟人的大量各类高级织物的处理，以及想要从日本捎带的东西等内容，均有详细记录。丈夫死后，她自己好像也还在继续从事贸易业务。

同住在长崎且和小春只相差二十岁的西川如见，或许是从别人那里听到了在雅加达流传的少女小春的故事。根据这个故事，他进行了加工润色，从而创作了所谓的《雅加达书信》。这篇文章是采取了写给长崎亲戚的书信的形式，其中写道"思念故乡，恐今生不遂归乡之愿，每念及此，竟是泪流满襟。偏远荒岛度日如年，纵使遥迢万里，不能阻隔我对您的惦念"，"情不自禁想念日本，每每梦及此，彻夜难眠"，等等。全文几乎贯串了对自己

东印度公司与亚洲之海

悲惨命运的感慨，以及对日本故土的怀念之情。但另一方面，现实中的小春，在移居的巴达维亚落地生根，坚强度日。她的真实形象，与因为混血儿的身份而被强制从故乡流放，在异国他乡思念故乡并以泪洗面的脍炙人口的"小春"形象有很大差异。

平户的雅加达女孩雕像　以小春为原型塑造的。笔者摄

科妮莉亚和巴达维亚生活

还有一位和小春同时期被从平户遣送到巴达维亚，但比小春更富有戏剧性的女性，在此对她的一生进行简单介绍。她名叫科妮莉亚·范·尼恩罗德（Cornellia van Nijenroode），出生于1629年，比小春年轻三岁。她的父亲是于1623年到1633年担任荷兰东印度公司平户商馆馆长的科奈利斯·范·尼恩罗德（Cornelis van Nijenroode）。在平户期间，他和两名日本女性保持关系，并分别生下两个女儿。科妮莉亚是小女儿，荷兰方面记载有她母亲的名字叫Surishia，母女的日文名字均不详。

　　父亲给两个情人和女儿留下众多财产并死于平户，但这些财产几乎都是违反公司规定进行走私贸易积累起来的，所以巴达维亚的东印度公司除了少部分以外，将其余全部扣押，并命令后任的平户商馆馆长把科奈利斯的两个女儿从其母亲处抢来并送至巴达维亚。在荷兰东印度公司设在巴达维亚的总部，荷兰人数陷入慢性不足的状态，荷兰人商馆馆员和当地女性生的混血儿也是重要的"财产"。小春的丈夫西蒙也许就是通过同样方法被送到巴达维亚的。

科妮莉亚同父异母的姐姐赫丝特（Hester），于1637年被送到巴达维亚，她当时年仅8岁。这不是德川幕府而是荷兰东印度公司的意思。当然，就算当时留在平户，两年后也会和小春一样，只得接受被德川幕府流放至巴达维亚的命运。当时，她的母亲已经和日本人判田五右卫门再婚了，没有一同去巴达维亚。对于这对母女来说，这一别竟成永别。

科妮莉亚和赫丝特抵达巴达维亚之后，应该是被送到当地孤儿院抚养长大的。1644年，赫丝特和为荷兰东印度公司工作的英国军人结婚。1652年，科妮莉亚与同样在孤儿院长大的彼得·克罗尔（Pieter Cnoll）结婚。克罗尔和科妮莉亚的父亲都来自代尔夫特（Delft）。1647年，克罗尔作为荷兰东印度公司的事务员助理来到巴达维亚。他工作热心且才华横溢，在和科妮莉亚结婚前的1651年即晋升为商务员助理。之后继续顺利晋升，到1663年，他已经成为巴达维亚总部的首席高级商务员。这是掌握公司保险柜钥匙、管理公司现金收支的重要职位。

在1653年到1670年之间，彼得和科妮莉亚生育了四男六女共十个孩子。由此算来，科妮莉亚在这十八年间不断地重复着怀孕和生育。但是，当中的六个孩子在1672年彼得去世之前就已不在人间，剩下的四个孩子中有三个死于1676年之前，最后一个孩子也先于科妮莉亚去世。正所谓白发人送黑发人，所有的孩子都走后，她该有多么痛苦。不管怎么说，把小春的孩子的情况一并考虑进来看，在当时的巴达维亚，长寿是一件非常困难的事情。

彼得作为公司的领导，积累了比小春的丈夫西蒙更多的财富。他们一家在巴达维亚最美丽的泰格运河（Tijgers gracht）边建有豪宅，拥有50个奴隶，过着富裕的生活。在这一家族的鼎盛时期，画家雅各布·扬斯·科曼（Jacob Jansz Coeman）创作的克罗尔一家的肖像画，现在被收藏在阿姆斯特丹国立美术馆。科妮莉亚及其女儿们那几张日本人的脸庞被画得精美绝伦。从这幅画也可以看出，他们一家过着非常富裕的生活。

科妮莉亚自幼离开平户，长期生活在巴达维亚的荷兰人圈子里，但似乎和当地日本人也有着一定的交往，这是一个很小的日本人圈子。她和年龄相差不大的小春之间肯定也有不浅的交情。虽然是被认为是由别人代笔，但时至今日还留有她在1663年到1671年间先后写给住在平户的母亲和继父的信件。信件内容大概就是传答家人和朋友的消息以及礼物等，除此之外没有多少实际内容。但由此也可以看出，平户和巴达维亚之间每年都有着书信和礼物的往来。

1672年2月彼得·克罗尔突然去世。奇妙的是，克罗尔和小春的丈夫西蒙是同年死亡的，克罗尔死于西蒙去世前三个月。克

彼得·克罗尔及其家族　画作部分，右边的女性是科妮莉亚。阿姆斯特丹国立美术馆收藏

罗尔的去世虽然是一件令人悲伤的事情，但是他给科妮莉亚留下了足够的财产使她能够安享晚年。不过，在1676年与一名名叫约翰·彼特的男性再婚后，科妮莉亚的生活发生了巨大的变化。

"疯女人"科妮莉亚的斗争

彼特在阿姆斯特丹做律师，由于经营失败，改为赴巴达维亚法院做法官。1675年，他带着妻子和五个孩子坐上远赴东印度的船。在航海途中，彼特失去了妻子和一个孩子，他带着四个孩子历尽艰辛，终于抵达巴达维亚。但彼特随即意识到，只靠法官的工资是无法生活下去的。于是，他开始接近拥有众多财产的寡妇科妮莉亚，抵达巴达维亚不到半年，他的甜言蜜语就让科妮莉亚下决心要和他结婚。当然，彼特作为法院的法官，其较高的社会地位也让她倍感兴趣。

按照当时荷兰法律的规定，丈夫对妻子财产拥有全面的支配权。在没有丈夫认可或同意的情况下，妻子对自己的财产没有自由支配权，也不能签署任何合同。也就是说，在实际操作中，丈夫能够不经妻子同意就任意处置她的财产。一直要到1956年，法律上才完全更改妻子对丈夫的从属性。

科妮莉亚的书信　该信寄给她的母亲和继父。平户观光资料馆藏

　　当然，科妮莉亚也知道彼特对她的财产感兴趣。于是，她也采取了非常慎重的应对措施，在结婚前和彼特签订了夫妻财产协议。该协议规定了如果科妮莉亚先去世，彼特可分得的财产金额、夫妻日常生活开支如何支付等。协议中还写入了以下条款，即彼特和科妮莉亚结婚是因为爱情而不是为了金钱。科妮莉亚不会给彼特任何现金。在签署上述协议之后，科妮莉亚认为自己的财产安全得以确保，在这一前提下决定再次踏入婚姻殿堂。

　　但在夫妻财产协议里，没有写明丈夫委托妻子进行财产管理。所以在结婚后不久，科妮莉亚用自己的财产进行投资，并把利润汇入自己账户时，这一问题浮出水面。彼特不认可这种行为，告诉她所有的不动产和动产的运营，都要由他来进行规划。夫妇间马上开始争执，甚至严重到两人无法解决的地步。科妮莉亚被扯着头发推出豪华庄园、被彼特暴打等事情也不时发生。夫妻之间的大打出手，为巴达维亚上流社会提供了茶余饭后的极好谈资。

两人之间的争吵甚至把巴达维亚法院、教会、信徒代表委员会、东印度委员会，甚至荷兰本国的东印度公司十七人会、荷兰的省法院等多家组织、机构和个人都卷入进去，耗时达十年以上。笔者在此无法做详细介绍。感兴趣的读者可读一下里奥纳德·包乐史（Leonard Blussé）撰写的著作《"疯女人"科妮莉亚的斗争——17 世纪巴达维亚日荷混血女性的生涯》[1]，非常有意思。

其间，彼特因被怀疑背着公司私下从事贸易而一度被辞退回到荷兰，但由于本国发生动乱又再次回到巴达维亚。这也体现出他那非同寻常的执着。他与科妮莉亚曾一度和解，但马上又开始了新的争吵。最终，科妮莉亚在她 58 岁的时候，为了出庭参加荷兰省法院审议扣押其财产是否有效的辩论，带领儿子和孙子来到荷兰。这是发生在 1687 年 12 月的事情。当时，她的健康状态已不是很好，但无论如何都不想输给彼特。其意志之坚强，令人吃惊。但悲惨的事情却接二连三地降临到她的头上，她的最后一个儿子科内利斯在航海途中死于非命。

科妮莉亚不畏悲伤，一到荷兰即开始了和彼特如火如荼的斗争。超过三年的诉讼战开始了。丈夫是法律专家，而几乎没有可以依赖的朋友的科妮莉亚则是在丈夫的故乡荷兰进行抗争，这确

---

1 此为日本版书名，原名为 *Butterfly or Mantis？ The Life and Times of Cornelia van Nijenroode*，作者在此基础上改写创作了新版本，出有中译本即《苦涩的结合：十七世纪荷兰东印度公司的一出离婚戏剧》。——编注

实体现出她惊人的勇气。这场抗争一直持续到她生命的最后一刻。在高等法院还在继续审理的 1691 年的夏天，科妮莉亚不幸去世。她和儿子留下的巨额遗产没有被判给彼特，而是按照当时的法律规定，由她剩下的两个孙子继承，对她来说这或许是最后的慰藉。日语里的"疯女人"（otennba）一词是荷兰语里表示"束手无策、力

科妮莉亚供养塔　位于平户瑞云寺。平户市政府提供

不能及"的 ontembaar 的转音，但这个词语只有用在科妮莉亚身上才恰到好处，包乐史以这样一篇文章作为他精彩研究的结尾。

　　在回顾小春和科妮莉亚的生平后我们发现，最令人感兴趣的是，在荷兰东印度公司以及荷兰本国，混血都不是一个很大的问题。父母早亡，远离故土，没有任何社会背景的两人，在巴达维亚与东印度公司职员结婚，过着富裕的生活。丈夫去世后，两人都凭着自己的意志开办各种事业，自己管理财产。小春最初和丈夫一起写下遗书，而第二次遗书则是按照自己的意志写下的。科妮莉亚甚至来到荷兰利用荷兰的司法制度参加诉讼。当然，较之男性，当时的女性显然处于劣势，但她们也有可以行使的权利，也并不因她们是混血儿而受到任何限制。在巴达维亚这一特殊地点的生活不断变好，她们的后半生均可按照自己的意志生存，这与之后要讲述的在日的混血儿的情况大相径庭。

丸山妓女和混血儿

小春和科妮莉亚被流放巴达维亚之后，长崎的混血儿问题就没有发生了吗？这是不可能的。至少在17世纪80年代末建设唐人街区之前，华人经常和当地人混住在长崎市区，他们和长崎的女性生下混血儿也是常有的事情。但关于这方面的史料很少，尚不知道详细内容。

在荷兰人被隔离到出岛，华人被隔离到唐人街区之后，只有丸山町和寄合町的妓女有机会与华人、荷兰人接触。所以，混血儿大部分都是这些妓女的孩子。如前所述，德川幕府实行区别"内"（日本人）和"外"（外国人）的政策。那么，妓女和外国人之间的混血儿是被怎样对待的呢？

关于这一点，长崎奉行于1715年向成为红灯区的丸山町和寄合町下发的训令可资参考。根据该训令，妓女一旦怀上荷兰人或华人的孩子，必须立刻向当局报告。长崎奉行宣称："怀上华人和荷兰人的孩子，这对妓女来说也是正常的，但这也是痛苦的。"从这里可以明显看出，外国人和妓女之间生下孩子是正常的。反过来说，也可以发现在那之前就算生下混血儿但不公开的情况也很多。

对于孩子还没有出生但荷兰人或华人父亲却要返回故乡的情况，训令还建议父母双方要商量好如何处理即将出生的孩子的抚养问题。对于我们来说，最重要的一点是，该训令允许荷兰人或华人在长崎期间可以和母子住在一起，但是严禁父亲回乡时把孩子带回去。到了这一时期，德川幕府把混血儿当作"内"

东印度公司与亚洲之海

人，严禁和"外"人（外国人）一起去海外。幕府认为，出生在日本的混血儿是日本人，理应列入当局的管理范围。

这与小春和科妮莉亚时期的方针

《兰馆绘卷》荷兰船只入港图　可以看到右侧有抱着孩子的妓女身影，川原庆贺作。长崎历史文化博物馆藏

政策相比，可谓180度的大转弯。实际上，根据古贺十二郎的大作《丸山妓女和唐红毛人》，不管是华人还是荷兰人，在这之后出生的混血儿被其父亲带到海外的例子一个也没有。整个17世纪，至少在统治阶层中，对于谁是日本人、哪些地方是日本的领域这一点慢慢地出现了共识。可以认为，自这一时期开始，在日本社会逐渐形成了日本和日本人的意识。

即使是混血儿也要将其当成日本人来看这种想法，与荷兰对小春、科妮莉亚的态度是基本一致的。与日荷混血儿小春和科妮莉亚不同的是，在日本长大的绝大多数混血儿的母亲都是贫苦出身的妓女，所以在物质方面并不富裕。虽然是混血儿，但没有听说谁成为有钱人。

到19世纪之后，有了一些新的例子。例如，华人周膞亭和妓女初紫的儿子成为了物品鉴定师；荷兰商馆馆长海德里克·道富（Hendrik Doeff）和妓女瓜生野的儿子道富丈吉在长崎政府担

荷兰人和丸山妓女　鸟高斋荣作，值得关注是荷兰人被描绘成"鬼"的形象。维多利亚和阿尔伯特博物馆藏 Anna Jackson & Amin Jaffer (ed.), *Encounters*

任舶来品鉴定师。但这都只是个案，大部分混血儿还是和母亲一起住在妓院或被母亲的娘家收养，默默无闻地度过一生。

由于混血儿死亡后需要特别手续，所以他们与双亲都是日本人的其他人之间，确实还是有一定区别。但至少在 17 世纪后半期以后的日本列岛，法律上对混血儿是没有差别的。虽然这样说，但在日常生活中又是不一样的。特别是日荷混血儿，他们眼睛、头发的颜色和鼻子的形状等很容易被识别，因而受到日本人的歧视。这是因为在当时的日本人眼中，荷兰人地位就比华人低。

例如，丸山町的妓女中也分等级，第一位叫日本行，第二位是华人行，第三位是荷兰行，分别对应以日本人、华人、荷兰人为服务对象的妓女。到 18 世纪末之前，作为妓女最高级别的太夫都没有到过出岛。在当时，专指荷兰人和英国人的"红毛人"，和专指葡萄牙人的"南蛮人"，都属于歧视性语言。因为只要是红毛人的孩子，就常常会受到无端的诽谤。所以，怀上荷兰人孩子的妓女，很多会选择堕胎。

需要强调的是，在现代社会，大部分日本人都觉得欧美人相貌很美，但至少到18世纪末期，日本人对荷兰人的看法绝对不是憧憬，反而是近乎恐怖和蔑视。另外，如上一章所述，区分"内"和"外"，戴着有色眼镜看待海外来的人，是当时日本的一个特点，这需要特别注意。

马德拉斯和走私贸易

耶鲁的半生

在美国东北部的康涅狄格州的纽黑文市（New Haven），有一所著名大学叫耶鲁大学。该校是美国第43任总统布什的母校。各位读者知道这所大学为什么会被称为"耶鲁"吗？这一校名是为了纪念在18世纪初给其前身大学学院提供巨额捐款的伊莱胡·耶鲁（Elihu Yale）而改名的。那么，这个耶鲁是一个什么样的人物呢？答案是"17世纪后半期就职于英国东印度公司，担任公司重要据点马德拉斯总督要职的人"。他退休后居住在伦敦，把其巨额财产的一部分捐赠给了耶鲁大学。

伊莱胡·耶鲁是其父大卫（David）和其母乌利萨拉的次子，1649年4月5日出生于美国波士顿。大卫随着再婚的母亲（伊莱胡的祖母）和继父，于1637年从英国威尔士移居到新大陆殖民地的纽黑文。1652年，在伊莱胡才3岁的时候，大卫家族返

伊莱胡·耶鲁（中） 马德拉斯的总督，向耶鲁大学捐赠了巨额资金。耶鲁大学英国艺术中心（Yale Center for British Art）收藏

回英国，之后再也没有去过新大陆。耶鲁的少年时代是在伦敦度过的，就读于当地的私立学校。

20岁之前完成学业的伊莱胡·耶鲁，1670年，被东印度公司雇为职员。他为什么选择到东印度公司任职，其理由不得而知。在第二年即1671年，他作为年薪10英镑的书记被派驻印度，同年年底出发，并于1672年6月23日平安抵达马德拉斯。由于在马德拉斯商馆做事认真，他一路晋升，到1678年已升至商馆的商务员，并在1679年成为马德拉斯市法院的副法官。

曾经的同事约瑟夫·海马仕（Joseph Hynmers）过世后，1680年11月4日，耶鲁和约瑟夫的妻子凯瑟琳（Kathleen，1651—1728）结婚。当时凯瑟琳已有四个孩子，其中有两个孩子被送到英国接受教育。两人的结婚仪式在刚刚建成的圣玛丽教堂举行，他们的结婚记录至今仍保留在圣玛丽教堂记录本的首页。

在这之前，耶鲁已经在马德拉斯居住了十年，对当地的贸易情况也已非常了解。之后，他灵活使用了新近得到的凯瑟琳的

财产，在公司职员允许的范围内专注于个人贸易。马德拉斯离生产钻石的德干高原（Deccan Plateau）的戈尔康达不远，同时也是钻石的出口港，因此他也开始从事钻石贸易。

圣玛丽教堂的礼拜堂　耶鲁 1680 年在马德拉斯举行结婚仪式的教堂。笔者摄

在马德拉斯的委员会中，由于排名靠前的委员或辞职或去世，所以耶鲁的排名急速上升，在历任排名第五位的货币铸造官员、第四位的海关关长之后，1648 年，耶鲁晋升至第二位的出纳负责人。最终在 1687 年 7 月，他被任命为总督。

到 1692 年 10 月 23 日，耶鲁担任了五年的总督。在此期间，他最大的功绩就是设置了市长和市参事会。另外，对于六名英国海盗，他判处其中的两人死刑，在其余的四人额头上烙刻上标志海盗（pirate）的 P 字样，并将他们遣送出该城。耶鲁即便是对自己人也从不留情，并要求市民严格遵守法律，以确立城市稳定的秩序。他这样的总督形象得到人们的一致好评。

但在卸任总督职位之后，耶鲁没能马上前往伦敦。在刚刚辞去总督职位后，有人以"耶鲁总督的不公正、异端、自以为是、不合法的做法"为由，对其开展了激烈批判和弹劾。对此，他必须要证明自己的清白。他到底为什么会受到如此严厉的批判呢？其原因主要是他在任期间进行的个人贸易。

私人贸易的诱惑　　不仅是英国，任何国家东印度公司的职员，都期待公司利益的最大化。公司利润上升的话，他们的工作也就会稳定，并且能获得更多的薪水。这是在现代股份公司也通用的一般性理论。但在现实中却未必如此单纯，东印度公司职员为了补偿微薄的薪水以及积累财富，经常专心地从事和公司贸易无关的个人贸易（私人贸易）。而这些私人贸易，经常会给公司带来损害。

私人贸易的方法主要有两种。一种是欧洲和亚洲间的私人贸易。在欧洲和亚洲间往返航行的船只，除淡水、粮食等船上生活的必需物资外，理论上应该只装运公司的商品和金钱。但实际上，船员和商馆馆员装入很多称为"个人随身携带物品"的商品，当船抵达亚洲各地或者欧洲之后，再私下销售这些商品以获得高额的个人利益。早在 1609 年，荷兰东印度公司的十七人会议就被迫听到让人苦恼的报告："船长、船员，还有公司工作的其他所有的人，都违反雇佣合同的条款，买入、搬运、卖出最高级的陶瓷器、漆器及其他印度的珍品。"为了防止类似的违法行为，所有东印度公司都采取了承认一定量的私人贸易的措施。但即便如此，私人贸易也并未因此而减少。

另外一种私人贸易的范围是亚洲各地间的贸易。荷兰东印度公司以巴达维亚为据点，使用公司的船只开展亚洲的地区性贸易。例如，前往长崎的荷兰船只的出港地和归港地主要是巴达维亚。日本的主要商品铜，就是经由巴达维亚运送到印度东南部的科罗曼德尔海岸的。这是荷兰东印度公司的正规贸易活动。荷兰东印度公司职员在进行正规贸易的船上装入个人商品来进行走私贸易。但是，其数量无论如何都是有限度的。

与之相对，由于在亚洲之海没有像巴达维亚这样恰当的中转场所，英国东印度公司就没有办法有效地开展亚洲各地间的贸易。于是，1661 年，公司原则上从亚洲各地之间的贸易中撤退，决定集中开展亚洲（主要是印度）和英国之间的贸易活动。此后，公司职员只要能准备一定金额以上的资金，均可以以个人名义自由地在亚洲范围内开展贸易和类似的事业。这种贸易不使用公司的船只，而是通过个人或者共同购进船只成为船东、委托本地商人或其他欧洲人的船只在目的地销售商品、作为金融业者给贸易商人提供贷款等方法，依靠自身的才智来增加财产。

耶鲁的财富积累

耶鲁灵活地利用了这两种私人贸易的可能性，积累了巨额财富。在伦敦和马德拉斯之间，他主要开展钻石贸易。当时世界上广为人知的唯一的钻石矿山，位于离马德拉斯不远的印度的加尔各答，而马德拉斯是钻石的有效出口港。钻石不是粗重物品且容易隐藏，是最适合进行违反规则的走私贸易的商品。在当上总督之前，耶鲁就已经和一位葡萄牙籍犹太教徒合伙开展钻石贸易。在这个合伙人去世后，其遗孀成为耶鲁的情妇，两人之间甚至生下一个儿子。由于这一原因，于 1680 年和耶鲁结婚的凯瑟琳在其担任总督期间的 1689 年带着孩子回到了英国。

至于第二种的亚洲境内贸易，耶鲁也不放过任何机会来积累财富。他不但拥有自己的船只，而且还和荷兰人、法国人、英国人等其他欧洲人或当地的贸易商人联手建造船只。他们的船只远赴东南亚和中国进行交易。他的船只运回到马德拉斯的商品，有些时候甚至还卖给东印度公司。据称，他在马德拉斯期间通过走私贸易得到的财产高达 20 万英镑。18 世纪初期，英国普通小市民的年薪约为 50 到 100 英镑，而保持绅士体面生活的最低年收入约为 300 英镑。由此可见，20 万英镑堪称巨额。

虽然说只要不给公司带来损害的私人贸易就是自由的，但是耶鲁在马德拉斯是代表公司、监督职员非法行为的总督。他在开展公司日常业务的同时，可以进行如此大规模的私人贸易吗? 答案是否定的。难道他不是以高价格向公司兜售自己的商品吗? 这难道不是牺牲公司的利益而专心自己的贸易吗? 出现这些看不惯他的行为的人也是很正常的。此外，英国东印度公司以外的船只在进入马德拉斯港口的时候，必须得向公司缴纳入港税，但是耶鲁自己船只的入港税甚至被怀疑是打了折扣的。

总督下面设置的委员会的几乎所有成员都成了他的敌人，他们对他和相关人员进行不间断的询问，与伦敦总部之间的书信也往来频繁。但或许是他的政治实力和财力起了作用，他最后并没有受到严厉惩罚。1699 年 2 月，挣得盆满钵满的耶鲁终于踏上了返回英国的旅程。

耶鲁的传记作者宾厄姆（Bingham）曾说，与夫人和孩子在一起的时候，他是一位受人尊敬的稳重且值得信赖的长者。但到了任职总

让·夏尔丹　他不仅撰写了游记，还作为珠宝商人积累了巨额财富。牛津大学阿什莫林博物馆藏品

督的后期，宾厄姆严厉批评他"专制顽固，富有攻击性，不信任且不尊敬委员会成员"。可能他确实是一个性格相当复杂的人物。1700年，耶鲁回到伦敦后不久便遇到了让·夏尔丹，尽管夏尔丹对他的最初评价是"对其直率真诚的人格魅力很有好感"。但一年后，夏尔丹对他的评价却有了180度的大转弯，"胆怯、优柔寡断、防备心很强，总之并非什么了不起的人物"。

耶鲁离开东印度公司后，在伦敦和威尔士北部之间的雷克瑟姆购置房产，不时收集艺术品，过着悠然自得的退休生活。他还积极参加1701年设立的外邦福音传教协会（SPG）的活动，希望为教会在美国建立殖民地。其后，他向耶鲁大学（前身）捐款也是为了实现这一愿望。

1721年7月8日，耶鲁在伦敦去世。其遗体葬在雷克瑟姆的圣吉尔斯教堂的墓地里。他的墓碑上刻着这样的诗句："生在美洲，长在欧洲，到过非洲，婚在亚洲。在亚洲生活很久，积累

财富。殒于伦敦。好事做得更多，坏事也做了不少。众生平等，希望他的灵魂借助仁慈升入天堂。"

丹尼尔·夏尔丹移居马德拉斯

1687 年 7 月，从运送耶鲁的总督任命书的船只"威廉姆森"号上，一个男人和新婚怀孕的妻子下船来到马德拉斯海岸。这位男子名叫丹尼尔·夏尔丹（Daniel Chardin），妻子名叫玛丽·马德莱娜（Marie Madelaine）。丹尼尔于 1649 年 3 月出生，当时 38 岁，正好和耶鲁是同年出生的。丹尼尔是巴黎出生的胡格诺教徒，在 1685 年法国国王路易十四废除南特敕令，并禁止臣民信仰基督新教之前，他依靠其兄长让·夏尔丹移居伦敦。有关其兄长让·夏尔丹的生平，我曾在专著《夏尔丹勋爵的生平——17 世纪的欧洲和伊斯兰世界》中进行过专门介绍。在此，在参考这本书的同时，简单介绍一下丹尼尔在马德拉斯的活动。

让·夏尔丹曾经两次游历过波斯和印度，精通东方的商品和贸易。当弟弟丹尼尔来到伦敦后，他和弟弟共同创建公司，并打算派弟弟驻守马德拉斯，与留在伦敦的自己一起来从事以钻石为中心的贸易。尽管在两次游历中已经赚取了足够的财富，过安稳的生活是没有问题的，但是让·夏尔丹试图进一步增加财产。丹尼尔赞成哥哥的计划，在移居伦敦仅仅两年后就开启了未知的东方之旅。

不知道是父亲留下来的遗产，还是兄长分给的财产，据说丹尼尔初到马德拉斯时是带着相当数量的财产的。在到达马德拉斯仅一年后的 1688 年 8 月,他向马德拉斯市缴纳的居民税税款已达两帕戈达金币(pagoda,科罗曼德尔沿海地区通用的金币单位)。这一金额,仅次于总督耶鲁的三帕戈达金币,在他所居住的白人街区的约克街可谓最高金额。此外,他还当选当年新设置的 12 名市参事会永久成员之一。如后所述,他到达之后不久便和总督耶鲁建立起了密切的合作关系。这无疑对他的当选有很大影响。即使如此,如果他不是资本家的话,也不可能轻而易举地成为参事会成员。

值得注意的是,丹尼尔只是一位奔赴马德拉斯的个体商人,并不是东印度公司的职员。在 1687 年末的马德拉斯,以总督耶鲁和 8 名委员会成员为首,英国东印度公司的商馆馆员有 40 人,其他被称为自由商人的有 39 人。丹尼尔属于后者。大部分自由商人主要从事亚洲地区内的贸易,在商品买卖和金融方面与东印度公司有着复杂多重的关系。

戈尔康达之旅　　　丹尼尔到达马德拉斯之后,首先要做的事情就是确认当地钻石矿山的现状。钻石是他来到这里的最大理由。矿山在戈尔康达,此时正值莫卧儿帝国的皇帝奥朗则布灭亡戈尔康达王国之后不久,刚好马德拉斯的人们对该地区的局势也不是十分清楚。1687 年 11 月 28 日,当上新总督的耶鲁和马德拉斯委员会允许丹尼尔和他的合作伙

马德拉斯和戈尔康达

伴——犹太教徒萨尔瓦多·罗德里格斯前往戈尔康达。此次行动原本是个体商人的私人旅行，但是马德拉斯委员会却委派给他们一个任务：确认东印度公司在戈尔康达的代理人——亚美尼亚东正教徒霍集占·阿布鲁斯（Khwāja Abnus）是否还活着，如果他还活着，就交给他 10000 帕戈达。作为报酬，他们的旅费由公司来负担。这件事在后来成了一个问题。

丹尼尔和罗德里格斯带着公司的 10000 帕戈达金币，于 12 月 9 日出发前往戈尔康达。其后到第二年的 4 月 12 日之间，耶鲁寄给丹尼尔和公司代理人霍集占·阿布鲁斯的信件还有数封留存。从这些信件来看，丹尼尔和罗德里格斯安全抵达戈尔康达，还给马德拉斯寄过通报当地局势的信件。在 1688 年 2 月 7 日耶鲁寄给两人的信件中，对他们提供的有关戈尔康达的情报表示感谢，并有如下内容：

东印度公司与亚洲之海

你们好像被狡猾的荷兰人和法国人所欺骗，没能把 10000 帕戈达交给代理人霍集占·阿布鲁斯，这非常遗憾。在莫卧儿皇帝离开戈尔康达之前，无论如何一定要从他手里拿到保证在其领域内和平且安全开展贸易的命令。你们对印度的情况全无了解，有被错误情报误导的危险。要尽快把钱付给代理人，拿到收据。

附记：比起只言片语的英语，请用法语或者葡萄牙语书写，那样更容易理解。

到莫卧儿帝国灭亡戈尔康达王国为止，英国东印度公司一直享有戈尔康达国王给予的在马德拉斯免税的贸易特权，并向该国王支付土地租赁费和一半关税。而从成为当地新统治者的莫卧儿帝国那里得到同样的特权，是继续在马德拉斯安全开展贸易的必要条件。这是非常容易理解的内容。另外，从巴黎移居伦敦不到两年就来到马德拉斯的丹尼尔，尽管还不能很流畅地说英语，但可以看出他辛苦地用英语写信。这在附记的内容里可以清楚地看到。收到丹尼尔的信件之后的耶鲁在解读上应该十分头痛。

在 2 月 23 日寄给丹尼尔的信里，耶鲁也反复要求他尽快把钱交给代理人。在该信件的后面他还提到，他对丹尼尔的生意（购买钻石）没能取得预期进展感到遗憾，他通过当天出发的船只把丹尼尔旅行之事用信件的形式转达给其英国的朋友，在信件中还以"夫人和孩子都很健康，你亲爱的朋友"来结尾。

丹尼尔到达马德拉斯后的四个月里，他和总督耶鲁之间的关系好像越来越亲密。这也许和同龄有一定关系。另外，他们都是关注钻石贸易的资本家。后来，丹尼尔还给耶鲁写过几封信，其内容大致为"钻石真的很少，绿宝石也没有希望搞到手"。

经过这件事，反而让马德拉斯商馆还有伦敦总部的董事会产生疑惑。丹尼尔和罗德里格斯的旅行虽然是公司的公务，实际却成了耶鲁和丹尼尔联手的个人钻石贸易之旅，并为此使用了公司的经费。这一疑惑也不能说是没有任何根据。但由于拿不出有力的证据，最后仅仅只是记录在董事会的会议纪要中。耶鲁之所以在辞去总督职务之后仍然受到严厉的批判，与他身上有很多诸如此类的值得怀疑的事情不无关系。

个体商人丹尼尔

最终，丹尼尔和他的伙伴还是把 10000 帕戈达金币交给了代理人。但来自代理人的报告说，原本只装有新金币并留有封印的袋子已经没有了封印，装入袋中的金币也是各式各样的。这证明丹尼尔和他的伙伴确实私自挪用过寄存的钱。丹尼尔狡猾的独立商人形象，由此可见一斑。

1689 年 4 月，丹尼尔以 2000 帕戈达金币买下了英国东印度公司的船只"回收"号（*Recovery*）。根据之后的记录来看，"回收"号是他和亚美尼亚裔的霍集占·格雷戈里（Khwāja Gregory）、霍集占·史蒂芬·马可（Khwāja Stephen Marco）这两人共有的。在同月的记录中还提及他向前往中国和波斯的船只

"防御"号（*Defense*）投资了500帕戈达金币。顺便说一下，耶鲁也向该船投资了1000帕戈达金币。此外，在同年6月10日，丹尼尔拥有的另外一艘船"勤奋"号（*Diligent*）也获得了英国东印度公司颁发的通行证。在抵达马德拉斯不到两年的时间内，丹尼尔就已经在亚洲地区拥有数艘船，成为积极开展海上贸易的商人。

这之后，在东印度公司的出纳记录上，经常会出现付给丹尼尔1000帕戈达金币、2000帕戈达金币左右的款项的记录。丹尼尔从亚洲各地购进各种商品，再将其卖给公司。他的船只频频造访孟加拉和科罗曼德尔海岸、马拉巴尔海岸、印度沿岸各地，甚至远渡前往东南亚的亚齐和中国广州。在一些资料中，还留有他和印度商人联合舾装船只的记录。孟加拉产的硫黄、棉织品、谷物、各种药品原料、鸦片等是带回马德拉斯的主要商品。此外，其兄长让·夏尔丹用其东印度公司大股东的身份，在从伦敦前往马德拉斯的东印度公司船上装入欧洲产的葡萄酒、利口酒、蕾丝、天鹅绒、蝴蝶结、纽扣、帽子、各种纺织品、珠宝饰品，还有书和报纸等寄给丹尼尔，丹尼尔又把这些商品销售给居住在马德拉斯及其附近地区的欧洲人以谋取利益。可以说他们将个体商人的身份用到了极致，积累了巨额财富。

在抵达马德拉斯十年后，丹尼尔完全成为这个城市的名人。他在郊外拥有豪华的别墅。在18世纪初制作的地图上，这一位置还被特意标注为夏尔丹庭院（Monsieur Chardin's Garden）。

1698 年，他被任命为马德拉斯市长，任职近十年，直至 1707 年。在 1700 年制作的马德拉斯自由商人名单中，他名列首位。他和妻子生有两个女儿，都分别嫁给了高雅的绅士。由此可见，他度过了令人心满意足的富裕人生。

但从流传至今的兄长让·夏尔丹写给他的信件中，可以看出在其完美人生的背后，也有着各种各样的风波。更详细的内容，读者可以参阅之前介绍过的《夏尔丹勋爵的生平——17 世纪的欧洲和伊斯兰世界》一书。17 世纪 90 年代后期，他想返回伦敦但并未成行。为了照顾兄长让·夏尔丹送来的侄子查尔斯（Charles）而吃尽苦头，一个女儿也在他之前撒手人寰。虽然和妻子的关系不是很差，但他却是一位十足的妻管严。而且，在接近人生终点的时候，他和兄长让·夏尔丹的关系彻底破裂了。

1709 年 9 月，丹尼尔在马德拉斯离开人世，享年 60 岁。他的坟墓位于白人街区的英国人墓地。19 世纪，该墓地遭到毁坏，只有其墓碑被迁移至圣玛丽教堂的外面并保存至今。墓碑上刻有以下文字：

> 商人、当地的居住者、出生于法国的丹尼尔·夏尔丹的遗骸埋葬于此。他在 1709 年 9 月 7 日离开人世。另外，他的女儿——查尔斯·布尔的妻子简的遗骸也埋葬在此，她在 1710 年 11 月 28 日死于产褥热。

东印度公司与亚洲之海

通过以上内容，我们回顾了伊莱胡·耶鲁和丹尼尔·夏尔丹这两位与马德拉斯有关的人物的生平。由此可以看出，英国东印度公司的活动是和公司职员的私人贸易、个体商人的贸易密切关联并同时开展的。至今为止有关英国东印度公司的研究成果，大部分都只是根据东印度公司的贸易资料来进行的。但是，如果要想全面把握欧洲人在亚洲之海的贸易活动的全貌，并评价其

夏尔丹庭院墓碑 迁移至圣玛丽教堂外面的墓碑，上面刻有"出生于法国的丹尼尔·夏尔丹的遗骸埋葬于此"等字迹。笔者摄

对世界历史的影响，就不能忽视与公司有关的人们的个体贸易活动。这里介绍的耶鲁和丹尼尔是其中的成功者，但实际上，失败者的故事远远多于成功者。尚未使用的史料也还留存很多。如果能够有效利用这些资料的话，还可以写成很多非常有意思的个人史。

阿巴斯和商馆馆长

荷兰商馆馆长被捕

1728 年 12 月，阿巴斯发生了一起事件：荷兰东印度公司商馆馆长彼得·伍德拉姆（Peter Utram）和另外两名高级商馆成员到城外迎接该城新任市长兼"夏邦达"的时候，突然被前来此地的阿富汗市长等人逮捕。被捕的原因是，以商馆馆长伍德拉姆为首的荷兰人，多年以来一直秘密计划把霍尔木兹岛纳入荷兰东印度公司的统治之下。

1722 年，萨法维亚帝国的都城伊斯法罕落入阿富汗人之手。其后，伊朗高原和波斯湾沿海地区等地的治安极度恶化。阿巴斯周边地区成为阿富汗人与其敌对势力对峙的前沿，军事冲突连绵不绝。众所周知，荷兰商馆收藏有各种高价商品和大量银器，很容易成为这些军事力量的攻击对象。伍德拉姆为了摆脱这种危险状态，计划把商馆移到 8 公里以外的霍尔木兹岛上。对于拿不到薪酬、不满情绪高涨的霍尔木兹城堡的守卫兵士，荷兰东印度公司以补发拖欠的薪酬并支付给他们酬劳为条件来说服他们，双方好不容易在两个月前达成共识。

但是，英国东印度公司的商馆馆长得知了这一消息，当时他自己也在考虑同样的事情，现在却被人抢先一步，于是勃然大怒，遂写信给伊斯法罕的阿富汗人统治者告发荷兰人企图占领霍尔木兹岛。这是因为有很多家西北欧的东印度公司商馆都位于同一地

方才发生的事情。为此赶到当地的市长巴鲁·汗（Baru Khan）根据稍后赶到并打算审理该案件的宰相弟弟阿卜杜拉·汗的命令，逮捕了荷兰商馆馆长等人。

霍尔木兹岛 位于波斯湾入口处，呈铃铛形的右侧的岛屿。17世纪的古地图

实际上，早在荷兰商馆馆长之前，英国东印度公司的商馆馆长等人就先行到达并迎接了前来阿巴斯的巴鲁·汗。对此，英国商馆的日记中有如下记录：

> 上午，前去迎接巴鲁·汗。在萨鲁（Salu）迎接之后一起返回根布龙（Gombroon，阿巴斯的别名）。骑马行走了大约30分钟后，遇到前来欢迎的荷兰商馆馆长和其他两名绅士。最初，巴鲁·汗非常礼貌地接待他们，但当他们想加入到队列里来的时候，却全部被从马上拖下来，并被逮捕。荷兰商馆馆长提出了支付1000托曼的保释金，巴鲁·汗根本不听，要把他们带回萨鲁，在双方谈判的时候，又传来了荷兰士兵接近当地的情报。巴鲁·汗当时即命令把他们重新捆绑起来，并急忙赶至班得瑞（Bandari）。巴鲁·汗还威胁说，如果商馆和船只试图做任何抵抗的话，将马上取他们的首级。在发出警告的同时，他允许

我们回到自己的城市。我们在离城市不远的商队住宿地的后面，能看到大约有80名的荷兰人和马来人士兵正在整队待命。

对此，荷兰商馆也保留有记录，其内容和英国商馆的日记大体相同。伍德拉姆打算用钱来解决这件事情，并写信给商馆让大家暂时不要有任何动作。此外，日记还记载有荷兰士兵和巴厘士兵打算出动的内容。有意思的是，该日记还记录了在旁边亲眼目击整件事情的英国人的反应。

当荷兰人被粗暴逮捕的时候，英国人没有做任何抗议。而当伍德拉姆拜托英国商馆馆长能否请他们不要将其手绑在后面走路的时候，英国商馆馆长也拒绝了。而且，英国商馆馆长还向巴鲁·汗宣称："我和这件事没有任何关系，请您自便。"对于荷兰商馆馆长被捕，英国人内心是十分高兴的，并作袖手旁观状。之后，伍德拉姆公开宣称这一事件是由英国商馆馆长及其翻译和经纪人串通好的阴谋。

商馆馆长之死和枪战　阿卜杜拉·汗晚到了十余天，他把抓获的三人带到阿巴斯，并在巴鲁·汗的公馆内进行了严厉的审讯。三人每天晚上都被在脖子上套上沉重的枷锁，脚上锁上脚镣，关在有铁栏杆的牢房里。一周之后，由于被粗暴对待加上身心憔悴，三人当中有一人死亡。

1729年1月8日，监禁超过了三周，伍德拉姆感到不能再

东印度公司与亚洲之海

忍受如此痛苦，遂传信到荷兰商馆，让士兵采取武力措施救出他们。商馆领导层随即召开紧急会议，决定接受这一要求，并以武力解救。当天下午4点，由157名士兵组成的突击队冲向巴鲁·汗的公馆。荷兰士兵冲破紧锁的大门，在搜寻阿卜杜拉·汗和巴鲁·汗的同时，试图解救被捕的两名荷兰人。但是，阿卜杜拉·汗和巴鲁·汗两人及其亲信从后院翻墙逃跑，两名荷兰人却被阿富汗卫兵袭击。救护队把一息尚存的伍德拉姆抬到商馆，但伍德拉姆身受重伤，还来不及得到救治即离开人世。据荷兰方面的史料记载，这次突袭造成4名荷兰人、60多名阿富汗人死亡。

闻讯赶来的阿富汗士兵，随即追击已经收兵回营的荷兰军队至荷兰商馆，并和应战的荷兰方开始激战。战斗通宵达旦，并在数天内仍零星发生。商队旅馆形式的荷兰商馆防御坚固，阿富汗人即使使用枪炮进行攻击也不能攻下，但在兵临城下的困境中，馆里的200多人渐渐露出疲惫之色。虽然荷兰船只从海上送来粮食和武器弹药等补给，但搬运这些补给的小船也遭到了阿富汗军队的炮火攻击。

在战争继续的同时，双方私下开始了和平谈判。根据英国东印度公司商馆日记的记载，在荷兰救护队突袭巴鲁·汗公馆（1月8日）的晚上，荷兰商馆的一艘小船在夜色中偷偷靠近停留在海湾不远处的英国船只"布里塔尼亚"号（Brittania），给船长带来一封接替伍德拉姆成为商馆临时馆长的哈夫曼（Hafferman）递交给英国商馆馆长的信。信中传达了伍德拉姆的死讯，并委托英国东印度公司给予斡旋。在这个时候，荷兰方面就已经明白继续战斗并非上策。虽然荷兰东印度公司并不信任英国东印度公司，但在当时的阿巴斯，能够站在第三者的立场并调停荷兰和阿富汗的纠纷的，除英国商馆外别无他人。对荷兰商馆来说，这也是一个痛苦纠结的决定。

英国商馆馆长答应了请求，出面积极斡旋。交涉在枪炮声中持续，最终在两周后的 1 月 22 日，阿卜杜拉·汗和荷兰商馆达成和解。整个事件被认为是已去世的前商馆馆长伍德拉姆在不向阿富汗统治者报告的情况下，试图占据霍尔木兹岛及其要塞，这损害了阿富汗国王和荷兰东印度公司之间的友好关系。不仅如此，荷兰商馆馆长还向阿卜杜拉·汗写了一封道歉信，并以礼物的名义支付了 1000 拖曼。这实际上可以看作一种赔偿金。阿卜杜拉·汗则向荷兰商馆赠送了赐衣作为恢复友好关系的证明。作为还礼，商馆馆长拜访阿卜杜拉·汗以表敬意。

和平及其意义　　该事件以荷兰东印度公司的全面屈服告终。一连串骚动的责任被完全归到已故商馆馆长伍德拉姆身上。荷兰商馆损失了商馆馆长和高级馆员，还支付了赔偿金，已经付给霍尔木兹岛卫兵们的酬劳也打了水漂。可以说，为了商馆的利益和安全而试图占据霍尔木兹岛的伍德拉姆白白死去。但对于人员、粮食、武器弹药供给有限的荷兰方面而言，就算是对自己有些不利，但也没有比缔结和平更好的选择了。另一方面，阿富汗方面也不能说是粮食弹药非常充足。伊朗高原各地战事频繁，此时也要避免制造新的敌人。如果彻底攻击荷兰商馆的话，荷兰会从巴达维亚增派援军，这有可能使阿富汗人面临与荷兰东印度公司爆发全面战争的危险。与其把荷兰人赶出去，还不如建立友好关系，这对双方都更有利。

之后，荷兰东印度公司也没有进行报复。就算派遣舰队和士兵打击阿富汗人，也得不到更多好处。荷兰东印度公司不会进行不划算的报复。这离由于公民被杀，国家出兵报复的时代还很远。

在这一事件解决半年后的1729年秋天，阿富汗国王被聚众反攻的萨法维帝国军队击败，随即放弃伊斯法罕并逃回阿富汗。驻守在阿巴斯的阿富汗人也都离开当地。这时，就算荷兰方面想报复也无从寻找对象了。

在这一事件爆发的前几年，英国东印度公司和"夏邦达"之间发生过武力冲突。酒醉并在城里发酒疯的英国士兵被"夏邦达"的手下杀死，尽管英国方面要求引渡嫌疑人，但"夏邦达"并未答应。于是，英国东印度公司让停泊在海湾的英国船只尽可能靠近岸边，依靠舰炮猛烈轰击"夏邦达"的公馆，结果非但没能让"夏邦达"屈服，相反还导致商馆被包围，陷入了无粮断水的困境。英国人不得已，只得委托荷兰东印度公司进行斡旋，最终以支付赔偿金来收场。这一事件，也以与前面介绍的荷兰商馆馆长被杀事件大致相同的结局而告终。

在18世纪20年代，荷兰东印度公司和英国东印度公司都还不具备充分的军事力量，甚至不能使持续混乱的波斯地区的地方势力屈从。这时的荷兰、英国两家东印度公司，依然仅仅只是继承了葡萄牙的"海上帝国"，其势力尚未坐大。

第七章

东印度公司运送的货物

胡椒和香料

欧式生活和东印度公司　　生活在现代社会的日本人，一般会在早上和下午喝红茶或咖啡，穿棉质的内衣和衬衣，把盐巴和胡椒用作肉菜的调料。不用说，这是明治时期的日本人从"发达"的西北欧吸取进来，并慢慢在社会中固定下来的"西式"生活方式。那么，西北欧的这种生活方式到底是在何时确立起来的呢？令人意外的是，其实这并不久远，只开始于18世纪末或19世纪初。作为支撑这种生活方式的必需品——胡椒、香料、红茶、咖啡、棉织品等，全部产自亚洲。只有在东印度公司把这些产品安全稳定地运到西北欧之后，西北欧人的生活方式才得到巨大的改变。西北欧人之所以能过上如此"西式"的生活方式，大部分是托东印度公司之福。

在本章中，笔者试图对东印度公司的三大主打商品——胡椒—香料、茶、棉织品是如何被西北欧人接受，又是如何改变人们的生活进行具体的说明。需要读者注意的是，虽然说本章的主题是西北欧的"生活革命"，但请不要认为东印度公司把亚洲的货物只运到了欧洲。就像在前面经常提到的那样，经东印度公司之手，亚洲的产品也被运到亚洲其他地区、美洲、非洲等世界各地。换言之，通过亚洲的产品，世界紧密地连接在一起。

给夏尔丹的询问信函 上一章介绍过丹尼尔·夏尔丹的兄长让·夏尔丹，他历时九年游历了土耳其、波斯、印度。1679 年 12 月，游历结束后的他从印度西北部的苏拉特出发，乘坐法国东印度公司的"总统"号返回法国。在乘船前往欧洲的半年多时间里，他写下了一份报告书。这是在他离开巴黎的 1671 年，对一位名叫埃斯普利特·卡巴拉·德·维勒蒙特（Esprit Cabart de Villermont）的绅士提出的有关东印度公司的诸多疑问的回答。

以军人身份到过南美洲圭亚那的维勒蒙特，据说是一位对欧洲以外的世界各地的各种事务都非常关心的人。他向夏尔丹提出了一百多条有关东印度公司的各种问题。通过这些提问可以了解 17 世纪中叶法国知识分子对东方的物产、食物和技术等有多大程度的认识，令人很感兴趣。

这些问题包括"欧洲的女性到东印度一到两年后，月经会变得没有了，是真的吗？""欧洲的狗带到东印度两到三年后，就不会叫了，是真的吗？"等滑稽的问题。夏尔丹非常认真地回答这些问题，这本身反而很好笑。他回复道："不要说两年，就是一辈子，欧洲女性也不会发生什么变化。我可以保证……据对那些方面了解比较详细的人说，在东印度这个另外的世界里，要说女人身上发生了什么变化，那就是燃起了性爱的欲望。相反这些在你们身上反而在消失。""英国人每年都运送猎犬赠送给印度的领主，这些猎犬到现在都还活得好好的，都在不停地狂吠着呢。"

但是，占所有问题近半数的有关东方香料的提问非常有水准。有关基本的香料，他提出了很多非常专业的问题，诸如"丁香和肉豆蔻，现在只有荷兰人能得到，英国人得不到吗？""锡兰的肉桂和马拉巴尔海岸科钦周边的肉桂的颜色和味道有什么区别？""胡椒的收获时间以及品种最多且价格最便宜是什么时候？"此外，他还提出了有关槟榔、沉香、麝香、胃石等"药类"的详细问题。

葡萄牙人出现在亚洲之海一百五十年以后的这一时期，有关东方香料及其获取方法的相关信息，在欧洲的知识分子中间已经广为人知，而且正在追求更进一步的正确且详尽的信息。针对维勒蒙特根据上述基础知识提出来的疑难问题，夏尔丹把自己知道的事情都无一遗漏、细致入微地写了进去，道听途说的他也会标注，可以说是有问必答。

东南亚和南亚产的香料，不单是欧洲，在西亚和中国也很受欢迎。欧洲人经由西亚得知东印度的香料，由此可见西亚自古就盛行使用香料。在中国，早在 13 世纪初叶，就留有从东南亚运入大量胡椒的记载。丁香和肉桂作为熏香或药品而备受珍惜。荷兰和英国的东印度公司在购买中国商品的时候，会把胡椒和高级香料作为主打的物资之一进行交换。在不吃肉的日本，几乎不需要香料，但沉香、伽罗、白檀等香木却大受欢迎。如此，在东印度公司展开活动的 17 世纪到 18 世纪，香料成了整个欧亚大陆都有需求的重要商品。

寻求香料的理由　　葡萄牙人之所以远赴印度洋，最大的目的就是获得胡椒和香料。欧洲人为了保存肉制品或给变味的肉制品调味，胡椒和香料是必需的。但是，最近在日本翻译出版的《食物的历史》的作者弗朗德兰却对这种说法"怎么说也不能认可"。其理由有四个方面：第一，肉和鱼的保存剂一般使用盐、醋、植物油；第二，肉在比现在更新鲜的情况下就被吃掉了；第三，食用保存肉、腐败肉类的消费者并不是消费香料的贵族和有钱人，而是下层劳动人民；第四，腌肉一般使用芥菜来调味。

另一种说法认为由于香料珍奇且价格昂贵，因此香料作为社会差异化的手段被贵族和有钱人所喜好。菜肴里所含的香料的数量和种类的多少会与财产和社会地位高低成正比。对这一事实，弗朗德兰虽然表示一定程度的理解，但认为这只不过是表面原因，应该还有其他主要的原因。

那么，以葡萄牙人为首的欧洲西北部的人们，为什么争先恐后想要得到东方的香料呢？弗朗德兰认为这是由于香料首先被看作药品。肉豆蔻种仁入药，医治水肿，肉豆蔻治晕船、

古代的药商　香料作为药品十分珍贵。*The Colourful World of the VOC*

失眠、呼吸困难等，两者都对肠胃痛、痢疾有功效。丁香对恢复记忆力、抑制呕吐和牙痛有功效，也被用作春药。肉桂可以增进食欲、帮助消化，同时对受孕也有疗效，还被用作创伤药。胡椒被认为对提高男性功能有疗效。

在 1607 年出版的《健康至宝》一书中，就有对香料的医学疗效的详细记录。胡椒能够"维持健康、健胃……帮助消除胀气。促进排尿……治疗伤寒，还可以治蛇咬伤，引产。用水吞服的话可以治疗咳嗽"。丁香对"眼、肝脏、心脏、胃有疗效。丁香油最适合治疗牙痛……对寒气下坠，胃寒也有疗效"。

不难看出，生活在 16、17 世纪的欧洲人，依然生活在古代传统医学的支配下。从传统知识来看，人类的身体是由干和湿、热和寒对立的两组四种要素构成的。比如，孩子是湿热、年轻人是干热、成人是干寒、老人是湿寒（干寒的情况也有）。一般来说，男性是干热而女性是湿寒的。当然，这只不过是一般倾

肉豆蔻 去除假种皮的种子称为肉豆蔻，包裹种子的假种皮称为肉豆蔻皮。*De geschiedenis van de VOC*

向，实际上每个人都具有自己的体质特征。不管怎么说，人们为了健康，需要保持这四种要素的平衡。因此，一般认为，摄取具有和自己体质特征相反特性的食物很重要。

食物和人一样，也由同样的四种要素构成。比如，牛和鹤的肉质干寒、猪和鹅的肉质湿寒。拥有干热体质的年轻人，一般要通过食用具有湿寒特性的猪肉才可以保持身体的平衡。另外，食物消化被认为是在胃里得到加热并加以吸收，所以为了消化寒气较多的肉类食物，加上干热的食材就会比较好。

于是，香料开始登上历史舞台。由于所有的香料都被认为具备干热特性，加进去的话，可以使食物变成温性，从而有利于消化。当然，在加入香料以后，食物的味道会变好，这一点也受到重视。不过，当时社会特别是上流社会的饮食，四种要素的平衡仍然是最被看重的。胡椒和香料是很重要的药品，也是药膳料理不可或缺的东西，弗朗德兰的这一崭新说法，非常具有说服力，很有魅力。至少，迄今为止的通说，即"进口胡椒和香料是为了保存肉类和调味"这种说法不可全信赖。

胡椒籽 自17世纪后半期开始，进口额有所下降。*De geschiedenis van de VOC*

17世纪前半期最重要的商品以胡椒为首的香料，到了17世纪中期以后还依然是东印度面向欧洲的主打商品。让我们来看一下荷兰东印度公司鹿特丹分部1668年到1670年的销售额，其中，胡椒占总额的29%、高级香料（丁香、肉豆蔻、肉豆蔻皮、肉桂）占28.5%，两者合计占到销售总额的57.5%。再加上其他香料的话，所有香料的销售额可能达到销售总额的60%以上。

荷兰东印度公司还参加亚洲各地区之间的贸易，并在亚洲各地销售香料。虽然不同时期有所变动，但在他们垄断的商品中，四分之一的丁香、约一半的肉豆蔻都没有卖到欧洲，而是面向印度和西亚销售。到达东南亚各地的华商也会从荷兰东印度公司购买胡椒。尽管高级香料和胡椒的产地大部分被荷兰东印度公司控制，但英国东印度公司也把胡椒运送到欧洲，1664年的时候，胡椒的销售收入占到进口总额的13.2%。从这点来考虑，对欧洲的东印度公司而言，17世纪中叶之后东印度出产的商品中，胡椒和香料无疑是极其重要的。

由于胡椒和香料的大量进口，欧洲人的饮食和每天的生活慢慢地变得离不开这些商品了。东印度公司大量收购胡椒和香料，也使得亚洲各地人民的生活发生了变化。由于能产生高额利润，以栽培和销售这些重要商品为生的人数不断增加。从这一时期开始，在苏门答腊岛等东南亚各地，有更多的人开始种植胡椒。

包括荷兰东印度公司对生产、销售进行严格管理的肉豆蔻和丁香等高级香料，东印度公司的活动改变了欧洲和亚洲各地居民的生活方式，对亚洲各地的土地利用也产生了诸多影响。

数字魔术　　　　　　　17 世纪后半期以来，东印度贸易的情况发生了变化。随着时间的流逝，在两家东印度公司的进口商品中，胡椒和香料的占比持续下滑。荷兰东印度公司方面，胡椒在 1738 年和 1740 年的销售额中的占比，骤减至 11%，和占 23.5% 的高级香料加在一起，香料销售额也仅占销售总额的三分之一。在同期英国东印度公司的进口总额中，胡椒所占比率也不过 1.3% 到 4.7%。回想起两百年前葡萄牙人来到亚洲之海的最大目的之一就是得到胡椒，恍如隔世。

那么，胡椒和香料的价值为什么会变得如此低下了呢? 难道是因为欧洲人不使用胡椒和香料了吗? 事实并非如此。即便是到了 18 世纪，两家东印度公司也还在继续稳定地进口一定数量的胡椒和香料到欧洲。例如，英国东印度公司 1664 年的胡椒进口额是 116.7995 万英镑，与之相对，1738 年为 236.2882 万英镑，1758 年为 245.1576 万英镑。荷兰东印度公司方面，1711 年

东印度公司与亚洲之海

到 1713 年的胡椒进口额是 42.28 万荷兰盾，1751 年到 1753 年是 54.63 万荷兰盾。根据年份的不同，多少会有一些变化，但即使进入 18 世纪，胡椒的进口量还是在缓慢增加。

尽管如此，胡椒进口之所以变得不那么引人注目，是因为东印度公司的进口总额增幅要比胡椒的增幅更大。1664 年，英国东印度公司的进口总额为 13.8278 万英镑，1738 年上升为 58.6412 万英镑，1758 年上升为 64.2953 万英镑。荷兰东印度公司的情况也同样如此，与 17 世纪 60 年代的 9230 万荷兰盾的进口总额相比，18 世纪 30 年代的进口总额达到 1.67 亿荷兰盾。在这期间，胡椒的进口单价几乎没有变动。也就是说，香料以外的更高价的商品，具体来说就是茶、咖啡、纺织品等新商品的进口大幅增加，这导致进口总额增大。从表面上看，价格稳定的胡椒和香料的重要性就下降了。

香料进口增长乏力的原因　　　　但是到了 18 世纪，胡椒和香料的需求量没有实现大幅度增长也是一个不争的事实。原因到底是什么呢？在已查询过的资料里面，我没有发现针对这一问题的明确答案。胡椒和香料被推广到欧洲的每一个角落，我们无法想象其需求量的增长会停滞不前。如果从人口来说，18 世纪欧洲人口快速增长，胡椒和香料的消费量应该大幅增长才对。

其中一个确切的原因是，在 1650 年之后，法国对香料的使用减少了。或许是法国人觉得香料价值不再贵重，遍地都是的使用香料的餐饮已经不能标榜自己的社会地位。从这一时期起，法国的贵族和上流社会开始喜欢使用新大陆原产或者很难到手的高价稀缺的食材做成的菜肴。高级食材所导致的差异化理论是否有效，仍然值得进一步讨论，但是嗜好的变化却是不争的事实。

在 17 世纪到 18 世纪的欧洲，一般而言，肉类的消费减少也是香料需求增长乏力的原因之一。其原因尚未完全清楚，但是可以肯定的是，在欧洲大部分地区，反而是 15 世纪的时候人们吃了更多的肉，身高也比较高。

另外一个原因，如果根据之前介绍过的弗朗德兰的说法来考虑的话，进入 18 世纪以后，近代医学日益发达，自古以来流行的四大要素构成的身体平衡说已经走到尽头，这可能也影响到香料进口的增长。概言之，18 世纪之后，香料渐渐失去作为药品的价值，变成仅用来制作食品调味品的"香料"。

香盒和福特纳姆与玛森　　虽说进口量在一定程度上有所增加，但在气候寒冷的西北欧不可能栽培和收获的香料，在这一时期依然保持较高的商品价值。这从以下两个例子便可以明白。

第一是作为辟邪物的香料。16 世纪到 17 世纪前期，欧洲西北部的富裕阶层喜欢随身携带银制的精巧美丽的香料盒。英语中称为"pomander"的香盒和苹果（法语的 pomme）的大小差不

多，由芯部和与苹果被切成瓣儿后的形状相同的周围部分组成。周围的小盒子内放着由肉桂、丁香、肉豆蔻、肉豆蔻皮等高级香料研碎揉成的丸状物，富人们每天把不一样的香料塞入其中并打开小孔，随身携带并闻香。据说，这不单单是为了

香盒 放香料的一种小物件。*The Colourful World of the VOC*

闻香，还有驱邪防病的功效。当时的人们认为含有恶臭的空气中隐藏着魔鬼和病魔，而携带香盒的人，其周围的空气则会清新。所以能散发安神鲜香空气的香盒，其作用和价值非常重要。

另外一个是王室御用的食品杂货店的故事。很多人应该都知道设在伦敦皮卡迪利（Piccadilly）名为"福特纳姆与玛森"的大型综合食品店。商店一楼摆放着适宜做礼品的各种食品，世界各地的游客经常使这里客满为患。这家商店始于亚洲香料大量被运入英国的时代，于1707年开店，这也是英格兰和苏格兰联合，形成大不列颠王国的年代。作为王室侍者，在宫殿里面从事蜡烛替换工作的威廉姆·福特纳姆，与开一家小食品店作为副业的店主休·玛森联手，以全新的理念经营这家食品店。

在他们的商店里，不仅销售从东印度运来的各种香料，而且还现场销售使用这些香料制作、可以当场食用的便利的高级食

福特纳姆与玛森总店 现位于伦敦的
皮卡迪利大街

品。与在食品里已经不太使用浓香料的法国不同，英国人仍然喜欢中世纪以来的辛辣味。即使在今天，一到圣诞节英国人就喜欢吃的肉末馅饼（水果干和研碎的肉豆蔻混合拌在一起并用派的皮包起来）、放入香料的布丁、肉汤凝固后形成的肉冻，还有小虾拼成的菜品等都还是这种口味的食品。放入丁香和肉豆蔻的菠萝派也很有人气。

经过福特纳姆的介绍，王室和与王室相关的上流阶层成为商店的第一批顾客。商店所采取的"销售并非在什么地方都能吃到的高级商品"这一战略得以奏效，定位为高级食品店的这家商店好评如潮。在这种情况下，商店销售香料是很自然的事情，这也使得商店和英国东印度公司有着很深的渊源，福特纳姆的家人就有好几位在英国东印度公司工作。

茶

夏尔丹和茶

在先前提及的维勒蒙特向让·夏尔丹所提问题中，有关茶的问题特别多。问题从最根本的"茶是什么？"开始，到"茶是在中国任何地方都能生长，还是只是在部分地区生长？""在日本也能种植吗？"甚至还问了"荷兰人搬运到我们这里的东西是从哪里来的？其他国家的人不能和中国开展贸易，但荷兰人是怎么把这些东西从中国拿出来的？"等我们今天仍然很感兴趣的问题。他一共列有九个问题。

对于这些问题，夏尔丹的回答不只限于从其他地方获得的信息，他还举例并详细地进行了回答，且首次详细说明了茶的放入方法和饮用方法，恰到好处地放入的茶绝不会苦涩且很好喝，还有日本茶的品质最好，等等。之后，据他的介绍，不单荷兰人，英国人和葡萄牙人也在中国开展贸易，连华人也都每年来到巴达维亚、科钦支那、东京（越南北部地区）、暹罗等地。在亚洲任何地方都可以得到茶叶，而且非常便宜。在波斯和印度生活的九年时间里，对东方各国的情况，即便是没有亲自到过的地方，夏尔丹也有着相当深刻的认识。移居伦敦后，他还担任英国东印度公司的顾问，提出的很多建议也得到公司上下首肯。

在 1635 年或 1636 年前后，茶叶被传入法国，但还不是很普及，所以维勒蒙特对此非常感兴趣。但是，在他给夏尔丹撰写包括上述问题的信件时，荷兰和英国的情况要稍微超前一些，茶叶已经作为一种贵重药品开始普及。

东印度公司的茶叶进口

欧洲最初饮茶是什么时候开始的？很遗憾，目前还不知道确切的答案。最早在 16 世纪，葡萄牙人在澳门购买茶叶并带回欧洲的可能性很大，但还没有确凿的证据。现存最早的记录是 1610 年荷兰东印度公司船只将茶从平户运回去，当时所饮用的茶也许是抹茶。

在这之后不久，荷兰学者之间就围绕茶的效用和危险性进行了大讨论。有人认为，茶对经常使用大脑的人来说不好，而且容易让人生病；也有人认为茶能使人振奋精神、不易瞌睡、思维敏捷，一句话来说就是茶促进健康。这两种说法相互对立。为了鼓励饮茶，科尼利厄斯·德克尔（Cornelius Decker）甚至放言道："每天可以喝 8 杯、10 杯，不，50 杯、100 杯、200 杯都没有抗拒的理由。"这让人怀疑他是不是收了东印度公司的贿赂。

但是，不管德克尔如何宣传，茶叶的进口本身并没有快速上升。荷兰东印度公司阿姆斯特丹分部首次拍卖茶叶是在 1651 年到 1652 年。有关 17 世纪的情况，没有清晰的统计，但自进入 18 世纪后，茶叶逐渐成为荷兰东印度公司的重要进口产品之一。从数字上来看，1711 年到 1713 年，茶的进口额还只占进口总额的 2%，但到 1730 年到 1732 年就已经上升至 18.8%，1771 年到 1773 年占 24.2%，到 1789 年到 1790 年则占到 54.4%。

至于同一时期欧洲饮用咖啡的情况，荷兰东印度公司的咖啡进口额，1772 年到 1773 年占进口总额的 7.5%、1789 年到 1790 年也只停留在 6.2%。这和茶叶的大幅上升形成鲜明对比。相当一部分进口茶叶应该是再次出口到以英国为首的欧洲各国，但就算如此，在 18 世纪，荷兰人无疑也和英国人一样，基本以饮茶为主。

东印度公司与亚洲之海

另一方面，茶叶首次传入英国大概是在 1630 年。1657 年，在当时伦敦开始流行的一家名为"卡拉威"（Gallaway）的咖啡馆里，也开始有茶供应。第二年即 1658 年，当地报纸上出现了一家名为"苏丹王妃的脖子"的咖啡馆出售茶的广告。虽然茶是经由荷兰而得到的价格很高的商品，但商家宣扬其为东洋的万能药，所以好奇的人蜂拥而至。

　　英国东印度公司开始正式进口茶叶是在夏尔丹还在印度的 1678 年。当时的进口量是 4713 英镑，仅占当时进口总额的 0.1%。到了 1685 年，东印度公司的董事会向马德拉斯发出如下训令：

　　　　茶叶在这里作为商品开始被接受，我们把茶叶作为礼品赠送给宫廷里的支持者。每年请送五六箱最上等的新鲜茶叶过来。装入时一般是绿色好看的茶最受欢迎。

　　但一直到 18 世纪初叶，茶叶进口还非常不稳定。由于英国东印度公司在中国还没有稳定的贸易据点，所以不得不从在中国、东南亚各地和马德拉斯之间从事贸易活动的私人手中购入茶叶。耶鲁和丹尼尔从中看到了巨额利润空间。由于是贵重商品，所以茶叶进口到英国要被征收高额关税。1690 年的税额是，每磅（约 454 克）价值 1 先令的茶叶征收 5 先令，关税税率高达 500%。

　　公司派船前往广州进行直接贸易是在 1713 年之后。自此，英国的茶叶进口终于稳定下来，进口量和进口额在慢慢增加。1721 年，进口量首次超过 100 万磅，进口额占进口总额的 18.7%。之后虽然有增减，但是 1747 年之后每年都在 300 万磅以上，占进口总额的比率超过 20% 的情况也很多。1760 年的进口量竟然超过 600 万磅。1713 年的进口量还不到 16 万磅，在不到五十年的时间里增加了近 40 倍。

从 18 世纪 20 年代开始，荷兰、英国加上法国的东印度公司也开始了频繁的贸易活动，把大量茶叶带入欧洲。进口量在 1730 年到 1734 年为 51.3 万磅、1750 年到 1754 年为 100 万磅、1765 年到 1769 年达到 200 万磅。由于当时法国人还不怎么饮茶，其中的大部分茶叶可能是通过走私进入英国市场。为了避开高额关税和征税官员的检查，位于法国诺曼底海岸附近的泽西群岛成为交易中转站。从 18 世纪 30 年代开始，瑞典和丹麦的东印度公司也加入了茶叶贸易的行列。

就这样，18 世纪初期在西北欧还非常珍贵的茶叶，到了 18 世纪中叶之后，以英国及其殖民地美国、荷兰为中心普及开来，很多人已经喜欢上了这种中国产的饮料。

饮茶开始流行　　至少在 17 世纪到 18 世纪中叶，茶叶是一种具有异国情调的奢侈品，能尝到它的味道的人很有限。王室和上流社会的人们首先得到，然后开始流行喝茶。在英国，1662 年，查理二世迎娶葡萄牙王室的凯瑟琳王妃，当时她把饮茶习惯也一并带进了英国王室。高价的茶里还放入当时十分贵重的砂糖，这种富有王室风范的饮茶方法被贵族们争相仿效，成了一种地位和身份的象征。

在今天享誉全球的高级红茶商川宁，其第一代领导人托马斯·川宁于1706年在伦敦的圣殿酒吧开设了咖啡馆。这是福特纳姆与玛森开业前一年。之后有关川宁的成功经历，井野濑久美惠在《大英帝国的经验》一书中专门做了介绍。在这一时期的伦敦，东印度或西印度的商品接连不断涌入，脑子灵活的人也抓住机会开始新的事业。

托马斯·川宁　1706年在伦敦开设咖啡馆。片冈物产提供

也因为税额设定太高，当初茶的价格相当高昂，100克的价格按现在的日元换算大概为4万日元。在18世纪初期，茶叶还不是任何人都能得到的商品。相反，也正是由于价格高昂，茶叶反而有了一种人们无论如何都要弄到手的价值。

在荷兰，情况也大致相同。饮茶首先在上流社会流行开来。由于茶主要是在家里饮用，所以特别是对女性来说，饮茶成了其主要社交方式。在饮茶的特别沙龙（茶室）里，一般都放置着显示主人财力和女主人兴趣爱好的昂贵的陶瓷器和银制茶器。开茶会本身就是其家庭的社会地位的一种体现。茶会最初是在午饭结束后的下午1点或2点左右开始，不久后变为在下午较晚的

荷兰人喝茶的场景　尼古拉斯·莫伊思作，1777 年。*The Colourful World of the VOC*

时候开始。在喝茶的同时，吃司康饼和小饼干等零食，即所谓喝"下午茶"的习惯，据说始于 19 世纪中叶的英国贝德福德公爵夫人安娜。但如果仅就把午后在家里喝茶作为社交活动这一点而言，早在一个世纪以前就已经在荷兰开始了。

在屋子中间的茶桌上，放着准备好的小的中国式茶壶。从茶壶中倒到杯子里的茶，可以直接喝，但常常因为太烫而将茶杯移到茶碟上。然后，客人吸溜吸溜地喝出声音，这就是全部的礼节。不用说，这是对日式喝茶礼仪的模仿。来过日本的荷兰人被茶道的举止做法深深感动，也采用了这种喝茶的方法。

绿茶和红茶

当初在沙龙里喝的茶是绿茶。在当时的中国和日本，喝绿茶很普遍，欧洲人也跟随着喝绿茶。但从 1680 年末开始，除绿茶之外，欧洲还进口一种被称为"武夷"的红茶。武夷红茶是从"武夷"而来，这是福建省的一个地名。武夷周边地区生产的发酵茶被称为红茶。武夷红茶的进口在 18 世纪初期有所增长。

东印度公司与亚洲之海

（等级）		英国（%）		荷兰（%）	
		1720—1722 年	1730—1732 年	1720—1722 年	1730—1732 年
绿茶	普通茶	37.5	44.0	57.5	11.1
	饼茶	3.1	2.7	2.9	2.9
	熙春茶	0.6	3.8		1.6
	（hyson）				
红茶	武夷茶	46.3	42.3	39.6	78.4
	功夫茶	10.5	6.5	—	3.6
	（congou）				
	香红茶	2.0	0.6		0.7
	（pekoe）				
其他		—	0.1	—	1.7

迄今为止，有关红茶的历史文献中一般都有以下叙述：在
18 世纪 30 年代，英国东印度公司进口的绿茶和红茶的数量发生
逆转，红茶的进口量增多；之后，红茶从上流社会开始向中产阶
级、普通民众普及，确立了英国国民饮料的地位。红茶之所以被
广泛接受，其原因在于红茶的味道适合英国人的口味，英国的水
质（硬水）比起绿茶来更适合红茶。这一解释虽然能在一定程度
上被接受，但实际上问题并非如此简单，其理由可概括为以下
四点：

第一，至今为止的红茶的历史，只是介绍了英国红茶的历史。
如前所述，至少在 18 世纪，荷兰东印度公司也大量进口茶叶，
荷兰也在大量饮茶。请看上表，就算到了 18 世纪 30 年代，英国

东印度公司的绿茶和红茶的进口量仍不相上下，但荷兰东印度公司的进口量中，红茶已经占了绝对优势。荷兰东印度公司进口的红茶不可能全部再出口到英国，所以当时荷兰也应该有相当多的人在喝红茶。最早喜欢红茶的，与其说是英国人，不如说是荷兰人。

第二，在至今为止的解释中，列举了茶的等级和人的阶级有关，这没有太大的说服力。不管绿茶还是红茶都有等级，大量进口的武夷茶属于中档的普通茶。在绿茶中，熙春茶和饼茶是高级茶；红茶中的高级茶是功夫茶和香红茶。这些高级茶的价格高，进口量少，只供上流阶层使用。且如上表所示的1730—1732年这一时期，高级绿茶的进口量没有减少。换言之，这一时期在英国和荷兰的上流阶层中，依然对高级绿茶有着相当程度的需求。这样一来，就不能单纯说红茶是从上流社会向中产阶级普及。

第三，到目前为止的解释说明，没有充分考虑茶的价格和生产者方面的情况，这一点也存在问题。各种级别的绿茶和红茶在中国的采购价格、在欧洲的销售价，有必要根据各国东印度公司的情况做具体分析。关于这一点，法国学者路易·德尔米尼（Louis Dermigny）已经在开展相关工作，但是英国历史学家们似乎没有注意到这一点。不管怎样，不对出口方中国的茶农的情况和收获量、清朝内部及亚洲各地的茶叶消费倾向等领域进行综合分析，只是根据英国方面的情况来说明红茶的普及，这难免有些避重就轻。

第四，不只是英国，欧洲的很多地方的水质都是硬水。以水

帕拉普尔棉布　从印度运往英国的彩色棉布，18世纪中叶用于床罩等。*V &*
A Images，*Uniphoto Press*

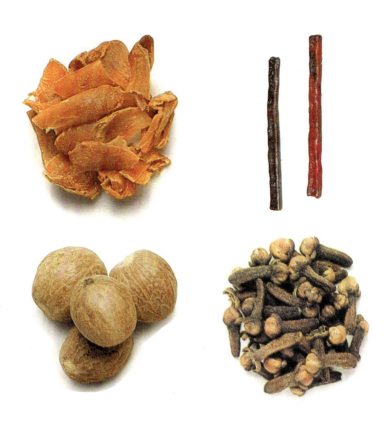

欧洲所看重的亚洲产香料及日本出口的铜 香料从上至下为肉豆蔻皮、肉豆蔻、丁香

荷兰商馆馆长江户参府图莳绘柜子　双开门的出口用漆器，17世纪后半期制作。柜子正面绘有富士山和进入东海道的商馆馆长一行。荷兰王室收藏品。京都国立博物馆提供

蛮馆图中的蛮酋饮宴图 18 世纪末所描绘的商馆馆长（右端）和官员进餐的场景，左边还描绘有妓女。这被认为是长崎奉行（日本武士执政时代的官名，镰仓幕府以后用作衙门长官的官名）中川忠英的藏品。巴黎国立图书馆收藏

质为理由来解释英国人接受红茶也是很勉强的。另外，"英国人的嗜好"和英国民族国家的构建没有关系，这好像也是不成立的。我认为有必要进行慎重的研究。

茶的出货 装入茶箱并称重以后出货。*The Colourful World of the VOC*

如果考虑这些因素的话，红茶在英国流行的原因，好像不单单是英国人的嗜好、英国的水质，还有井野濑氏在《大英帝国的经验》中所指出的红茶和女性、家庭的联系等。那么，答案究竟是什么呢？这也是很难回答的问题。在现阶段的研究中，我只能说，有关红茶在英国的普及还留有相当多必须考虑的余地。尽管这样，川宁刚刚开店后，大家在他的咖啡馆里喝的是红茶还是绿茶，或者两者都有？这也是值得关注的地方。

虽然还不知道确切的原因，但茶在英国被大家所喜爱确是事实。进入 19 世纪，由于只从中国进口已经跟不上爆发式的茶叶需求，英国政府开始在印度和锡兰种植茶叶。与香料的情况一样，东印度公司运来的东西，改变了某一地区人们的嗜好和生活，与此同时也改变了地球上其他地区的生态系统和土地利用，以及人们的生活方式。

纺织品

在东印度公司纵横天下的 17 世纪和 18 世纪，与胡椒、香料、茶并列的还有另外一种重要商品——棉织品。在东印度公司进军亚洲之海之际的南亚次大陆，印度西北地区的旁遮普（Punjab）和古吉拉特、印度东南地区的科罗曼德尔海岸，还有孟加拉地区都是棉织品的著名产地。棉织品可以织出细致紧密、纤细华丽的图案。在上述产区，棉花和染料比较常见，自古以来以村为单位培养了拥有高超技术的织工和染布师，能生产出颜色、光泽、亲肤度与丝绸几乎一样，而且图案也非常有魅力的上等棉织品。棉织品的种类丰富，名称也是多种多样。著名学者乔杜里（Chaudhury）列出了当时生产的棉织品的名字，古吉拉特有 23 种，科罗曼德尔有 16 种，孟加拉有 46 种。其中，平纹细布（muslin）、印花棉布（chintz）、帕拉普尔棉布（palampore）、粗棉布（bafta）、格子棉布（gingham）等名字比较常见。这些颜色多样的印度棉织品的特征，包括不易掉色的高超染色技术、美丽的图案设计和鲜艳的颜色组合、柔软亲肤，以及最重要的价格便宜。

荷兰和英国的东印度公司在南亚次大陆站稳脚跟后，很快注意到了这个地方棉织品的优势。在当时的东南亚，印度棉织品已经非常受欢迎，东印度公司为了换取东南亚的胡椒和香料，特地购买棉织品。同时，他们还大量购买被称作"印花棉布"的高级棉织品并送往欧洲。

荷兰东印度公司商馆　沿左上角的孟加拉胡格里河（Hooghli），建有规模庞大的馆舍。*Encounters*

　　到 1620 年，已有 5 万件棉织品被运入英国。1664 年，英国进口了约 27 万件统称"印花布"（calico）的印度产棉织品，占英国东印度公司进口总额的 73%。这或许是由于荷兰东印度公司控制了胡椒和高级香料产地的缘故，但即便如此，这也算一个很大的数字。

　　之后，通过有准确统计的 1760 年以前的数据来看，英国东印度公司每年的进口总额中，织物最低占 29.7%，最高占 92%。这一数字中也包括中国产的丝绸，但在从中国进口丝绸的三十八年间，有三十年的进口量在进口总量的 3% 以下，其中有十七年在 1% 以下，其数量不值一提。也就是说，上述数据几乎全部是印度产棉织品的进口额。在自 1664 年开始到 1760 年的九十六年中，织物所占比率没有达到进口总额一半的只有九年，相反超过七成的有三十五年。如上所述，织物是英国东印度公司最为重要的商品。

在垄断高级香料的荷兰方面，其情况没有那样极端。即便如此，从 1668 年到 1670 年，织物占阿姆斯特丹分部进口总额的 24%；从 1738 年到 1740 年，占 28.5%。如果加上面向东南亚出口的织物的话，可以说荷兰东印度公司对棉织品的进口量也是相当大的。1685 年，一位名叫杰瑞特·克林克（Gerrit Klink）的调色师兼棉织品商人受雇于公司，被派遣到科罗曼德尔沿海和孟加拉。他在印度前后居住了六年多，教给当地的织布工人和调色师欧洲人喜欢的图案款式和材质。比起之前的图案，花和花之间的间隔被扩大，看上去更加优美，材质方面也做了改良。他的作品成了畅销货，并成为荷兰东印度公司之后长期进口的重要商品。

在 18 世纪前半期的印度，荷兰东印度公司、英国东印度公司，还有稍后进驻的法国、丹麦、奥斯坦德等东印度公司为了得到面向欧洲的织物而展开了激烈的竞争。

棉织品的用途和价格　在西北欧地区，印度产的高级棉织品最初被作为桌布、床罩、窗帘和壁挂等用于室内装饰，非常受欢迎。到 17 世纪后半期，这些棉织品开始用作衣服的布料。与以前普遍使用的麻织品、毛织品、皮革做的衣服相比，棉布非常轻、亲肤、吸汗、易洗，从各方面来看都是优良的衣料。最初，棉布只是用于上流社会的家居服和内衣，到 17 世纪 80 年代初开始作为外出服和正装得到认可。

自 17 世纪八九十年代，被统称为印花布的印度产棉织品不只在英国，在荷兰、法国等西北欧各国也受到广泛欢迎。印花布的最大魅力在于，不仅是质量优良的新商品，而且价格也非常低廉。相比只有富裕阶层才能得到的高级织物丝绸，棉织品在品质上毫不逊色，而且价格非常便宜，所以受欢迎是很自然的事情。这些棉织品在印度产区的采购价格很低，就算加上路途遥远的运费，也能跟欧洲产的各种织物竞争。

　　通过东印度公司，印度产的织物还被运往欧洲以外的地区。其中一个方向是美洲大陆和西印度群岛。自 16 世纪以来，葡萄牙人把棉布带来给为甘蔗种植园工作的奴隶做衣服。当然，这些织物是廉价的、品质欠佳的东西，被称为"萨蓝波小彩格布"（salampore）的东西占多数。与葡萄牙一样，荷兰和英国的东印度公司一旦运回萨蓝波小彩格布等便宜织物之后，也再次将其出口到美洲大陆和西印度群岛供奴隶使用。1740 年，一位参与西印度贸易的商人在英国议会作证时宣称："因为牙买加岛位于热带地区，所以居民的衣服几乎都是染色的印花布。又轻又便宜且方便洗涤，从而保证了居民们的清洁和健康。"

　　另外，在西非购买奴隶的时候，也将印度棉织品作为支付的商品。结合后面要阐述的日本的情况可知，在 17 世纪到 18 世纪，印度产的棉织品被大量运往世界各地。伴随着产量的急剧增加，印度各地的棉花栽种面积也得以大幅增加。用于丝绸的养蚕业也非常盛行，相关行业的从业人员数量不断增加。到 18 世纪初期，仅织物相关行业就新增加了 10 万人。由此可以看出，东印度公司的活动或其他地区居民的嗜好改变了某个地区居民的生产和生活方式。

印花布争论和产业革命　　进入欧洲的棉织品与香料、茶叶一样，都是东印度的产品。但两者间有一个根本差别。香料和茶叶为当时西北欧居民的饮食生活开创了全新的局面。从这一层意思上来说，它们与既有的商品和产业之间少有竞争。之前欧洲存在的芹菜、大蒜的生产者，麦芽酒（ale）、啤酒、葡萄酒等饮料的生产者和酒厂，虽然不能说完全没有受香料和茶叶进口的影响，但这些既有的商品与东方的香料或茶叶之间，基本还能相安无事。

但是，棉织品的情况却大不相同。在缝制衣服的织物这一点上，棉布和当时欧洲使用的丝织品、毛织品、麻织品属于同一种类，它们在某些领域是相互竞争的。特别是与高级商品的丝绸相比，其在亲肤感和光泽度等方面存在诸多共同之处。生产这些传统织物的从业者非常担心，一旦优质价廉的印度产的棉织品印花布大量进口的话，很有可能会夺走自己的工作机会。

丝织品、毛织品、麻织品等行业的从业者对东印度公司的印花布进口发出不满和抗议的声音，这是很自然的。特别是英国，抗议活动相当激烈，发生了制丝工人集体袭击印花布店的事件。还有人从背后撕破女性穿的棉布衣服。另一方面，对公司有好感、肯定印花布进口的人们则主张，即使当前丝织品行业因此受损，但东印度贸易一般会在其他领域产生新的就业机会，剩余资本在英国也创造了新的手工业，新的就业机会也会出现。

对此，英国政府苦于应对，最初试图让英国人不管怎样也要使用毛织品。例如，1678年，英国制定了英国人的遗体必须要裹上当地的毛织品进行埋葬的法律。其后，英国政府甚至还试图制定必须半年穿着毛织物、女仆要戴英国产的毡帽等法律，但最后不了了之。既然不能奖励穿毛织物，那么就只能限制印花布的进口。于是，在1700年和1721年，英国议会曾两次颁布《印花布禁止法》，但上有政策下有对策，这些法令都没有取得预期效果，印度产棉织品的进口并没有因此减少。

在各地持续进行反对运动的同时，也出现了模仿生产高品质棉织品，然后以低价倒卖获利的人。特别是在英国，一些人开始探索在人力之外使用机器来高效纺线、织布的方法。到18世纪60年代以后，珍妮纺织机、水力纺织机、缪尔纺织机相继发明，能够很快纺出又细又牢的线。几乎在同一时期，人们利用经过改良的蒸汽机，开始使用机器大量织布，这在18世纪末得以产业化。换言之，这就是产业革命的开始。从印度进口棉花很不容易，但英国有美洲这样的"后花园"。进入19世纪，使用美国棉花生产的英国棉织品开始出口海外。这和以前商品流通的情况截然相反。

如此一来，印度的棉织品改变了欧洲西北部居民的生活，之后，这又在很大程度上改变了其他地区居民的社会和生活。

对日本的出口　在印度产的织物大量出口到西北欧并成为社会问题的 17 世纪到 18 世纪，印度产的织物也有相当数量出口到日本。笔者参考重松伸司《马德拉斯物语》和石田千寻《日荷贸易史研究》，进行了一个大概的整理。

早在 16 世纪，印度的棉织品就由葡萄牙人带进日本，在 17 世纪葡萄牙人被禁止入境之后，华人和荷兰人取代了其地位和作用。

在华人和荷兰人运来的印度棉织品中，平织和蒿纹的比较多，这在江户被统称为"唐栈"，在京都则被统称为"奥屿"。这些印度棉织品大多产于印度东南部的科罗曼德尔海岸，孟加拉、印度西北部的古吉拉特出产的棉织品也能看到。其中，最有人气的是科罗曼德尔海岸所产的被称为"栈留缟"的棉织品，其由来是现在的钦奈（马德拉斯）南部的栈留这一地名。栈留缟的基本色调是蓝、白、浅咖啡、深咖啡，并由这些色调组合成崭新的、充满异国情调的图案。其色彩鲜艳、图案独特、保温、亲肤的优点，是 15 世纪末到 16 世纪萌芽的日本棉织业无法比拟的。

奥屿首次被记录在案的时间是 1638 年。当年，荷兰东印度公司将其作为贡品献给幕府将军。这也正好是德川幕府正在考虑将葡萄牙人赶出日本的时候，荷兰人给以将军为首的幕府大小官员赠送礼物，加强宣传攻势，使公司的对日贸易逐渐走向有利的方向。在之后的整个 17 世纪，荷兰东印度公司对日贸易中最主要的商品就是中国生产的生丝。到了 18 世纪，奥屿不时被带进长崎。如果看荷兰方面的史料记载就能明白，奥屿就是方格子花布的意思。

到了 18 世纪后半期，奥屿/唐栈成为进口的高价布料。特别是在江户，竖条纹的和服由于体现"粹"而备受重视。在当时，能穿唐栈和服的只有幕府将军、大臣、富商和妓女。当我们知道妓女和年轻人经常穿的竖条纹和服是印度产的布匹缝制出来的之后，再来看浮世绘的话，恐怕会另有一番深意。在西边的欧洲和在东边的日本，几乎在同一时期掀起了使用印度产棉织品的热潮，人们都穿着印度产棉布制成的衣服走在大街小巷。

当然，在欧洲兴起的模仿现象，在日本也发生了。看到唐栈/奥屿很受欢迎，日本出现了大批仿制品的制造者，位于江户周边的川越和馆山是主要产地。由于用国产的棉线，线的细度、布的柔软度和花纹的精密度等还不是很理想，但已经以川唐（川越唐栈的简称）、馆山唐栈而远近闻名，特别是在无法获得高级进口产品的人群中非常受欢迎。在著名的小富和与三郎的歌舞伎剧目《与话情浮名横节》里源氏店的场景中，与三郎身着竖条纹和服，说着"好久不见"并追问小富，其身姿甚为潇洒。他身上穿的和服，也许就是在该故事发源地——木更津附近的馆山产的唐栈。与欧洲不同的是，当时的日本还没有发明纺织机和蒸汽机，模仿水平一直比较低。

中村竹三郎图　图中描绘了身着竖条纹和服的年轻人，菱川师胤 1716 年前后作。千叶市美术馆收藏，根据《千叶市美术馆所藏浮世绘作品选》整理

此外，还有一种值得一提的是印度产的印花布。这与荷兰方面的史料中记载为 chits、英国称为 chintz 的是同一种棉布。这种在科罗曼德尔海岸、苏拉特以及孟加拉等地生产的印花布，日本从 17 世纪到 18 世纪有相当数量的进口。在江户时代初期，这种印花布还用于阵羽织、小袖、带、茶道具和祇园祭的装饰品等。到江户时代中期以后，这种印花布也用于澡堂布、烟火袋、内衣、里衣与和服的里层等。

欧洲刮起了"亚洲旋风"　除了以上介绍的三种商品，从亚洲各地运往欧洲并深受欢迎的商品还有很多。比如日本的漆器、中国和日本的陶瓷、中国和波斯的生丝、阿拉伯半岛的咖啡等。在西北欧，中国茶的饮用采用日式饮茶法，印度设计风格的棉织品很受欢迎。上面虽然没有提到，但荷兰东印度公司长崎商馆馆长接受德川将军和德川幕府高官的馈赠，带回了用日本丝绸制作的和服，这在 17 世纪的西北欧迅速掀起了热潮。将和服的长下摆改短之后，就照原样宽松舒适地穿着，这是荷兰及其周边国家的和服穿法。由此可见，当时的欧洲人对东印度非常憧憬，积极地引进东印度的物品。

　与之相反，在江户时代的日本和同时期的亚洲各地，完全没有引进欧洲的餐食和饮料或穿欧式服装的人。也许，至少在衣食住的范围内，当时的亚洲人认为完全没有必要模仿欧洲人。

　在当代日本，对以下历史的认识和理解依然根深蒂固，即自16世纪葡萄牙人首次到达日本以来，日本经常憧憬先进的欧洲文化，并接受了这些文化。但是这种看法似乎也应该逐渐改变了。至少到18世纪末期之前，世界上某个地区的文化并不明显优于其他地区的文化。西北欧的居民向往亚洲，并且摄取亚洲文化的情况也很多。

日本的绢织品　商馆馆长获赠的衣物。*The Colourful World of the VOC*

　西北欧的文化特征侧重于技术层面，以航海和造船技术、枪炮制造、印刷术等为主。自16世纪西班牙人殖民美洲、葡萄牙人进入亚洲之海以来，欧洲人积累了庞大的关于世界各地的地理、人文、物产等知识。以此为基础，欧洲西北部地区的学术研究也逐渐发展，并启蒙了人们的思想。学术的快速发展继而推动了技术革新，在积极获取亚洲和美洲丰富的物产资源的同时，更诞生了令人耳目一新的"近代欧洲"。这是进入19世纪以后的事情。可以说，东印度公司为近代欧洲的诞生发挥了重要作用。

第八章

东印度公司的蜕变

来自法国东印度公司的挑战

迟到的后来者

继英国、荷兰之后，法国于 1664 年设立了东印度公司。与走在前面的两个国家的公司相比，法国的起步为什么会如此晚呢？在法国，能支撑东印度长时间航海的商业资本没有在某个特定港口城市积蓄起来，这可以算是其最主要的原因。法国还没有自发地形成像荷兰一样由几个城市集中出资的形态。

另外，正如深泽克己所指出的，与国土被大海包围的英国以及拥有沿北海漫长海岸线的荷兰相比，法国的地理条件较为复杂。在法国，面向欧洲内陆的力量和大西洋、北海、地中海三个不同海洋的力量相互竞争，没有能够形成一个集中指向东印度的

让·巴普蒂斯特·柯尔贝　路易十四
的财政大臣

强大力量。必须指出的一点是，离海洋很近的伦敦和阿姆斯特丹与巴黎有着地理上截然不同的条件。作为法国政治和经济中心的巴黎，虽然可以通过塞纳河与海洋连接，但大型船只却不能直接到达巴黎。巴黎不可能像伦敦和阿姆斯特丹那样，实现政治经济中心和港口功能的一体化。

"王国应该得到和亚洲交易的利益。应该打破英国人和荷兰人垄断的现状。"如果让-巴普蒂斯特·柯尔贝（Jean-Baptiste Colbert）没有凭借强烈的意愿向路易十四提出上述建议的话，或许法国东印度公司的创立会更加推后。英国和荷兰东印度公司是在民间贸易商人的主导下开始建立，之后由国王或共和国追认的，与之相反，法国则是基于政治权力自身的意志而创建公司。因此，新建的法国东印度公司拥有浓厚的国家行政机关的色彩。其超过1200万里弗尔（livre）的巨额资金的大部分，是由国王、皇亲国戚、宫廷贵族、大臣以及官僚们出资的。公司运营工作由国王任命的官员——国务长官担任。从政府提供大量资金这一点来看，这与先行一步的英国和荷兰的东印度公司大不一样，由于拥有稳定资金来源，投资应当会更容易进行。

到1683年柯尔贝去世为止，公司一直采取每年使用国有资

东印度公司与亚洲之海

金来维持运营的体
制，并收到一定成
效。法国东印度公司
获得了印度南部地
区的本地治里，其
后在孟加拉地区又
获得了金德讷格尔

本地治里的海滨大道 今天的城市街道。笔者摄

（Chandernagor），作为其在亚洲开展东印度贸易的据点。在英国
和荷兰东印度公司设置商馆的苏拉特、阿巴斯等港口城市，法国
也设置了公司的商馆。在印度洋南部的波旁岛（Bourbon，现在
的留尼汪岛）和法国岛（现在的毛里求斯岛），法国人也成功地建
立了欧洲和亚洲之间航海的中转基地。在这片亚洲之海上，继印
度、阿拉伯、伊朗系商人之后，葡萄牙人、荷兰东印度公司、英
国的东印度公司都已经建立了贸易的基础，相互之间不断展开竞
争，要想再插手其中是非常困难的。但是，通过原荷兰东印度公
司平户商馆馆长弗朗索瓦·卡隆和以本地治里的建设者闻名于世
的弗朗索瓦·马丁等人的努力，法国东印度公司总算打下了在欧
洲和亚洲之间定期开展贸易的基础。

　　但在柯尔贝去世之后，公司的运营即面临严峻的考验。路易
十四相继发动对欧洲各国的战争，导致没有剩余资金供应给东
印度公司。在路易十四执政结束之前，公司的活动曾经停滞了一
段时间。直到法国设立与西印度、非洲进行贸易的密西西比公司，

深得路易十五信任的苏格兰人约翰·劳（John Law）进行了大刀阔斧的改革之后，东印度公司才得以重整旗鼓，再现辉煌。

推行"与政府的一体化"

自 1719 年开始，由约翰·劳主导的一系列改革有三个特征。第一个特征就是将当时各自从事海外贸易的东印度公司和密西西比公司合并，创建了新的法国印度公司。这里所说的"印度"，由东印度和西印度构成，所以在法语中是以复数的形式出现。该公司被授予垄断法国和欧洲以外的各地区，即东印度、西印度和非洲的贸易的权利。从严格意义上讲，自此之后，法国已经不存在东印度公司了。但由于对非洲和西印度的贸易难以维持垄断，遂于 1731 年实现自由化。作为垄断公司，法国印度公司的实质近似"东印度公司"，本书之后仍然沿用"法国东印度公司"这一名称。

之后，法国东印度公司的最大特征是将针对东印度、西印度和非洲的贸易实行一体化管理。用以棉织品为代表的东印度的物产来购买西非奴隶并将其运送到西印度，把西印度的甘蔗种植园生产的糖运至欧洲销售获得白银，再用得到的白银购买东印度的物产，从而使各地之间的经济活动连为一体。暂且不说事情的好坏，这确实是非常宏伟的设想。如果这一设想能够顺利实现的话，东印度公司经过三次交易，即可在整体上获得巨额利润。但是，东印度公司试图垄断大西洋上的奴隶和糖的运输是很难做到的。在横跨大西洋的过程中，由于航行距离较短，所费时间不长，无须投入巨额资金，这导致众多创业者蜂拥而入，而要想把他们完全排斥在外是不可能的。

第二个特征是大幅增资，将东印度公司的半数股份向公众开放，公司有了些许"股份有限公司"的性质。但是，国王是拥有近五分之一股权的大股东，而普通股东没有表决权。公司的董事并不像英国东印度公司那样通过选举产生，而是由代表王权的"国王的官员"向董事会推荐董事候选人，经审议通过之后由国王任命董事。另外，财务总监负责对公司进行监督。如此这般，虽然经过约翰·劳的一系列改革，但法国东印度公司还是被置于王权和政府的强势影响之下。

第三个特征是，在濒临大西洋的布列塔尼地区南部，东印度公司建设了称为洛里昂（Lorient）的专用港口城市。在此之前，公司是将圣马洛（Saint-Malo）、鲁昂（Rouen）、迪耶普（Dieppe）等多佛尔海峡沿线城市作为航行据点，但在与英国发生战争之际，其船只被英国海军捕获的危险性升高。而通过在大西洋海岸设立港口，则极大地降低了危险性。在1720年到1730年的十年间，法国东印度公司在原是一片荒原的地方建造了庞大的设施和城市。在注入大西洋的斯科尔夫河和布拉韦河汇合处，公司建造了造船厂、船舶舾装基地、销售东印度物产的市场、商品保管仓库、事务所等建筑，在周边还建造了四千多名公司员工的住宅区。从城市的名字为洛里昂（东方之意）来看，这座城市很明显就是为了开展东印度贸易而建造的。公司总部设在巴黎，主要负

洛里昂港模型 洛里昂是为东印度贸易而修建的港口城市。路易港东印度公司博物馆藏。笔者摄

责会计、人事以及和政府的交涉，而贸易的实际业务则全部集中在洛里昂，这使得公司能够高效率地开展业务。

这一系列的工作，极大地加强了法国东印度公司的财政和运营基础。在其后四十年中，公司业务获得了长足发展。仅从1720年到1769年的五十年来看，法国东印度公司船只的舾装数量是528艘，英国东印度公司是805艘，荷兰东印度公司是1653艘。由于法国东印度公司的船只几乎都是大型船只，如果用吨位来比较的话，其差距就会更小。再来看下页表中所示三家东印度公司在欧洲销售商品总额的话，就会更加清楚。法国东印度公司虽然远远不及荷兰东印度公司，但是在18世纪40年代和50年代，它已经非常接近英国东印度公司的销售额了。

简言之，法国东印度公司的特征就是：公司和政府实行高度一体化的运营管理；公司具备政府派出机构的性质，在政府的意志和支持下实施运营。正如第九章所述，这与18世纪后半期英国东印度公司也不得不采用的体制是一样的。从这一意义来看，可以说法国东印度公司走到了时代前沿。不管怎样，来自欧洲大国政府主导下的法国东印度公司的大胆挑战，对英国和荷兰的东印度公司形成了巨大威胁。

各东印度公司在欧洲的销售额（单位：里弗尔）

年份	法国	英国	荷兰
1725—1729	7725750	22724000	39074228
1730—1734	13544675	22908000	33976680
1735—1739	14834392	21781000	33171180
1740—1744	19002973	22862000	28775172
1745—1749	4477771	22057000	37797916
1750—1754	21086301	25783000	38394482
1755—1759	9561290	22494000	39910888
1760—1764	10489009	25346000	38963494
1765—1769	14986672	42642000	45206294

本地治里和拉·布尔多奈

法国东印度公司在亚洲设立商馆的方法，与荷兰东印度公司比较接近。荷兰东印度公司设在巴达维亚，法国则设在印度东南部的本地治里。法国东印度公司设在此地的总督府和高级委员会，还负责管辖孟加拉地区的金德讷格尔、马拉巴尔海岸的马埃尔州委员会以及其他商馆[摩卡（Mocha）、巴士拉（Basra）、阿巴斯、勃固（Pegu）等]。由总督和 6 到 12 名委员组成的委员会在统管东印度贸易的同时，还拥有与当地政权及其他欧洲人进行谈判、交战、缔结和平条约的权限。另外，该委员会还拥有本地治里辖内城市的司法权、东印度公司本地职员的人事权等。

关于法国东印度公司的正式职员，根据时间的不同略有浮动，1727 年有 68 人，1747 年为 94 人，1757 年达到 170 人，其中有半数以上在本地治里工作。在这些正式职员之下，还有不少书记官、翻译、仆从等当地员工，其人数不下1000人。

另外，以法国国王只承认天主教的方针为后盾，进驻当地的耶稣会修道士们向总督施加压力，试图在本地治里城里禁止除天主教以外的其他宗教。这一举动在实际执行的过程中引起了很大社会问题。在整个东印度，法国的教士总数不下1000人。在这一点上，与对宗教比较宽容的荷兰和英国的东印度公司统治下的城市相比，可以说是大相径庭。

与英国东印度公司一样，法国东印度公司也允许员工在亚洲地区内开展贸易。因此，大多数职员在阿拉伯半岛和波斯湾，还有中国和东南亚从事私人贸易。在此，笔者顺便介绍一下出生于圣马洛舣装业家庭，后成为东印度公司大副的拉·布尔多奈（La Bourdonnais）。

作为东印度公司的大副，拉·布尔多奈在出发港口以个人名义买入一定数量的商品，免费利用公司的船只装运，在抵达目的地以后于当地销售并赚取利益。刚开始时，他被允许携带的商品进货价格大概是18000里弗尔。1727年，他从圣马洛的银行家、朋友、顾客手里以支付35%的利息、三年后还清的条件进行了融资。之后，他和马德拉斯的英国贸易商人、本地治里的亚美尼亚贸易商人联手，购入了吨位达450吨的"本地治里"号商船。

这艘船的首航是往返于本地治里和孟加拉的金德讷格尔。第二次航行是经过果阿到达阿拉伯半岛的摩卡，然后返回本地治里。十五人投资了第二次航海，其中，九人为东印度公司的员工，另外六人是在印度南部从事贸易的商人，包括两名亚美尼亚人、一名英国人、三名泰米尔人。首次航海的利润是 16%，第二次航海的利润则高达 30%。

拉·布尔多奈铜像　位于圣马洛市内。笔者摄

其后，拉·布尔多奈邀请擅长航海技术的弟弟加入，不断扩大事业。他们相继购进新的船只，在马拉巴尔海岸、阿拉伯半岛，及菲律宾的马尼拉等地从事贸易。"在这个国度，商业机会要多少有多少。最重要的是到印度各地的舾装……基本不用担心损失，遇险的概率也非常低。收益率在 15% 到 50% 之间。但是，不管航海顺利与否，每年的利润率都会有 20% 到 25%。"在寄给圣马洛的银行家的信件中，他写下了上述结论。

1733 年，拉·布尔多奈退出从事长达六年的亚洲贸易，回到法国结婚。在结婚协议书上记录有他的资产，包括海上贸易的出资、外汇、钻石、黄金等合计超过 30 万里弗尔。他一开始到底拥有多少财产不得而知，但是想到他通过贷款 18000 里弗尔并开展亚洲贸易，就知道他确实是通过贸易积累了巨额财产。拉·布尔多奈设想在法国开始新的事业，但没过多久他又作为公司驻波旁岛、法国岛的总督返回印度洋，这一情况将在下一节中再做陈述。

"国旗"的内涵

在第六章中，笔者介绍了耶鲁和丹尼尔·夏丹，加上拉·布尔多奈等人，他们大多数来自西北欧，并在亚洲各地之间的贸易中积累了巨额财富。当然，并不是所有人都能获得成功，在最近的研究中，有学者认为不应该过分强调欧洲人的这种活动。即使这样，未必通晓当地情况，在语言交流和意思沟通上也肯定存在障碍的欧洲人，看上去却能轻易地赚到钱，其原因何在？

与其他地区相比，亚洲之海无疑是一个有利的投资场所。据浅田实的研究所称，17世纪末英国国内商业的收益率通常在6%到12%，大西洋贸易的平均利润率在15%左右，与之相对，孟加拉地区内陆贸易的利润率为20%到30%，而孟加拉、波斯之间的海上贸易收益率则高达50%到80%。在亚洲之海做一次生意就能获得高额利润，这种可能性是存在的。

关于另一个理由，正如法国学者菲利普·奥德莱尔（Philippe Haudrere）所指出的，欧洲船只高挂国旗。国旗显示这艘船拥有强大的大炮，且万一一艘船被袭时，挂着同样国旗的同伴船只会立即实施反击。的确，在印度洋海域这个世界，欧洲船只以外的船只未必一定属于哪一个国家。如前所述，在这一海域，"大陆帝国"对海上贸易和贸易商人漠不关心。当地商人舾装的船只也没有悬挂国旗。把这两种船只的安全性进行比较后，对于贸易商愿意把货物托付给欧洲船只，也就不觉得奇怪了。

从贸易公司向政治势力的转变

17 世纪末，英国东印度公司迎来了深刻危机。1698 年，以承担大规模贷款为条件，英国政府决定把东印度贸易的垄断权转让给其他的新兴企业。老公司的高层玩弄权谋，试图卷土重来。到 1709 年，这一闹剧以新旧两公司合并而告终。新设立的公司名称为"东印度贸易英国商人合作公司"。至此，以一个国家的名义，"英国"首次浮现出来。之后到 1760 年前后的约五十年间，英国东印度公司作为贸易公司展开了最为充实的活动。

另一方面，在莫卧儿帝国的皇帝奥朗则布于 1707 年去世后，南亚次大陆的政局陷入极不稳定的状态。当奥朗则布还在世时，各地就已兴起反对莫卧儿皇权的叛乱，这动摇了其统治秩序。他去世后，宫廷内部发生了激烈的皇位争夺战，这导致莫卧儿帝国的混乱愈发不可收拾。莫卧儿帝国的向心力急速衰败。在东印度公司进入南亚次大陆时就俨然存在的"大陆帝国"，之后虽不断扩大疆域，但至此发生了激烈的动荡。

在这之前，东印度公司相关人士尚对大陆上的莫卧儿帝国的军事力量诚惶诚恐。1686 年，围绕税款的变更，英国东印度公司在孟加拉向莫卧儿帝国发起挑战，但随即被打败。事后东印度公司请求皇帝奥朗则布的原谅，并支付 15000 英镑作为赔偿。

当时，公司总部的显要人物约西亚·查尔德为此狠狠地批评了当事人："结果显而易见！已经叮嘱过你们停止战争，为什么还要挑起如此无谋的战争呢？要把所有精力集中在贸易上。"

"大陆帝国"的权威和秩序发生动摇，绝不是欧洲的东印度公司所希望看到的事态。这是因为，以棉织品为主的商品的生产运输，还有贸易的顺利进行，都需要当地社会保持政治和军事上的稳定；其次，当地各政治势力间的纷争以及由此所引起的无秩序状态，也令保管黄金、白银和贵重物品的商馆和居留地成为袭击对象的危险性大大提高。这一时期，在波斯阿巴斯的荷兰和英国商馆馆长们所感受到的不安，印度各地的欧洲商馆和居留地的负责人也感同身受。

危险的一步　　受当地政局不稳的影响，欧洲东印度公司的商馆和居留地为了确保安全，开始逐步增强军事实力。法国东印度公司在 1740 年从本土派来的士兵只有 400 人，在当地雇用的士兵人数也很有限。但到了 1739 年，马拉巴尔海岸的马埃尔商馆开始有组织地雇用被称为"西帕希"（sipahi，亦称印度兵，sepoy）的穆斯林士兵。1745 年，本地治里采取了同样的政策，法国东印度公司大量招募当地雇佣兵。在欧洲各势力中，这是初次尝试。这一时期增强军事力量，并不是为了"征服印度"，他们只是感到必须要守卫自己的贸易据点。

1740 年，马德拉斯和本地治里附近的阿尔果德行政长官

（nawwab）与德干高原的马拉地人（maratha）争夺势力范围，后被杀害。之后不久，他的儿子当上新的行政长官，重整势力，并欲率军反攻，于是决定把自己的家人和财产托付给本地治里的总督。他认为，法国人建设的要塞固若金汤，防御牢靠安全。当然，在此之前，本地治里的法国商馆和统治周边地区的行政长官之间，早已建立起了友好合作关系。

行政长官此举，让本地治里总督和委员会陷入两难境地。如果接受委托，可以想见马拉地人的军队会包围并攻击要塞。而如果拒绝，马拉地人的军队大获全胜还好说，但要是新行政长官一方打败马拉地军，他绝对不会原谅在危难之际隔岸观火的法国人。进退两难的总督和委员会经过协商，最后还是重视友好合作关系，接受了保护行政长官的家人和财产的委托。

法国人的这一决定得到了好的回报。虽然本地治里的要塞曾一度被马拉地军包围，但由于海上补给充足，要塞防御坚固，没有失守。不久之后，马拉地军只得停止包围，打道回府。行政长官为了表示感谢，把本地治里附近的两个小村庄划给法国东印度公司，并促请莫卧儿皇帝向法国总督颁发了"行政长官"的任命书。在欧洲各势力里，法国人最先成了印度某个地方的"行政长官"。这在当时可以说是令人欢欣鼓舞的事情。但在之后，法国东印度公司已经不能在印度的政治、军事等各大势力的纷争之中独善其身了。支出巨额的军费，原本就不是以追求贸易利润为宗旨的东印度公司希望发生的事情。法国东印度公司自此迈出了危险的一步。不久，英国东印度公司也开始步其后尘。

从"海上帝国"走向"海陆帝国"

卡纳蒂克战争

1740年，欧洲发生了奥地利王位继承战争。英国支持奥地利，法国支持普鲁士。从1744年开始，英法互为敌人并开始了战争。国家之间一旦爆发战争，就断定两国人民也必定交战，这是现代人的想法。而在民族国家诞生之前的欧洲，战争只是由职业军人与雇佣兵组成的国王军队之间的战争，并非各个国王辖内所有人都必须参与的事情。当然，由于爆发战争，税金增加、农作物被军队征用、城市和农田成为战场等情况不时发生。但是，不属于国王军队的人们并不认为自己必须要为国家战斗。"全民皆兵"这一原则的形成，是在19世纪民族国家出现之后的事情。

但是，当英国和法国在欧洲战场开战之后，印度南部的英国东印度公司和法国东印度公司也立即响应，两个公司所属军队之间随即爆发冲突。然而双方都不是国王的军队而是公司的军队，所以也并非必须要开战。支持这种说法的一个证据是，在欧洲与英国一起支持奥地利的荷兰东印度公司，在印度并没有和法国东印度公司交战。英国和法国的东印度公司之所以在印度南部地区开战，只是因为两国之间的战争点燃了两公司那时为争夺

贸易主导权而形成的对立火焰。双方
与当地相互敌视的政治势力各自结成
合作伙伴，从而使问题进一步复杂化。

如前所述，1742 年，约瑟夫·弗
朗索瓦·迪普莱克斯（Joseph Francois
Dupleix）出任本地治里总督，开始正
式招聘印度本地人，将其作为法国东
印度公司的士兵，给他们配发制服，
让他们接受法国士官的训练并服从管
理。这一新式军队在马德拉斯附近的
阿迪尔（Adyar）地区，打败了从受法

迪普莱克斯　本地治里总督，该雕像
收藏于路易港（Port Louis）东印度公
司博物馆。笔者摄

国援助的行政长官手中夺权的阿尔果德新行政长官所率的军队。
这是在南亚次大陆历史上，东印度公司的军队首次战胜士兵众多
的印度王公军队的战役。通过这次胜利，欧洲人清楚地认识到
凭借自己的军事实力也可以在大陆畅行无阻。这一时刻，也可以
说是（欧洲）从"海上帝国"向"海陆帝国"蜕变的决定性瞬间。

正如前节所述，拉·布尔多奈在得知战争开始后，马上以舰
队司令官的名义率领由 9 艘船组成的舰队从留尼汪岛赶赴本地治
里。1746 年，法国军队通过海陆夹击攻打马德拉斯城及其要塞，
最终占领了英国东印度公司在马德拉斯的据点。1748 年，奥地
利王位继承战争结束，奥地利各派势力缔结和平条约，激烈的
战争至此告一段落。马德拉斯也被归还给英国东印度公司。但当

地政治势力之间的对立并未因此偃旗息鼓，反而更加激化。他们分别向英法东印度公司请求援军，这导致两家公司之间的战争状态依旧持续。之后一直断断续续进行到1761年的这一系列战争，借用作为主要战场的卡纳塔克邦（Karnataka）的英语地名，被统称为"卡纳蒂克战争"（Carnatic Wars）。

法国东印度公司的极限 在战争的前半段，迪普莱克斯巧妙运用各种战略战术，法国及其同盟军保持了优势。各地统治者为了感谢法国的援助而提供了丰厚的酬金，因此，在法国人中，出现了不依靠贸易而是通过做出军事贡献来得到巨额财富的人。此外，也有人从扎吉尔（Jagir）地区获得当地的税收。迪普莱克斯在给女婿的信中写道："在我们的朋友中，很多绅士创造了令人无法相信的巨大财富。"法国军人被派到印度南部和德干高原的王公宫廷中，负责开展军事训练。自此，在印度南部地区，法国东印度公司的影响得以快速扩大。但到了1753年，当地的形势又发生了剧变。

让我们来看一下，在这一年中，法国东印度公司总部所谓"国王的官员"给迪普莱克斯所下达的指示：

> 一般来说，在这里比起征服，和平更值得赞赏。我们不需要如此辉煌的战果。我们希望有能更安心开展贸易的局面。为了保护或帮助贸易活动，只要有几个据点就足够了。我们不需

要胜利或者征服。公司应该关注如何获得更多的商品和促使薪水进一步提升。

由此可以看出,巴黎总部的执行部门认为不管怎么说,东印度公司到底只是一家贸易公司。贸易公司的本职工作是通过开展贸易来确保收益。花费巨额资金的军事行动如若不是促进贸易所必须的话,就应该尽量避免。在 1750 年,公司雇用的士兵人数已经达到 3000 人,这与十年前相比,人数膨胀到四倍以上。他们的工资和武器供应成为公司财务的巨大负担。使用公司兵力介入当地政治势力的纠纷,公司员工因此增加其个人财产等事情,在公司领导层看来是荒谬且难以原谅的行为。第二年,迪普莱克斯被解除总督职务,奉召回国。至此,对法国东印度公司有利的局面,随着军事天才迪普莱克斯的出局而丧失,再也无法挽回。

普拉西战役

在印度最大的粮仓、高级棉织品产地孟加拉,1756 年锡拉杰·达乌拉(Siraj al-Dawla)继承祖父职位,担任行政长官。他对在自己领地中构建要塞、享受特权并且肆意开展贸易活动的西北欧的东印度公司非常不满。于是,他突然采取过激的行为,要求荷兰、法国的东印度公司上缴高额税款,并攻占了英国东印度公司设在加尔各答的要塞。

听闻孟加拉局势急变的马德拉斯派遣第二次赴任且从英

罗伯特·克莱武　在普拉西战役中率领英军获胜的指挥官。*British Historical Portraits*

国刚刚抵达当地的罗伯特·克莱武（1725—1774）率领部队紧急赶赴孟加拉。在之前的卡纳蒂克战争中，克莱武曾率领处于劣势的英国东印度公司军队，在一些地方打败了法国东印度公司的军队，堪称公司的战略家。在从行政长官的军队手中夺回加尔各答要塞之后，1757年6月23日，克莱武率领3000名士兵在普拉西平原和锡拉杰·达乌拉率领的5万大军对决，并大败对手。在兵力如此悬殊的情况下还能打胜仗，实在令人钦佩。实际上，这也是一个必然的结果。早在开战的两周以前，行政长官的叔父、担任军队司令官的米尔·贾法尔和克莱武之间就已经串通好，决定废除行政长官的权力，由米尔·贾法尔本人任新的行政长官。所以在战场上，作为行政长官方面的主力，米尔·贾法尔率领的骑兵团却按兵不动。战败后，锡拉杰·达乌拉随即逃回首都穆西达巴德，之后被抓获并遭杀害。

在战争结束之后，按照之前的约定，米尔·贾法尔成为新的行政长官，并答应支付175万英镑给克莱武，以作为占领加尔各答的赔偿金。克莱武的一个朋友明白事态已发生变化，他在1758年做了如下结论："不能把他们看成单纯的贸易商人，他们已经成为印度的主人。"以这场战争为界，英国东印度公司的性质发生了很大变化。在这场战争之后的三年间，克莱武一直驻守在孟加拉，为了垄断硫黄和鸦片等生意，他不断和当地行政长官签订对英国东印度公司有利的协议，最后作为英雄胜利回到英国。其间，他通过英国和荷兰的东印度公司的商馆，将自己得到的巨额钱财以支票的形式送回欧洲。其总额仅账目清楚的就已超过31.7万英镑。当时，东印度公司书记的年薪仅34英镑，孟加拉总督的薪酬也只有2300英镑，英国本土大银行家的年收入也不过2600英镑，据此来比较，他的财产已经是令人吃惊的天文数字。后来，英国国内掀起了批判克莱武的运动，其理由就是这些超出常规的财富积累。

在日本国内，人们一般把普拉西之战看成英国东印度公司军队打败法国和孟加拉行政长官的联军，赶走了法国势力，并认为它是英国在印度正式建立殖民统治的契机。但这种说法只不过是我们依据后来发生的一连串事件所得出来的"确实是这样"的结论。在此之前的几年里，孟加拉地区各大势力对立的基本结构并非英国对法国，而是英国或者欧洲各势力对当地行政长官。在普拉西战役中，法国东印度公司的确派遣了援军，但只有屈指可数的40人，怎么也算不上是联军的规模。在这场战争爆发的四个月前，法国在金德讷格尔的要塞被克莱武率领的英国东印度公司军队和舰队海陆夹击，迅速投降。但这场战斗是1756年在欧洲开始的七年战争中克莱武与本国战争内外联动的行动，因此，最好不要把法国东印度公司的衰退和普拉西战役连在一起来看待。

法国东印度公司的主力部队在印度南部仍然支撑了一段时间。1758年，法国人甚至包围并攻击马德拉斯。但由于公司资金枯竭，加之本国支援不足，1760年1月，法国东印度公司军队最终在文狄瓦西战役（Battle of Vandavasi）中遭到英国东印度公司的决定性打击。在英国和法国东印度公司之间的军事对决中，这场战役可谓意义重大。第二年，本地治里沦陷，法国东印度公司带来的挑战告终。

孟加拉的领主

在普拉西战役之后，行政长官米尔·贾法尔为了对抗孟加拉的内外反对势力，需要借助英国东印度公司的军事力量，因此不断加强和公司的同盟关系。克莱武和公司的负责人认为既然提供了军事力量，那得到相应的回报也是理所当然的，随即采取干涉孟加拉内政的方针，以使自己处于更加有利的地位。在孟加拉的英国东印度公司，最终从贸易公司蜕变成拥有军事力量的一大政治势力。

1759年，荷兰东印度公司为了保持其影响力从巴达维亚派兵前往孟加拉。远征成功原本必须要有4000人的兵力，结果只派了不到1000人，加之荷兰方面的战术极差，使得英国东印度公司在荷兰发动进攻之际即一举打败荷兰。这一胜利让英国东印度公司凌驾于其他欧洲国家的东印度公司之上，其在孟加拉境内的政治、经济、军事影响力快速增强。

1765 年，第三次来到印度的克莱武和行政长官之间签署了新的"阿拉哈巴德（Allahabad）协定"，该协定禁止行政长官拥有军队。英国东印度公司还获得了孟加拉及其周边的比哈尔（Bihar）、奥里萨（Orissa）等三个邦的财政部长职务（diwani）。这一职务主要负责税款的征收及其支出。对于收缴得来的税款，公司把固定的份额送交给莫卧儿宫廷和行政长官，剩余的部分可以自由用于自己的相关活动。如果为英方的主张做代言的话，就是："解散不起作用的军队，可以依靠英国东印度公司和我们的士兵。作为交换，我们军队的薪水从孟加拉的税款中支取。"

早在普拉西战役之后，克莱武就已经从行政长官那里获得了被称为扎吉尔的领地，当地年均 28000 英镑的税款都进了他自己的腰包。东印度公司的一名职员成为印度的"领主"，其影响举足轻重，公司内部就其正当性也一直存在争议。但在签署"阿拉哈巴德协定"之后，公司自身也摇身一变，成为孟加拉的"领主"。

即便如此，为什么克莱武仅凭普拉西战役一次胜利就能得到扎吉尔？就算进行了军事援助，为什么英国东印度公司就能如此简单地成为"领主"？各位读者难道不认为其中疑点颇多吗？他们并非以武力取胜，只是从行政长官那里得到了赏赐。这一点，与法国东印度公司在印度南部的情况一样。

对于这一问题，我们能否从第二章中有关印度洋海域王权的理论中得到答案呢？自古以来，对于给自己做出某些贡献的人或团体，南亚、西亚等印度洋海域的王权不管其宗教或民族，都会给予其很多恩惠。以伊朗籍的移民成为国王的宰相为代表，从南亚次大陆以外地区移居此地的人身居高位或占据重要职位的人不在少数。当预见到自己领地内的港口城市能够获得发展，也有统治者把港口城市关税收入的一半赠给英国东印度公司的情况。德川幕府时期的日本，也没有明显的内外区别，外国人也能融入当地社会，这显示了统治者的"胸怀宽厚"。换言之，这个地区王权的特征在于统治人而非领地。

从这个意义上来说，我们就能理解新行政长官的行为了。他在克莱武和英国东印度公司的帮助之下当上了行政长官。虽说他们是外国人，但给他们相应的赏赐也是自然的。行政长官只是遵从印度洋海域王权的传统伦理，按惯例将某地的税收作为赏赐，赠给了克莱武和英国东印度公司。

但随着时代的推移，双方的军事实力出现了很大的差距。如果没有英国东印度公司的武力援助，行政长官已经到了不可能统治其领地的地步。更有甚者，在英国东印度公司的背后，还有逐渐演变为现代主权国家的英国这样一个国家。将领土经营和管理委托给英国东印度公司，实际上也就等于将其领土赠给英国这个主权国家。以现代观点来看，行政长官所给予英国东印度公司的，已经不单纯是与之前同样的恩赐。

东印度公司与亚洲之海

英国东印度公司的蜕变

对于获得财政部长这一职务，克莱武如下自吹自擂：

纯利润高达 165 万英镑。即便全部购进印度出口的商品和中国的特产品，并且满足了印度其他地区商馆的要求后，还能剩下相当多的金额。

在通常情况下，到东印度从事贸易的商人要带着白银来购买商品。在获得财政部长这一职位以后，英国东印度公司已经不需要再搬运白银。公司连一比索都不需要运送，即可开展我们的投资，支付行政和军事相关费用，并将众多的白银送往中国。自从获得财政部长职位以来，属于行政长官的权力已全部转移到了东印度公司，行政长官那里只有名义上的权威。

如果能像克莱武所说的那样，这确实是一件天大的好事。但话又说回来，作为一家理应追求贸易利益的贸易公司，却站到了能够左右他国统治者地位的立场上，甚至连税款都能收入囊中，这真的是一件好事吗？虽说如此，在印度棉织品的最大产地孟加拉，公司拥有超强的实力，在商品买卖和关税等方面占据有利地位，并拉开与竞争对手法国和荷兰东印度公司之间的距离，这难道不是件大好事吗？克莱武，干得漂亮。在得到协定签订的消息之初，公司领导层的大部分人都做出了同样的反应。在七年战争获得胜利之后，英国在北美和印度南部与法国的战争有了大致的眉目，当时的伦敦群情激奋，士气高扬。克莱武在印度获得的成功，无异于锦上添花。

但是，公司领导层很快明白了这一"壮举"的真正含义。对于由贸易公司开始向拥有领地的政治权力转变的现实，以及由此出现的英国政府和公司关系的变化，他们早晚会尝到苦果。

荷兰东印度公司的衰落

亚洲区域内贸易的变化　　　　　在以印度为舞台，法国东印度公司快速成长并与英国东印度公司不断爆发军事冲突的 18 世纪中叶这段时间，作为最大的贸易公司的荷兰东印度公司到底处于一个什么样的状态呢？在此，我们进行一个简单的归纳。

17 世纪初叶到中叶，荷兰东印度公司在亚洲之海的活动看起来顺风顺水。他们控制了高级香料产地的马鲁古和班达群岛，在台湾建立了贸易基地。另外，他们还垄断了对日贸易，并在锡兰成功地设立了与巴达维亚齐名的中心据点，并在印度各地建立了贸易据点。通过网络将为数众多的商馆连接在一起，并在亚洲地区内开展贸易，这凸显出荷兰东印度公司的商业特征。由于在日本和波斯获得了黄金、白银和铜，所以与英国东印度公司不一样，荷兰东印度公司没有必要从荷兰国内运出大量贵金属。公司只需要使用亚洲境内的贵金属，就能在一定程度上购买印度棉织品和中国的瓷器、生丝等亚洲各地的特产。

荷兰对亚洲贵金属出口额的变化（单位：荷兰盾）

17 世纪	贵金属出口额
1602—1609	5207000
1610—1619	10186000
1620—1629	12360000
1630—1639	8500000
1640—1649	9200000
1650—1659	8400000
1660—1669	12100000
1670—1679	11295000
1680—1689	19720000
1690—1699	28605000
小计	125573000

18 世纪	贵金属出口额
1700—1709	39275000
1710—1719	38827000
1720—1729	66030000
1730—1739	40124000
1740—1749	38275000
1750—1759	58396000
1760—1769	53542000
1770—1779	48317000
1780—1789	47896000
1790—1795	16972000
小计	447654000

在此可以举一个 17 世纪后半期的例子。荷兰东印度公司在长崎买进日本的棹铜，并将其运到印度东南部的科罗曼德尔海岸地区，以交换当地的棉织品。之后，他们又把棉织品带到东南亚各地，换取当地的胡椒、香料、染料、鹿皮和鲨鱼皮等。这其中的一部分被运往欧洲，鹿皮和鲨鱼皮则被运到长崎再次交换当地的铜。而每一次交换，都能获得相应的利益。通过这一贸易系统，在 17 世纪中叶，暂且不说欧洲和亚洲之间的贸易，仅依靠亚洲地区内的贸易也能让公司获得足够的收益。从这个意义上来说，在长崎开展对日贸易对于公司来说极其重要。正因为如此，荷兰人才会接受德川幕府的无理要求并忍受屈辱。

但到了 17 世纪 80 年代，亚洲地区内的贸易情况发生了巨大变化。首先，台湾商馆被郑成功夺回，公司丧失了对华贸易据点。而日本的德川幕府采取了限制贸易数量的政策，令荷兰人难以从日本大量运出白银和铜。此外，印度棉织品在欧洲大受欢迎导致其价格高涨，而把这些高价的棉织品运入物价便宜的东南亚也很困难。加之进入 18 世纪以后，波斯政局不稳，荷兰人要想从当地出口金银也变得不可能。在上述背景下，1689 年到 1700 年这段时间之后，公司的亚洲地区内贸易出现赤字。为了购买亚洲商品，公司不得不从荷兰国内带出贵金属。如上表所示，自 17 世纪 90 年代以后，荷兰贵金属的出口量大幅增长。相对于其他国家的东印度公司，荷兰东印度公司的优势之一就这样消失了。

犹豫不决的领土扩张

在巴达维亚所处的爪哇岛，公司介入马塔拉（Mataram）王国和万丹王国的内部纷争，竭力让对公司活动抱有好感的君主上位。另外，公司还试图把爪哇岛内陆地区和北部沿岸地区的交通运输的主要据点都置于自己的统治之下。到18世纪中叶，公司成功地把爪哇西部及巴达维亚的内陆地区，加上爪哇岛北部沿岸地区都纳入直辖领地。公司采取这一系列政策的目的在于保证贸易安全、确保蔗糖等新贸易商品的生产，而并非为了税收来统治上述地区。但就结果而言，麻雀虽小五脏俱全，荷兰东印度公司最终还是成为了一个拥有马鲁古群岛、班达群岛，再加上部分爪哇岛的"领土国家"。

荷兰历史学家格斯塔（Gaastra）将此称为"犹豫不决的领土扩张"。这与英国和法国公司的情况一样，维持领土所需的士兵和武器弹药等的军事费用是一个沉重的负担。对于贸易公司而言，领土保有未必是件可取的事情。进入18世纪后，巴达维亚的卫生状况显著恶化，欧洲人大部分死于疟疾等热带传染病，公司为补充守卫领土所需的士兵而苦恼。解决方法只能是在当地招兵，自此，在东印度公司的士兵中，来自东南亚海岛地区的人占了大部分。

本国十七人会和巴达维亚委员会成员中的大部分人都认为，东印度公司是以贸易为主的贸易公司，所以不应该盯着扩大和维持领土。这一理论和法国东印度公司的情况是一致的。荷兰东印度公司并不是凭自己的意志踏上"领土国家"这一道路的，此外，不得不接二连三地与法国、英国开战的荷兰国内，也没有余力来认真考虑这件事。

　　由于在东南亚的直接军事行动并不是很多，至 18 世纪中叶，荷兰东印度公司以英国和法国公司在印度南部地区爆发战争为契机，发展成为西北欧各国东印度公司中拥有最大贸易量的公司。但到了 18 世纪后半期，这一情况也发生了急剧的变化。

第九章

东印度公司的终结和亚洲之海的变化

英国东印度公司的艰难处境

波士顿倾茶事件

1773 年 12 月 16 日，在北美殖民地马萨诸塞州的港口城市波士顿，爆发了象征美国独立革命开始的著名事件。殖民地独立激进派的塞缪尔·亚当斯率领约 60 名殖民地"自由之子"化装成原住民印第安人，袭击了停泊在岸边的东印度公司的三艘商船，将 342 箱、总金额超过 18000 英镑的茶叶倒入大海。这就是所谓的"波士顿倾茶事件"。

导致该事件发生的直接原因是该年 6 月英国议会制定的《救济东印度公司条例》。这一条例为了挽救财务状况恶化的英国东印度公司，给予公司不经由英国本国而直接把茶叶运入殖民地进行销售的垄断权利。另外，对殖民地进口茶叶的税率也大幅降低。对于已经进口到英国的茶叶，甚至允许返还其进口税之后进行再出口。

这一时期，就算在北美殖民地，中国的茶叶也成了居民的必需品。英国东印度公司先把茶叶暂时进口到英国，有时要支付超过 100% 的高额关税，然后再支付出口税，之后运往北美殖民地。因此，北美殖民地居民要想从宗主国英国正式购买茶叶的话，不得不支付超过英国本土的异乎寻常的高价。根据上述条例，东印度公司得到进口税的返税，而且可以将库存茶叶送到殖民地，殖民地居民也能喝到物美价廉的茶叶。所以，这对双方来说应该都是好事。英国首相腓特烈·诺斯如是考虑。

但是，对于殖民地居民而言，进口商品的赋税由英国人肆意决定这件事情本身就是不被认可的，这不是税款的多寡问题。强制从英国东印度公司购买茶叶这种"垄断"式销售也是一个问题。并且，在波士顿通过走私茶叶来维持生计的居民也很多，他们逃过英国的高额关税，以较为便宜的价格购进荷兰和瑞典的东印度公司以及法国商人运入欧洲的茶叶，然后再运往北美殖民地。是否接受上述条例，对他们来说是性命攸关的大事。上述背景叠加之后相互影响，最终引发了历史上著名的波士顿倾茶事件。

以该事件为契机，北美殖民地试图从英国独立出来，但这和本书的主题没有直接关系。在这里值得注意的是英国政府不得不救济"财务状况恶化的英国东印度公司"这一事实。仅仅在该事件爆发的八年前，克莱武在获得孟加拉的财政部长职位之后，不是还在夸耀如此丰厚的税收为公司的财政做出了巨大贡献吗？那么，英国东印度公司为何竟然沦落到需要政府救济的境地呢？

东印度公司的财政危机　东印度公司在数年之间就陷入财政危机，原因有如下几个。第一，股份的分红比例太高。由于公司成为印度的"领主"，英国本国的投资家预计公司的税收会带来很大收益，继而争相购买公司的股票。这导致东印度公司的股份成为投机对象，股价大幅上涨。而股东们也期待获得更高的收益，纷纷要求公司增加分红比例。因此，分红比率从之前的7%—8%上涨到1771年的12.5%。由于分红比例过高，导致公司为支付如此高额的分红而陷入困境。

第二，作为东印度公司主打商品的中国茶在北美殖民地滞销也是一大原因。在七年战争结束后，殖民地居民拒绝支付自宗主国而来的茶叶进口税，并抵制东印度公司的茶叶，改从荷兰和法国走私茶叶。面向北美殖民地并暂时进口到英国的茶叶变成了滞销商品，但东印度公司还不得不向英国支付高额的进口关税，据说金额超过100万英镑。英国政府出台前述条例，就是为了将公司从危机中挽救出来。

第三，最大的原因在于，公司虽然在印度成为"领主"，但事与愿违，这并没有带来相应的收益。在1756年获得财政部长职位意味着什么？英国东印度公司总部的高层领导们没能很好地理解这一点。他们虽然擅长贸易公司的经营，却缺少在印度实际工作的经验，也不了解当地的实际情况。

实际上，得到财政部长职位这一件事，意味着能够统治2000万人口，征收300万英镑的税收。当时，英国东印度公司每年从印度出口的棉织品总额大约为100万英镑，而2000万人口比当时的英国人口还要多。在语言习惯都不同的异国他乡，怎样才能既不招致当地居民的反感又能高效地征收税款，继而提高公司收益，这一点非常重要，但公司总部却没有人能够提出具体可行的方针政策。其中，竟然还有人天真地相信克莱武的话，以为即便放任不管也能轻而易举地获得丰厚的利润，使公司财源滚滚。在不断从孟加拉送来的有关最新情况的报告面前，公司总部的经营决策层完全手足无措。

当然，税款并不是什么都不做也能自动冒出来的。孟加拉商馆必须每天马不停蹄地工作。不管是沿袭之前的方法还是采用新的方法，为了征收税款，必须要建立与之相对应的精密的组织结构，配备相应的职员。由于距离当地路途遥远，往返一次也需要一年以上的时间，伦敦总部无法做出适时的判断。因此，即便出现问题，在孟加拉的商馆也无法事无巨细地向伦敦总部请示。在多数场合，加尔各答的商馆馆长和高级商务员处理问题只能随机应变。

征税和统治的关系互为表里。要想征税，就必须维持和维护社会的稳定和安宁，创造人们能够交税的环境。在掌握当地实际情况的基础上，公司需要任命具体负责征税的人员并建立信任关系，建立相关账簿并开展复杂的会计业务。只是推进这些基础性工作都需要花钱，何况在印度南部爆发了英—迈索尔战争（Anglo-Mysore war），公司在印度北部与马拉地势力持续处于敌对状态。为了开展这些军事行动，需要负担庞大的开支，而这些军费必须由公司自己承担。

恰在同一时期，1770年，孟加拉发生了近25%的居民饿死的大饥荒，导致东印度公司的征税活动极度困难。此外，东印度公司在当地的职员滥用职权，攫取巨额的私人财产，这也使得公司没能收到既定的税额。例如，有人通过故意减少纳税者的纳税额来收取回报，有人和纳税者暗中勾结将部分税款中饱私囊等，不择手段。这些非法勾当是有组织地进行的，但从表面上看却又是合法的，所以在伦敦很难对此进行检查或审查。一些富裕的东印度公司职员或当地的自由商人为了汇款回国，在孟加拉汇出了须由伦敦的东印度公司总部兑现的巨额支票，但总部就算收到支票也无法支付相应的现金。另外，公司从英格兰银行的贷款数额剧增，却没有还贷的时间表。

上述原因相互交错纠结在一起，导致公司财政状况迅速恶化。虽说这是一家民间贸易公司，但在政府的权贵中，有很多是东印度公司董事的朋友或公司的股东。此外，自新旧两家公司合并以来，东印度公司变为政府的债权人，其健全的财政运营和

沃伦·黑斯廷斯　首任孟加拉总督。
British Historical Portraits

英国经济的沉浮变得密不可分。概言之，对于公司出现的困难情况，英国政府不可能视而不见，其结果就是前述《救济东印度公司条例》的出台和1773年腓特烈·诺斯首相颁布的限制法案。

根据这一限制法案，政府给濒临破产的公司贷款140万英镑，规定股票的分红比率为6%，公司暂且摆脱了危机。但作为交换条件，其后英国政府对东印度公司的运营开始发挥一定的影响力。之前东印度公司在印度的活动，一直是由孟加拉、马德拉斯、孟买三地总督府分别运行，但此后改由孟加拉总督来统揽全局，总体负责。这是基于以下考虑，即伦敦总部作为行政机关不可依靠，当地发生事情和伦敦联系处理的时间过长，东印度公司有必要在当地实行统一的行政管理。沃伦·黑斯廷斯（Warren Hastings）担任首任孟加拉总督，在他强有力的指挥下，公司对印度的统治逐渐步入正轨。

亚当·斯密对东印度公司的批判之———垄断贸易

作为古典经济学派的鼻祖，亚当·斯密（1723—1790）在1776年出版了其名著《国富论》。正当社会上为东印度公司的财政问题闹得满城风雨的时候，亚当·斯密正在确定其著作的框架。

不出所料，他在书中对东印度公司进行了辛辣的批判。批评的内容涉及很多方面，但大致可以分为垄断贸易公司的形态、营运方式和员工腐败等方面。对此，我们依次进行讨论。

像东印度公司这样的垄断企业在所有方面都是有害的，设立此种企业的国家或多或少蒙受了损失，而被统治的人民却遭到了毁灭性的打击。

对于亚当·斯密而言，他主张自由放任主义市场经济才能让国家和人们富裕起来，但却存在像东印度公司这样由国家授予特权的垄断贸易公司，这是断难认可的。据他所说，当某个公司垄断贸易时，会产生两大弊端：一是如果允许自由贸易，商品会非常便宜，但在垄断贸易中却以高价在销售；二是大多数人民被排斥在高收益且合适的行业之外。

本来，亚当·斯密并不是从一开始就否定东印度公司。

几个商人合作，自负盈亏自担风险，在遥远的地方和未知的国家开展贸易，政府承认其成立股份公司，并在成功后数年的时间内赋予其贸易垄断权，这不能说是不正当。甘冒风险，并且愿意花费大量金钱进行尝试，如果其后能为整个社会带来利益的话，作为国家回报其敢于尝试的方法，在一定期限内给予其垄断权，这也是最简单、最自然的……但一旦超过规定期限，就应该中止这种垄断。如果判断有必要建立要塞和守备部队的话，政府可以接手，在向公司支付相应费用之后，应将贸易向全体人民开放。

也就是说，在东印度公司成立之初，可以承认其数年的贸易垄断。但问题在于，公司自创立以来，已经经过了一百七十多年，现在还在进行着垄断贸易。亚当·斯密所提倡的自由贸易这一观点，不久便在知识分子、政治家中形成了多数派，政府也采取了这一政策建议，在19世纪前半期宣告了东印度公司的终结。

亚当·斯密对东印度公司的批判之二——统治印度

亚当·斯密的另外一个批评是，东印度公司对印度的统治面临一个根本性的矛盾。原文比较冗长，现简单归纳如下。

亚当·斯密认为，东印度公司在统治印度的过程中，依然没能摆脱商业公司的经营模式，这是一个问题。对此，他做了如下论述：

作为印度统治的主权者，东印度公司应该力求增加在印度的收入。为此，应尽最大努力在印度扩大产品的生产，增加当地居民的收入，并尽量为这些产品确保更大的市场，认可自由交易增加买方市场，提升市场的竞争性，并废除运输和进出口的限制。但是，东印度公司依然把商品买卖看成自己的主业，公司从商人的立场出发，仍然希望能在印度高价卖出欧洲的商品，继而低价购买印度商品。从根本上来看，这与印度主权者的立场是矛盾的。

对此，亚当·斯密进行了猛烈的批判，"就算商人的公司统治他国，但他们好像并没有认为自己是主权者"，"比起在普通业务中以主权者的立场来获取永久性的巨大利益，他们却优先考虑以垄断商人的立场来得到一时的蝇头小利"。

另外，亚当·斯密还详细地批评了垄断公司职员的腐败行为，意味深长。管理某个地区耕地的职员命令当地农民把罂粟田改成水田，或发出相反的命令，这是为了适应当年的鸦片供给量而调整同年的罂粟生产，和荷兰东印度公司在马鲁古群岛种植高级香料的方法如出一辙。该职员的这种行为，是本人进行私人贸易并通过销售鸦片来中饱私囊，但作为印度主权者的公司职员而言，只能说是一种严重的失职行为。

亚当·斯密的尖锐批判，一针见血地指出了东印度公司及其职员统治印度的问题的关键所在。东印度公司管理层也没有进行有效的批驳。如下所述，在《国富论》出版后不到十年的时间里，东印度公司的组织和运营方法从根本上得到了改变。由于成为"领主"，东印度公司失去了作为民间贸易公司的自由。

《国富论》的局限 在阐述这件事之前，要概述一下亚当·斯密的《国富论》的局限，那就是他把国家当作一个普遍的概念来进行讨论这一点。"一国国民每年的劳动，

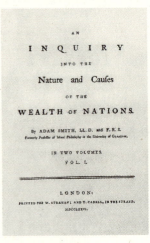

《国富论》初版的扉页

本来就是供给他们每年消费的一切生活必需品和便利品的源泉"，"让人们和国家富裕起来，是政治经济学的目的"，"作为主权者的第一要务，是保护自己的国家不受他国的暴力和侵略，而为了实施这一主要义务，军事力量是不可或缺的"。这些论述的前提是"主权国家"。此外，在18世纪后半期的英国，把人民当作主权者的"民族国家"的概念已经日渐清晰。

另外，亚当·斯密把中国和印度也看作"国家"，并将其与欧洲各国放在同样的平台上来进行分析。但是，对于他所生活的时代的中国和印度，将其认为是与欧洲各国同样的"国家"，即主权国家，这是否得当？有关印度洋海域政治权力对海外贸易和其他地区居民的态度，本书时有提及。在这一地区，当时还没有"主权国家"的概念。另外，由于没有严格区别"本国人"和"外国人"，所以"民族"这一概念也不成立。至少可以这样认为，政治权力的统治领域和"民族"还没有完全重合。在亚当·斯密的时代，存在"主权国家"的，或许只有西北欧等国。因此，亚当·斯密以主权国家普遍存在为背景而构建的理论，在多大程度上是有效的呢？从批判的视角来看，我们有必要重读《国富论》，并对其内容和理论进行论证。

东印度公司与亚洲之海

《印度法》的出台 1784 年，英国首相威廉·皮特（William Pitt）主导制定了《印度法》，使东印度公司和国家的关系发生了根本性变化。在这部法律出台之前，亚当·斯密为《国富论》新添了一文。

> 当前（1784 年），东印度公司陷入了前所未有的经营危机，为了避免迫在眉睫的倒闭，已经只能申请政府援助了……在议会各党派的任何一个计划当中，好像都一致认为东印度公司完全不适合统治领土。公司内部也自认为没有此种能力，想委托政府进行管理。

尽管有腓特烈·诺斯首相颁布的限制法案，但过了十年之后，东印度公司再次迎来了财政危机。与之相反，在东印度公司职员中，却有一些人在短期内搜刮了令人难以置信的财产回国，他们被称为"在印度发财的欧洲人"（nabob），过着优雅的生活。这一时期，英国军队在美国独立战争中陷入苦战，而在印度有很多人饿死，很多人对公司到底要在印度实行什么样的统治产生疑惑。从这一层意思来说，当时东印度公司的唯一选择就是接受政府管理。

根据《印度法》的规定，英国成立了一个由国王任命的委员会。通常情况下，该委员会被称为"管理委员会"或者"印度委员会"，负责对东印度公司在印度的有关税收的民政、军事、商业活动进行监督、指导和管理。在该委员会下面，东印度公司的董事会依然像从前那样开展正常的业务。但是，印度总督和司令官的任命必须得到国王的批准，从印度寄来的信件和董事会寄往印度的信件，必须将其复印件提交给委员会。董事会给印度寄信时，需要得到委员会的许可，如果委员会要求变更内容的话必须做出回应。为了防止公司职员通过不正当渠道敛财，《印度法》还规定，职员以礼品的名义接受的金钱和有价物品将全部被认为是业务上的不当所得，并要受到相应的惩罚。

概言之，自《印度法》颁布之后，东印度公司的运营在法律上被置于英国政府的监督之下。可以说，自成立以来作为民间贸易公司的东印度公司的历史，在这一时刻落下了帷幕。如前所述，当时东印度公司的运营体制和法国东印度公司建立以来所采取的体制非常相似。在研究英国和法国两国政治制度和政府的历史作用的时候，这是不能遗漏的颇有深意的一点。

垄断贸易公司的终结

虽说政府参与了公司的运营，但在其后的三十年间，垄断东印度贸易的公司把东印度的商品带回销售，并把英国的商品出口回去。公司在印度直接统治的地区不断扩大，尽管有亚当·斯密的批判，但是依然保持着矛盾的性质，一边进行统治，一边从事商业活动。

这一时期最重要的进口商品是中国的茶叶。在《印度法》出台的同一年，茶叶的进口税率从 119% 骤降到 12%，这导致茶叶的进口量暴增。之前，东印度公司从本国带出白银购买茶叶，但此时所带出的白银已经不足以购买如此多的茶叶，自开始正式统治印度起，带着在印度种植和生产的鸦片来交换茶叶的情况越来越多。公司自1773年以后，获得了印度领地内鸦片生产的垄断权。众所周知，这在之后给中国社会带来了严重的鸦片祸害，为鸦片战争埋下了伏笔。

但是，在18世纪末，一些变化显示了东印度公司这一持续了两百年的公司开始与时代不相容，并且这些变化在英国社会已经表现得非常明显了，那就是产业革命的开始和自由贸易的主张。随着产业革命的发展，英国从18世纪末期开始能够大量生产价廉质优的棉织品。自然而然地，海外对英国制造的棉织品的需求也逐渐增大。资本家数量不断增加，他们的政治影响力也日益增强。在这些资本家中间，希望投资亚洲贸易的资本家对东印度公司垄断东印度贸易的现状进行了强烈的批评，他们要求进行自由贸易。亚当·斯密的唯有自由贸易才是富国之路的理论对此起到了推波助澜的作用。在公司诞生的17世纪初，"垄断"贸易的方法还是一种常识，但在不知不觉中已经落后于时代的发展了。

在和政府实现一体化之后，公司没有自行决策权，其运营方式也只能遵从政府的方针。每过二十年国王的敕命到期，议会都会就重新审查东印度公司的特权和运营方式进行讨论，公司正在阶段性地丧失作为垄断公司的性质。1793年，部分印度贸易实现了自由化；1813年，与印度的垄断贸易宣告终结，公司实行垄断贸易的对象只剩下对华贸易；1833 年，同中国的垄断贸易也告终止。至此，公司的商业活动全面停止。之后，作为国家派出的印度统治机构，东印度公司又存续了二十多年。虽说拥有公司的名称，但已经完全不同于我们所知道的贸易公司，只是领土统治的一个机构了。

法国和荷兰东印度公司的解散

法国东印度公司的解散　　如上一章所述，法国东印度公司是由法国政府主导设立的。公司得到了政府在资金援助、水手征集、王室海军军用木材使用、关税减免等各方面的优惠政策，唯有如此，才有可能一举挽回比英国和荷兰东印度公司晚起步的不利局面。对于过去的历史，"假如"是一个禁忌。但假如在 18 世纪 50 年代初，公司高层积极谋划从商业公司向印度领主势力转变，并把领土经营交付法国政府的话，也许之后出现的就不是英属印度而是法属印度了。这是因为法国政府在对公司的经营负责这一点比英国先行一步。

可是，政府的庇护也会带来一些缺陷。第一是民间资本未必能充分集中，第二是假如法国政府陷入财政危机或政府不再关注东印度贸易，公司就会陷入严重的危机之中。

在 1756 年到 1763 年的七年战争期间，这一弱点浮现出来，结果对公司造成了致命伤。位于欧洲大陆的法国基本上是一个陆军大国，海军比较弱小。因此，法国东印度公司的船只在海上未能得到海军的充分保护，不时受到英国海军的攻击，要想安全顺利地将补给品送到印度是一件非常困难的事情。这是法国东印度公司军队在印度南部地区陷入苦战的原因之一。此外，法国政府在七年战争中败北之后，不得不支付高额的赔偿金，没有余力给东印度公司拨付资金。要想维持公司的经营，必须要有流动资金，但在17世纪末期的巴黎，还没有像位于伦敦的英格兰银行那样的独立稳定的金融机构，因此公司的资金筹措转眼间陷入困境。政府也没有余力救济东印度公司。18世纪50年代初，在印度南部甚至有过赶超英国东印度公司势头的法国东印度公司，却在1769年草草收场，停止了经营活动。

在此之前，以从事西印度贸易的商人为首，考虑投资国外贸易的人们一致向政府请愿，要求终止东印度公司的垄断贸易，认可限制较少的自由贸易。东印度公司的废止，与这些人的诉求也有一定关系。1775年，从法国本土到毛里求斯群岛的东印度贸易正式实现自由化，从毛里求斯群岛到印度、中国之间的贸易则依然被垄断，尽管如此，在自由贸易的范畴中，法国领先于英国。在1787年之后，法国商业资本家在东印度贸易的总额已经发展到超过荷兰东印度公司的程度。但是，这种活跃的贸易活动也没能长久持续。不久之后，法国爆发大革命。在1793年到1815年之间，由于法国本土陷入几乎没有间断的战争和政治动乱，法国的海上贸易不得不缩小规模或者中断。

**荷兰东印度公司
的下滑和废止**

自17世纪初叶创建到18世纪60年代以前，在欧洲西北部的诸东印度公司中，荷兰东印度公司常以最大规模的体量和贸易量而自豪。但是，在之后不到二十年的18世纪80年代初，这个曾经显耀一时的公司负债高达2500万荷兰盾，并紧急向政府申请财政援助。在十年后的1795年，公司遭遇财政危机并被收归国有，已经无法对船只进行舾装，最终于1799年被废止。这一事态的转变太过激烈，让人摸不着头脑。这期间公司里到底发生了什么呢？

公司倒闭的直接原因，可以说是自1780年12月开始的第四次英荷战争。荷兰东印度公司的船只接连被占据优势的英国海军捕获，好不容易从亚洲运来的货物无法抵达荷兰。光商品被没收就已经遭受了重大损失，加之物品没有运到也就无法销售继而获得现金收入。没有现金，就不能进行船只的舾装和准备运到亚洲的商品，对于以巴达维亚为首的亚洲商馆汇出的高额转账支票也无法兑现。公司一时陷入恶性循环中无法脱身，很快便走到了终点。

难道在陷入如此窘态之前，就不能多少做些准备吗？不过，要应对这些问题好像没有那么简单。如前所述，英国和法国的东印度公司经营受阻的原因，一定程度上很容易搞清楚。英国方面是因为印度领地经营的军事和行政费用不断膨胀，而法国方面则是由于法国政府的财政困难。与此相比，荷兰东印度公司的经营恶化，其原因是复杂的、多层面的。以下列举专门研究荷兰东印度公司历史的学者得出的衰退原因：

第一，18世纪之后公司管理层的无能；第二，公司职员的贪污；第三，会计制度存在缺陷和账簿不全；第四，没有进行增资；第五，荷兰本国的十七人会和巴达维亚委员会之间存在不和，意见相左；第六，过高的分红率；第七，亚洲区域内贸易不顺利；第八，在爪哇岛的军费开支增加；第九，欧洲和亚洲间贸易的利润减少；第十，在印度洋西海域丧失了诸多商馆据点；第十一，巴达维亚卫生状况恶化对人力资源造成损害；第十二，荷兰本国军事力量的弱化（在英荷战争中败北）。

能列举出这么多原因，实在不易，但其中没有一个原因能起到决定性的作用。在整个18世纪，这些原因相互重叠，不断削弱公司的活力，等回过神来的时候，公司已经患上不治之症，病入膏肓了。

对于上述所列原因中的几项，笔者来做一下补充说明。首先来看第二条。与英国、法国东印度公司不同，荷兰东印度公司严禁职员开展亚洲地区内的贸易，所以荷兰东印度公司的职员不可能像马德拉斯的耶鲁和本地治里的拉·布尔多奈那样，拥有自己的船只，大张旗鼓地开展私人贸易。但亚洲地区内贸易所带来的丰厚利润的诱惑令人难以拒绝，几乎所有的职员都通过各种各样的手段使用公司的船只来买卖个人商品。他们的个人活动让公司的正常收入受到部分损失。

接下来是关于第四条。在经营顺利、收益上涨的 18 世纪初叶，公司没有把收益用于资本增资，而是悉数分配给了股东。所以，当急需流动资金的时候，公司就只能依赖贷款。加上会计制度和账簿的不完善，管理层无法充分掌握经营管理的实际情况，这些也是导致公司破产的原因之一。

关于第九条，需要指出的是，在经营顺利的 17 世纪六七十年代，公司从亚洲花 3100 万荷兰盾带回来的商品价值 9200 万荷兰盾，即以高达成本三倍的价格售出。与此相比，在一百年后，9000 万荷兰盾的商品只能卖到 2.14 亿荷兰盾，只是两倍多一点。交易量虽然增加，收益率却反而下降。进入 18 世纪后半期，大量涌入的亚洲商品已经变得大众化、普通化，导致利润空间变小。

大变革的时代　除了公司史专家所举出的上述理由，还应该指出的是，与英国一样，作为垄断性贸易公司的荷兰东印度公司的性质及其经营体制陈旧，无法应对大变革的时代。这时正值法国大革命爆发前，西北欧相继诞生民族国家概念的时期。如果读过 1781 年 9 月某个夜晚散布的题为《致荷兰人民》的小册子的话，就可以充分理解了。

各位同胞，就是现在，让我们再次一起站起来吧。让我们关心这个国家的问题，也就是你们自己的问题。国家是各位的共同财产，不是奥兰治亲王（荷兰共和国总督）和财阀们的私有财产。他们把作为自由人的巴达维亚人后裔的我们荷兰全体人民看成他们的世袭财产，看成任由他们宰杀的牛羊，实际上也是如此对待我们……所有居民都是国家真正的主人，对于怎样治理国家、谁来做领导，大家都有发言权。

撰写这一小册子的"荷兰爱国者运动"的斗士，在小册子中接着以荷兰东印度公司为例，记述了如下内容：

东印度公司是商人们为了在东印度进行贸易合作而成立的公司。如果公司的全体或者绝大多数股东希望更换管理层，这项工作应该是作为股东仆人的经营责任人的义务。这是因为，公司真正的主人不是经营责任人而是公司股东。对于"国家"这样一个公司，这一原理也同样适用。统治你们的奥兰治亲王或当权者只有以你们的名义才能行使权力。唯有你们才是"国家"这一公司的股东、所有人和主人公。

荷兰东印度公司当然并没有采取上述体制。以十七人会为代表的管理层掌握了公司所有实权。奥兰治亲王及其他当权者所统治的荷兰共和国的情况也如出一辙。虽然指责的对象是共和国，但作为旧体制的代表，东印度公司也被拿了出来，遭到间接批判。给予国民同等权利的民族国家体制，与垄断贸易或垄断公司的这种想法从根本上是水火不相容的。

虽然规模较小，但荷兰东印度公司仍然控制着爪哇岛、马鲁古群岛，还有南非的开普殖民地等几个地区。与英国东印度公司一样，如果转型为"领土国家"的话，也许还有苟延残喘的可能性。但是，本国的政治形势已经不允许这种可能性存在。1795年，法国革命军占领荷兰，建立巴达维亚共和国以取代荷兰共和国。受法国大革命的影响，新的共和国不可能救济与旧体制有千丝万缕联系且是其象征的东印度公司。这确实给人一种物换星移的感觉。1798年，荷兰政府决定将公司的海外领土、财产和负债全部交由共和国继承。在第二年即1799年，荷兰东印度公司结束了近两百年的活动。伴随着荷兰东印度公司的终结，作为贸易公司的东印度公司的时代也宣告落幕。

亚洲之海的变化

南亚的巨变　　　　在西北欧各国于17世纪设立的东印度公司在亚洲之海开始活动以来的两百年间，亚洲之海沿岸地区到底发生了什么变化呢? 在本书结束之际，最后再来概括一下这一点。在政治、经济、文化等各方面，这两百年间经历了最大变动的是印度洋沿岸地区，特别是南亚次大陆。

西北欧各国的东印度公司在印度各地大量订购棉织品，这导致当地新兴棉织品工业在 18 世纪初，产生了 10 万个以上的就业岗位，据说约相当于棉织品行业工人总数的 10%。此外，由于是买方市场，与东印度公司有生意来往的商人和中间商们都显得颇为强势。当然，东印度公司大量购入印度产的棉织品这一点给南亚次大陆的经济带来了好的影响。

但在 1765 年，当英国东印度公司得到了孟加拉的收税权并成为其领主之后，这一状况发生了翻天覆地的变化。这是因为，东印度公司想直接控制孟加拉的高级棉织品的生产和流通。在此之前根据市场需要和供给关系来决定的棉织品价格被单方面固定，英国东印度公司压制其他国家的东印度公司，对当地产品进行垄断性收购。所以，工人们有时甚至无法得到保证最低生活标准的工资。现实发生变化，到 1820 年前后，英国产的棉织品大量流入印度，这又导致很多工匠和染布工失去了工作。

英国东印度公司在孟加拉取得收税权之后，为了保护在印度南部和西部地区的权益，与敌对政治势力发生了多场战争，还与拥护或屈从于其强权的政治势力签署军事保护条约。这些条约规定，当地政府以割让领土和支付士兵的驻扎费为条件，换取公司给合作的政治势力提供军事援助。公司的基本政策是保护自己的商业权利，而绝非征服地大物博的南亚次大陆并进行直接统治。但是，不管是否喜欢，公司最终成为南亚次大陆上强大的

1800 年前后的印度各藩国

政治和军事势力，同时也不得不介入该地区的权力之争或领土纠纷。

受英国东印度公司庇护的政治势力被称为藩国。到 1800 年，德干高原海德拉巴的尼扎姆王国和印度南部的迈索尔王国，加上印度北部的阿瓦德王国等各地的强势政治势力相继成为藩国。之后，印度西部的拉其普特各王国和印度中部的马拉地势力也相继屈服于英国东印度公司，选择了藩国的存续之道。就这样，进入 19 世纪的时候，英国东印度公司巩固了作为南亚次大陆最强政治、军事势力的地位。

最初临机决定的统治制度逐渐被统一。各个地方的土地制度和习俗至此被英国人理解，并反映到简便征税的方法上。土地所有权只是给予特定的阶层，且为了巩固这种状态，属于这个阶层的人能够享有比之前还要强大的特权。相反，之前在村落共同体中对于生产资料拥有某些权利的人们却丧失了土地所有权。从事书记等事务性职位的人和宗教人士也接受东印度公司给予的职位，受到公司的庇护，使得许多人的社会地位也得到增强。就这样，在东印度公司的统治下，当地居民有得到利益的，也有既得利益遭到损害的。

英国人开始统治之后，认识到在印度与基督教和伊斯兰教相匹敌的"印度教"的存在，也认识到梵文古典文献是印度教的经典。除了伊斯兰教、耆那教、锡克教等带有明确特征的宗教，英国人将南亚次大陆其他各地不同的宗教信仰和礼仪统一理解为"印度教"。他们也认识到，只有印度教才是"印度文明"的根本。从这个角度来看，英国人发现了"印度文明"。

"印度教"中的"印度"这一词语，原本是西方的伊朗人、阿拉伯人对印度北部人群的称呼。其后，这一词语再和源于欧洲的"宗教"概念连接起来，慢慢地把南亚次大陆庞大的居民群体看成一个群体集团，即所谓的"印度教徒"。随着时代的演进，"印度"也慢慢演变为"印度教徒"的自称。

西亚和东南亚的变化　　在 18 世纪末，西亚和东南亚的变化程度还没有英国东印度公司统治下的南亚那么大。在西亚的波斯，18 世纪前半期，萨法维帝国灭亡，伊朗高原及其周边地区发生了一连串的政治和军事纷争。这一地区的情况看上去好像和南亚的情况十分相似，如果其中任何一个政治势力向西北欧各国的东印度商馆请求军事援助，也许会发生和南亚同样的情况。但西亚地区的现实情况正好向着与南亚完全相反的方向发展，荷兰、法国、英国的东印度公司相继关闭在阿巴斯和伊斯法罕的商馆，自18世纪中叶以后相继从波斯撤出。对于这一历史事件，如何理解才最好呢？

最大的原因或许在于，在人口只有区区数百万的波斯，要想获得像南亚那么大的商业利益是不太可能的，这导致这些公司相继撤离波斯。波斯虽然有生丝和丝绸等产品，但并非只有在波斯才能买到，孟加拉、中国还有奥斯曼帝国领域也有生产。而且，生丝及丝绸产品的需求量并不像印度棉织品那么大。在17世纪末之前，波斯作为白银的产地很有魅力，但是由于战乱频发导致贸易量减少，白银也变得很难买到。

另外，波斯湾的港口城市和伊朗高原各地的商品产地和消费地之间，距离达1000公里以上，各地之间只能靠商队来运送货物，这一点也是一个大问题。在当地政权管理不到位、不能确保交通安全的情况下，东印度公司唯有依靠自己的军事力量来保卫商道和商队。由于战乱导致生产力和消费下滑，很难想象在波斯能得到比成本更高的收益。概言之，对于东印度公司而言，波斯并不是值得冒着危险、付出牺牲去得到的非常有魅力的交易场所。

最终，在没有外力干涉的情况下，伊朗高原上各势力之间不断爆发内战。到18世纪末，恺加部落统一各部落并建立了恺加王朝。在东边的南亚次大陆和西边的奥斯曼帝国疆域内，欧洲各国的经济和军事力量大举入侵，但是波斯成为横亘在这两者之间的"真空地带"，因而幸免成为欧洲各国的殖民地。

在东南亚，荷兰东印度公司成功地垄断了高级香料产地。17世纪后半期到18世纪末，大部分港口城市国家都被纳入其统治之下，与东印度公司有关的政治形势并没有发生剧烈的变化。在东南亚海域，其他欧洲各国的船只都承认荷兰东印度公司的优势地位。直到1738年英荷战争结束、英国东印度公司船只再次进入这一海域之前，荷兰东印度公司一直维持其对高级香料的垄断，并获得了巨大的收益。虽然泰国、缅甸、越南等地的政权各有沉浮，但这与荷兰东印度公司的存在和活动没有太多的直接关联。虽然不能忽视华人的因素，但如果聚焦于东印度公司的话，18世纪可以被看作荷兰东印度公司在与爪哇岛本地政治势力之间的反复冲突合作中，建立疆域很小的领土国家体制的时期。

虽然组织结构本身没有很大变化，但从细处着眼的话，荷兰东印度公司的活动确实在慢慢地改变着当地居民的生活。大桥厚子针对这一时期爪哇岛西部勃利央安（Priadgan）地区居民在18世纪这一百年间的生活发生了何种变化，开展了详细的研究。在此，笔者简要介绍一下其部分研究成果。

在此之前，爪哇岛西部普遍盛行刀耕火种，到18世纪后半期水田的开发不断得到扩展，这是因为荷兰东印度公司奖励水田耕作，而且从事水田耕作的农民一般都过着相对稳定和富裕的生活。他们大多深度参与东印度公司带来的经济作物咖啡的种植，并从中得到较高的收益。与印度的情况一致，在欧洲东印度公司的统治下，当地居民中也出现了由此获利的群体。

种植咖啡需要大量人手。种植园的整理期、咖啡豆的采摘期和运输期在某种程度上是固定的，所以一时需要大量劳动力，而从事烧荒耕作的群体的劳动时间与此大致相同，因而无法雇用他们，于是荷兰人和当地的统治阶层就以一年当中任何时候都可以开始种植的水田耕作者及其家族来充当劳役。他们虽然符合这一要求并能够获得经济收入，却不得不到离家很远的地方劳动。如果长期从事上述劳役的话，就无法耕作水田，这会导致其家庭生活都受到威胁。同时也会出现因为男人出门参加劳役，女人不得不进行水田耕作的情况。女性的劳动增多这一侧面是无法忽视的。为了运送作为商品的咖啡豆，东印度公司搭桥铺路。作为咖啡集散地的地方也渐渐形成了核心城镇，在那里，居住有统治阶层和越来越多的华人。

以上所描绘的社会变化，只限于18世纪末期爪哇岛中部盛行甘蔗种植的巴达维亚周边、被强迫栽种胡椒的万丹（爪哇岛西部）等有限的地区。根据白石隆的研究成果，在18世纪的东南亚海域（从马六甲海峡到马鲁古群岛周边地区），作为商人、士兵和海盗，武吉士人在军事和政治上拥有压倒性的优势。换言之，在爪哇岛以外的东南亚海域，荷兰东印度公司的影响力是非常有限的。

但进入19世纪后，荷兰政府开始实行直接统治，这导致爪哇岛和东南亚海岛地区的变化加速。继南亚之后，东南亚不久之后也被纳入近代欧洲真正的殖民地统治体系中。

东亚海域的17世纪——明清交替和郑氏集团

在"政治之海"东亚海域，东印度公司以遵守该海域的规矩的方式来开展贸易。这一姿态与按照自己的规矩和商业习惯，并将其强加给印度洋海域和东南亚各地区的行为有着天壤之别。至少到18世纪末之前，欧洲的东印度公司在这一海域并不是主要的势力。中国和日本的政权，还有华商和水手们才是推动这一海域历史发展的重要力量。首先，我们根据岸本美绪制作的17世纪到18世纪中国的贸易结构图，简单整理第三章以后的东亚海域贸易的发展历程，并从中分析东印度公司所发挥的作用。

在17世纪前半期，中国与日本、马尼拉以及东南亚方面的贸易非常盛行。中国使用生丝同日本、马尼拉交换进口白银，东南亚则使用香料和染料同中国商品进行交换。有关贸易的结构和实际情况，在第三章已经进行过介绍。由下表可知，17世纪30年代到80年代，之前一直顺利的贸易活动急剧下滑。这是由于在这一期间，中国发生了明朝灭亡、清朝建立的重大事件，之后的东亚海域，成为拥护明朝宗室抵抗清朝的郑氏海上势力和清朝之间进行激烈斗争的舞台。

关于这场对东亚海域历史有着重要意义的争斗，在此做一个简单的说明。建立郑家海上势力基础的是17世纪20年代后半期在东亚海域活动的郑芝龙。郑芝龙出生于福建泉州近郊，其

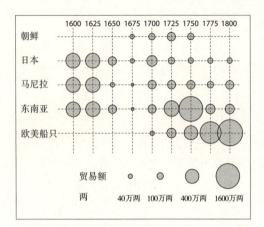

	1600	1625	1650	1675	1700	1725	1750	1775	1800
朝鲜									
日本									
马尼拉									
东南亚									
欧美船只									

贸易额

两　　40万两　100万两　　400万两　　1600万两

17 世纪到 18 世纪中国海外贸易的结构　进出口合计, 包括白银和其他商品。"日本"一栏中包括了琉球的数据。岸本美绪《清代中国的物价和经济变动》

后在同乡华商李旦的手下做事, 并得到了李旦信任。李旦在平户设有据点。在李旦死后, 郑芝龙继承其资产, 并在很短的时间内发展成为东亚海域颇具实力的一大军事势力。他们的主要活动是从事中日贸易, 但是对敌对势力的船只则不时采取海盗式的掠夺行为。1628 年, 郑芝龙占领厦门并在此设立据点, 明朝廷对其采取怀柔政策并赐以官职。据称他当时统治和管理的船只多达 700 余艘。

之后, 在东海航行的船只, 如果不事先向郑家势力缴纳规定的金额并取得被称为"牌照"的证明书, 就无法安全航海。没有牌照或者一年有效期过期之后不进行更新, 船只会被捕获, 货物将被没收, 船员也会被逮捕。以武力为后盾来保障航海安全, 并以此来收取通行税, 这一制度在东亚海域是前所未有的。这或许是受到了葡萄牙人在印度洋海域颁发许可证的启发。不管怎样, 郑芝龙在东亚海域建立了实质上的"海上帝国"。

1644 年明朝灭亡之后, 郑芝龙归顺清朝, 而他在平户与田

川松生下的儿子郑成
功，却与父亲分道扬
镳，选择了抵抗清朝
的道路。郑成功的目
标是拥护明朝太子并
建立自己的海上帝国。
由于郑成功在浙江、
福建、广东等沿海地

郑成功诞生之地　位于平户千里滨海岸的"郑成功儿诞石"。
笔者摄

区不断挑起事端，这让清朝官方疲于应付，清政府遂于1656年颁布
"禁海令"，禁止沿海船只出海，并于1661年颁布"迁界令"，命令
居住在离海岸线30里（15公里）以内的居民迁往内地。上述命令的
目的是在沿海地区实行坚壁清野，断绝郑家势力与沿海居民之间的
接触。

　　在清朝官方的高压态势之下，郑成功和大陆沿海地区的联系
被切断，只得放弃厦门，并带领25000名士兵转移至台湾。荷
兰东印度公司曾在台湾设有两个要塞和商馆。郑成功所率军队在
1662年攻下这两个要塞，逼迫荷兰人撤离台湾。之后不久，郑
成功去世，大概在二十年后的1683年，清朝官方最终镇压了郑
氏集团并收复台湾。自16世纪后半期倭寇袭扰中国沿海地区以来，
在东亚海域活动并拥有强大军事力量的自律性海上政治势力从此销
声匿迹。

上：郑成功塑像　现位于台南市
下：郑成功在平户的住宅遗址　笔者摄

东亚海域的 18 世纪——清朝统治下的和平

郑氏集团灭亡的第二年即 1684 年，清朝官方颁布"展海令"，允许民间船只出海并开展海外贸易，外国商船也可航行至中国港口。清朝官方为此开放了广州、厦门、宁波等五个港口来进行民间贸易，而且设立了海关。东亚海域的秩序由此逐渐恢复。但在这一刚刚结束五十年动乱的海域，景象已不同往日了。

首先，在 17 世纪 30 年代之前，除了中国大陆沿海地区，这一海域随处可见的日本朱印船消失了。这是德川幕府实行的"锁国"政策所致。日本产的白银也不像以前那样大量出口了。被赶出日本的葡萄牙人的活动范围大幅度缩小，仅限于澳门和东南亚之间。前往马尼拉的中国船只数量减半，结果使得白银的流入也在减少。荷兰东印度公司虽然定期派遣船只前往长崎，但其贸易量有明显减少的趋势。另外，荷兰东印度公司放弃派遣船只前往中国，开始与前来巴达维亚的华商船只进行交易。

简言之，到 17 世纪 30 年代前后，东亚海域的贸易热潮已

广州的各家商馆 荷兰、英国、瑞典、丹麦等国的国旗在高高飘扬。*The Colourful World of the VOC*

然散去，像在这一热潮下积蓄了政治和军事力量的郑家势力那样的"海上帝国"也随之烟消云散。在这之后，在清朝官方认可的港口城市，民间商人之间的交易活动基本是自由的，针对华商到国外开展贸易的限制也取消了。受这种形势变化的影响，在清帝国所构建的和平秩序及其所谋求的地区秩序之下，众多华商出海前往日本、马尼拉、东南亚各地，东亚海域的贸易活动再次焕发了生机。

但是，由于德川幕府所采取的限制贸易量的政策，中国的对日贸易还很有限。与此相比，在18世纪前半期，中国对东南亚方面的贸易量大增。大量华商移居东南亚各地，并与本国的亲戚朋友联手从事贸易活动。另外，远赴巴达维亚，与荷兰东印度公司和当地华人社区开展贸易的人也不在少数。

进入18世纪，欧洲船只直接前往中国的情况开始增多，尤其是英国东印度公司和马德拉斯的私人贸易船只频繁前往广州、厦门甚至宁波，直接买入茶叶、瓷器等商品。随着茶叶在欧洲的需求量不断增大，到访中国的欧洲船只数量也随之增加。特别是法国东印度公司，借由在清朝朝廷内有影响力的传教士的帮助，

乔治·马戛尔尼 前马德拉斯总督,
作为英国大使被派往清帝国

在广州开设商馆,并派馆员常驻以发展对华贸易。

一直以来,荷兰东印度公司都是从到访巴达维亚的华商手中购入茶叶,但他们非常担心一级品被卖给英国和法国的东印度公司,还有新兴的奥斯坦德东印度公司(18世纪20年代到30年代初期曾短暂存在)等。自1728年之后,受本国十七人会的指派,荷兰东印度公司开始从荷兰直接派遣船只前往广州。由于与华商有直接贸易关系的巴达维亚委员会未必赞成这一举措,因此到了1756年,十七人会中设置了"中国委员会",专门负责对华贸易。关于荷兰东印度公司衰退的原因,在前述内容中已经做过分析。本国的十七人会和巴达维亚委员会之间存在的这种不和,的确对公司的经营起到了非常负面的作用。

1757年,清朝官方把欧洲船只的贸易限定在广州一港。1759年,官方又制定了《防范外夷规条》。此后一直到鸦片战争结束的19世纪40年代,清帝国在沿海地区针对欧洲船只采用了被称为"广东体系"的贸易管理体制。根据该体制,欧洲人(自1783年后也包括美国船只)仅允许在广州珠江沿岸的外国人特区活动,且只能在贸易期间停留,在交易结束之后,即不得不返回澳门等待下一个贸易季节的到来。在广州的生意,他们只能与

东印度公司与亚洲之海

被称为十三行的特权商人进行，欧洲人从指定的特区出来进入广州城是被严格禁止的。翻译由中国方面派遣，禁止欧洲人雇用当地居民。

根据村尾进的研究，这一举措的目的是隔离和排除基督教传教士，在一定程度上，这与一个世纪以前在长崎实行的针对荷兰人的管理方法非常相似。如前所述，在当时的东亚海域周边各国，基督教被认为是一种从根本上颠覆现有世界观和社会秩序的危险事物。

到18世纪后半期，尽管存在"广东体系"，欧洲船只和美国船只的贸易量仍然在不断扩大。不过至少在这一时期，贸易的主导权仍掌握在清帝国手里。英国东印度公司和英国私人贸易商动员起了英国政府。为了要求清朝减少贸易限制、获得贸易据点的岛屿、在北京设置英国大使馆等，在1793年，英国国王派遣以前马德拉斯总督乔治·马戛尔尼为大使的使节团抵达清帝国，拜见乾隆帝。但是，上述要求被全部拒绝。英国东印度公司和英国人在接下来的五十年间不得不再次遵守东亚海域这片"政治之海"的规则。

东亚海域——日本的自立　17世纪40年代的明亡清兴，对于日本德川幕府来说有着重大意义。在此之前，处于东亚地区秩序中心的"中华"这一位置上的明朝灭亡，而原本属于"夷"的满洲人建立了清帝国，成为中国的主人，这一事件被认为是所谓的"华夷变态",并对其后日本的对外政策和外国认识产生了不容忽视的影响。从朱印船贸易中可以看到,德川幕府从以明帝国为中心的世界秩序中脱离出来,并开始逐步摸索和构建以本国为中心的地区秩序,这一"华夷变态"决定了日本式地区秩序的方向。建立清帝国的满洲人原本是"夷",从实质上和理论上来看,意味着日本没有必要再遵循朝贡体系了。

就算在官方层面和清帝国不必再保持关系,但清帝国生产的生丝和丝绸却是日本列岛居民无论如何都需要的商品。德川幕府虽然采取"锁国"政策,但同时也明确管理负责人和领域,通过所谓的"四个口"(四个渠道),毫不停歇地从中国进口以生丝为首的商品。这"四个口"就是通过在长崎的唐船和荷兰船的民间贸易、经由朝鲜和琉球等国的中转贸易,还有通过北方阿伊努族开展的间接贸易。

在17世纪中叶以前,通过这些渠道,日本进口了大量的生丝和丝绸。17世纪30年代的生丝进口量达到年均180吨到240吨。按做成的和服来换算的话,大约相当于13万套到18万套。通过如此大的进口量可以看出,日本社会在对丝绸这一奢侈品的购买上还是有一定经济实力的。另外,日本主要进口的是作为原料的生丝,对其进行染、织和加工的则是国内的丝织业者。特别是京都有很多技艺高超的工匠,由他们生产出了以西阵织为代表的高品质的丝绸。

一开始,进口生丝和丝绸的代价是出口白银。尽管进口生丝也是很重要的，但随着白银大量流向海外，这一状况也让德川幕府非常担心，以前因为白银在日本国内也是扩大商品流通所必需的决算手段。因此，从17世纪70年代开始，日本开始以铜代替白银出口。另外，在同一时期，日本还开始实施限制进口额的政策。德川幕府试图尽一切可能控制金、银、铜等贵金属的出口。

自清帝国于1684年颁布"展海令"以来，出现了唐船大举涌入日本并开展贸易的混乱局面，日本方面进一步加强了上述政策。1715年，新井白石负责制定了"正德新例"，进一步强化了沿用至当时的贸易限制措施，规定每年到长崎的中国船为30艘、荷兰船为2艘，贸易额方面，中国船只不得超过白银6000贯，荷兰船不得超过白银3000贯。另外，对允许带出境外的铜亦有限制，中国船只300万斤，荷兰船只150万斤。通过这一限制贸易的政策，日本进一步减少了对外贸易额，并一直持续到幕府末期。

荷兰东印度公司船只所载货物，在17世纪多为中国产的生丝和丝绸，到18世纪，爪哇岛的蔗糖和印度产的棉织品的数量有所增加。除此之外，鹿皮、鲨鱼皮、香料、染料、药品等东南亚商品也有不少。当然，也有从荷兰本国运来的商品，包括毛织品、油画、眼镜、天鹅绒、钟表、天文用品、珊瑚等，但是其数量和金额都不足挂齿，全部加在一起也未必能达到总金额的5%。一说起在长崎与荷兰船只开展贸易，我们就会单纯地认为应该会进口大量时尚的欧洲商品，这是一个很大的误会。在17世纪和18世纪的日本列岛，日本人想要的东西和当时西北欧的人们一

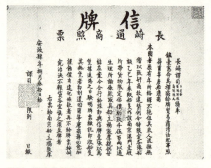

信牌 颁发给前来长崎的中国船只的贸易许可证

样，是产自东南亚海域和印度洋海域的商品，最想要的是中国产的商品。至 18 世纪末之前，荷兰东印度公司为了得到日本的金、银、铜等贵金属，主要收购亚洲地区内的商品并运至长崎。这一点请不要看错。

在 1700 年前后，日本的出口额换算成白银大概超过 10000 贯，这不过是当时的稻谷实际收获量的 1%。而在同一时期的英国，贸易总额占国民纯收入的比率却高达 26%。两相比较的话，日本对对外贸易的依存度之低，十分突出。其中自然有实施贸易限制政策的原因，但更重要的是在 18 世纪初叶之前，日本列岛逐渐发展成为不那么依赖海外贸易也能自给自足的社会。由于贸易总额受限，到 18 世纪，日本的生丝进口明显减少，但与此相反，国内生丝的产量却逐渐增加。相同的例子还有，16 世纪日本国内已经开始种植棉花，琉球和奄美种植甘蔗和红薯，肥前生产瓷器，等等。

关于"正德新例"，还有一点需要注意。该例颁布后前来长崎的中国船只，必须持有由德川幕府颁发的信牌（割符）。信牌上写明了下次前来日本的年份和出发地点，只有在持有信牌并遵守新例规定的条款且装载货物不超过规定数量的情况下，该船

东印度公司与亚洲之海

才允许在长崎开展贸易。根据这项法令的规定，德川幕府至少将长崎对外贸易的主导权完全控制在手中。比较室町时代由明帝国主导的勘合贸易和此时的信牌贸易，我们可以清楚地看到其中的差异。

可以说，在这一时期，不论是在政治上还是在经济上，日本政府都已经完成了建立在以日本为中心的地区秩序观之上的海外贸易体制。这一体制清楚地区分了"国家"领域的"内"和"外"、"外国人"和"日本人"，而且拥有主权的政府负责管理"国家"的对外贸易和对外关系。这与同一时期在西北欧诞生的"主权国家"非常相似。在近代欧洲主权国家的延长线上诞生的民族国家这一概念，在 19 世纪后半期的日本比较顺利地得到吸收。其原因之一就是，早在江户时期，日本就已经存在与主权国家非常相似的体制，日本人在一定程度上已经很熟悉这一概念了。

结 语

东印度公司的多面性 　　像东印度公司这样具有多重性质且很难对其历史价值做出评价的机构十分少见。即便在亚洲地区，根据地点的不同，如何评价其活动也存在相当大的差异。在南亚和东南亚的大部分地区，东印度公司都是欧洲各国日后开展殖民统治的先锋，并留下了残酷的侵略者的印象。在中国，大部分人将其理解为携带鸦片进入中国，并发动了后来的鸦片战争的罪恶累累的贸易公司。但在日本，与这些否定的意见相反，对于由那些传播欧洲先进文化且温顺热情的商人组成的公司，多数日本人持肯定的评价。正如本书之前所论述的那样，不管哪一种认识，都是东印度公司多面性的一种。东印度公司为了实现通过贸易获取利益的目的，根据地区的不同而采取了各种各样的方法。

如果从欧洲史的脉络来考虑的话，东印度公司是商业资本家在不同的国家设立的贸易公司，其两大特征在于：公司通过发行股票集中了大量资本，国王或政府对公司垄断东印度贸易给予认可。在 17 世纪初，为了能够在欧洲和东印度那样遥远的两地之间开展贸易并获得利益，这算是最好的方法。本书虽然没能详细阐述，但为了维持垄断，英国和荷兰公司不时向王室和政府要员行贿，继而从政府获得低息贷款。很多王室成员和政府高官也同时兼任公司的股东，在公司高层中，也有作为议员参与国家政治运营的。王权和政府与公司之间有着千丝万缕的复杂关系，因此，在长达两个世纪的时间里，公司垄断东印度贸易这一做法被长期认可。

但是，两百年过去之后，东印度公司这一组织及其运营方法已经不再适合时代的发展和要求。首先，"国家"的形式发生了变化。在欧洲西北部地区，出现了主权国家这一政治框架。其次，在主权所及的领土之内，所有人民享受相同权利的"民族国家"的理论也开始成型。国王和政府不得不考虑整个"国家"和"人民"的利益，只优待部分人和组织并给予其特权的做法已经变得日益困难。

从 18 世纪末期开始，特别是英国壮大起来的产业资本家，也成为和东印度公司水火不容的一大势力。他们非常讨厌把筹集原材料和销售工业产品等委托给东印度公司那样的垄断公司，强硬地主张要建立任何人都可以开展自由贸易的体制。对于这些具

　　　　　　　　　　　东印度公司与亚洲之海

有经济实力的新兴产业资本家的意向，政府已经无法忽视其声音。在迎来民族国家和自由贸易的崭新时代，东印度公司存在的基础逐渐土崩瓦解，进而迎来最终消失的命运。

英国产业资本家增加的原因之一，无疑是东印度公司和亚洲的贸易活动。这是因为，对于东印度公司大量进口印度产的棉织品的高质量和低价格，人们无论如何也想在英国重现，通过人们共同的努力，最终导致了产业革命的出现。另外，在东印度公司进口的廉价红茶中加入牛奶和蔗糖的早餐，正是支持产业革命的工人的重要营养来源。从这一层意思上来说，非常具有讽刺意味的是，自由贸易和产业革命都是东印度公司自己生下来的孩子。

东印度公司和美洲 　　　　需要指出的是，在讲述东印度公司活动的时候，也不能无视美洲大陆的存在。我们如果从整体上来俯瞰 17 世纪和 18 世纪的商品移动情况，就会发现地球上各个地区都拥有特产，但唯独在设立东印度公司的西北欧地区，却基本没有其他地区的人们想要的特产。

毛纺织品，各种金属（铜、铁、铅、锡等），使用珊瑚、象牙、宝石等制作的珠宝饰品，钟表、刀剑等美术工艺品，这些确实是西北欧地区的出口商品，但珠宝饰品和美术工艺品不能大量制造，其销路也受到限制。各种金属也算不上是西北欧地区的特产，由于亚洲各地均有生产，所以不能期待有爆发式的销售增长。至于毛纺织品，在印度北部用于户外野营的军人和动物的保温用品，在波斯和日本作为被子和衣服，因而有一些交易量，但在亚洲的热带和亚热带地区，这些产品很难卖出去。总而言之，不难看出，欧洲产品价格高，却不具备与价格相符的价值。

欧洲产品价格虚高的最大原因在于工人的工资较高。为什么工人的工资会很高呢？这是因为西北欧地区的农产品价格较高，导致生活开销很大。在寒冷的气候条件下，就算耗费大量的时间和金钱，也只能得到很少量的农作物收成。与之相反，在温暖的亚洲各地，农作物丰富且价格便宜，虽然人们同样都在过日子，但并不像西北欧地区那样需要花很多钱，这必然造成亚洲地区工资低也可以活。并不是因为人们贫穷，所以工资才低。印度棉织品在西北欧地区之所以卖得非常好，就在于其质优价廉。

西北欧地区的人们之所以能够克服没有主打出口商品且物价高的双重不利条件，继而参与亚洲之海的贸易活动，就是因为有美洲大陆的存在。西北欧地区的人们用来交换亚洲物产的"自己的商品"，主要是欧洲以外的南北美洲出产的白银。葡萄牙和荷兰东印度公司虽然曾一度使用日本的白银，但那只是 17 世纪 70 年代以前的事情。如果欧洲人没有把南北美洲变成殖民地，或者没有在北美发现银矿，他们也许就无法准备足够的资金来购买亚洲的物产。从这层意义来说，欧洲人所谓的"发现新大陆"，

东印度公司与亚洲之海

对人类历史的发展有着不可估量的意义。

举例来说，东印度公司的行为，就像不费吹灰之力地使用从别人家里拿出来的钱，到原本自己无法进入的商店购买一流的商品，然后再把这些商品带回自己家里使用或卖出并得到利益。此类活动如果持续两百年的话，整个西北欧地区变得富裕起来，并拥有统治世界的经济实力，这也是再正常不过的事情。从这个意义上来讲，美洲的白银和亚洲的物产造就了"近代欧洲"的经济基础。

欧洲主权国家的出现 在本书中，笔者试图强调的事情之一就是18 世纪之前欧亚大陆的国家形态，也就是政治权力及其统治下人与人之间关系的多样性。在这里，我们再一次来俯瞰全体，并整理一下思路。

在东印度公司诞生的 17 世纪的欧洲，"主权国家"这种理论开始逐渐抬头。所谓主权国家就是这样一种主体，即用明确的边境来环绕其统治疆域，对于外部而言，君主代表国家，且不认可有比自己更高的权力的存在。主权国家对于罗马教皇也做了如下主张，即主权国家在自己的疆域内，连宗教信仰也可以由自己决定。在主权国家之间，以边境线来区别和划分领土，人们也强烈地意识到领土的"内"和"外"。

民族国家这一概念由主权国家发展而来，我们对此已经十分熟悉，并且认为这是理所当然的政治社会体制。但在之前的所谓"欧洲中世纪"时期，当时的政治和社会的基本形态却与民族国家完全不同。首先，作为政治主体，除了皇帝和国王，公爵、伯爵、骑士等在一定程度上也拥有独立的权限。当时并没有形成以皇帝为顶端的明确的金字塔形等级制度。教皇、主教、修道院等宗教主体，也拥有很大的政治权力，甚至连意大利各城邦和波罗的海沿岸的汉萨同盟各城市也是独立的主体。这些主体之间的关系和归属意识也是异常复杂，一个骑士侍奉多个君主的事情时有发生，谁拥有针对某人的最终审判权也没有区分清楚。领土的变动非常激烈，因继承和结婚频繁发生领主更换、领土范围变化。在这样的空间之内，"国籍"这一概念很难形成。

主权国家对这种复杂的权力构成的关系和归属意识进行整合，并使其变得更加单纯。它将政治权力变成以国王为顶点的一元化体制，同时拥有固定的疆域。由于国王权力增强，"绝对主义王权"这一词语开始慢慢被使用。城市和贵族从属于某个主权国家，主权国家之间也逐渐产生了"外交"和"国际关系"。人们都开始拥有"国籍"。1648 年，承认尼德兰联省共和国（荷兰）独立的《威斯特伐利亚条约》，是主权国家之间签署的第一个国际条约。东印度公司正是以这种不断出现的主权国家为背景而诞生，并拥有了各自的"国籍"，而各公司的船只和商馆悬挂的国旗，才正是当时亚洲之海尚不存在的主权国家的象征。

东印度公司与亚洲之海

在印度洋海域统治人类的王权

另一方面，在印度洋沿岸和东南亚的王权，比起疆域，更优先选择统治人。这是因为，就算拥有辽阔的土地，如果没有人就什么也生产不出来。白石隆将其称之为"曼陀罗"体系。当地各种人的群体是以地缘、血缘、职业、民族、宗教等各种要素为核心而构成的，他们多层堆积、相互重叠，继而构成了这一地区王权统治的空间。在这一空间中，虽不像欧洲中世纪那样，但政治主体也是多元且错综复杂的。像阿巴斯一世时期的萨法维帝国和奥朗则布时期的莫卧儿帝国一样，异常强大的王权掩盖了社会的多元性和复杂性，这种情况也是有的。但在其表象之下，诸侯、地方、城市、行会、部落、宗派等政治主体也保持了一定的独立性。由于没有主权国家这一形态，在王权统治下的人们也就没有"国籍"这一概念。换言之，不存在莫卧儿帝国人和萨法维帝国人等类似的概念。在这个地区出现的区域性政治权力，包容了拥有多元、复杂的权利关系的人群，在调整各群体之间的利害关系中实行灵活的统治。

在统治者试图统治人而非疆域这一前提条件下，从人的角度而言，"内"与"外"的区别是不存在的。例如，就算是从大海对面来的某个人物，只要他顺从于我，并且在经济或军事上有所贡献，我就可以将此人视作臣子并给予优厚待遇，给予其官职也是理所当然的。笔者在第四章中曾经介绍过，伊朗籍的人来到南亚次大陆并突然获得很高的职位，这种事情不时出现，其原因是王权并没有内外的区别，而只是对在自己疆域内的人进行统治。与此类似，在泰国大城王朝的宫廷中，日本人山田长政被重用，其后希腊籍的富尔肯（Falcon）和伊朗籍的人也拥有很强的影响力。另外，英国、法国、荷兰的东印度公司之所以能够得到印度和波斯统治者的破格优待，其原因之一就是，这些地方的统治者期待作为外国人团体的东印度公司能在当下或将来为当地政权做出某些贡献。

从统治领土的主权国家的世界中出来的东印度公司，与以统治人为目的的印度洋海域的政治权力之间，关于国家或统治的概念存在相当大的分歧。比如，在孟加拉，英国东印度公司得到了被称为"迪万"（财政部长）的莫卧儿帝国孟加拉地区负责税收和行政的职位。但实际上，上至莫卧儿皇帝和孟加拉长官，下至各个征税官和村长，众多的政治主体在这一地区的税收上都拥有复杂的权益，作为税收和行政的长官并没有完全的分配权。但在这个地区，公司却试图用近代主权国家的理论来进行一元化统治，也就必然产生巨大的社会混乱。两种不同的国家秩序体系在这时相互碰撞，拥有强大军事力量的英国的国家秩序最终凌驾于南亚之上。

此外，关于伊斯兰教在印度洋海域和东南亚的扩大及其作用，笔者也想进行一个简单的阐述。对于试图统治由多个群体重叠构成的地区社会的统治者而言，伊斯兰教是最适合保证自己统治合法性的宗教。这是因为，真主安拉是超越地缘、血缘、

东印度公司与亚洲之海

职业和民族等各种属性，并拥有普遍性的唯一的神。

在通常情况下，说到伊斯兰教在印度洋海域传播的原因，一般会列举穆斯林商人的活动。还有一种奇妙的说法，说伊斯兰教是商人的宗教。但是，在伊斯兰教传到印度洋海域和东南亚地区的时候，最初改变宗教信仰并信奉伊斯兰教的是港口城市的统治者，这一点值得关注。他们在成为穆斯林之后，高举伊斯兰教的理念来进行统治，并由此获得了超越多元且复杂的人类集团的权力。

日本的王权和基督教　　本书曾多次提及，自16世纪末成立统一的政权以来，日本在东亚海域时常在测量与中国、朝鲜的距离的过程中不断加深自我认识。18世纪初形成的日本对外关系的一大特征就是对疆域的统治和区分国家的"内"与"外"。此外，还有德川幕府对对外关系实行的一元化控制。如前所述，这些特征与在欧亚大陆西端大致相同时期形成的主权国家政治社会体制非常相似。由于在江户时期成立了这样一种主权国家，所以19世纪后半期的日本能够顺利推行明治维新，并向民族国家转型。从结果来看，日本的"近代化"在一定程度上取得了成功。

如果说日本在16世纪末逐渐形成的政治社会体制与主权国家非常相近，我们就很好理解丰臣秀吉及其后的德川幕府非常忌讳甚至禁止天主教和基督教的理由了。在天主教和基督教的理念中，罗马教皇是世界上普遍的、最高的权威。但是，这与主权国家的理念发生了正面冲突——主权国家不认为有比自己更高的权威存在。关于这一点，笔者希望读者能够回忆起，英国和法国等欧洲主权国家的国王无视罗马教皇，自行决定本国国内的宗教，任命宗教人员。我们可以认为，在日本也发生过同样的事情。因为英国人和法国人原本就是基督教徒，不至于马上抛弃基督教，但日本的统治者则试图把认为比自己位高权重的基督教扼杀在摇篮之中。

即便这样，在全世界通过贸易不断加强一体化趋势的 17 世纪到 18 世纪，日本却减少对外贸易，继而形成一种自给自足的社会，个中的含义值得认真思考。虽然受地理位置的影响，但对于为什么这会成为可能，为何日本会朝着这一方向前进等问题，我们应该结合同一时代世界的潮流来做进一步的探讨。

两百年前的世界　19 世纪初叶，世界总人口大致是 17 世纪的两倍，约有 10 亿人，但人们的基本生活仍然以农业为主。表面上看这一时期和两百年前相比并没有太大的变化，但在政治、经济、社会、文化、环境等各领域，对其后人类历史产生重大影响的一大变动，已经在这一时期的欧亚大陆的西端发生。这就是"近代欧洲"的诞生。随着民族国家这一概念的出现，近代欧洲各国大幅度增强了政治向心力，军事力量也得到强化。在法国大革命和拿破仑战争导致的动乱告一段落的 19 世纪前半期，作为技术革命的成果，欧洲人开始利用蒸汽船把便宜的工业产品和最新式的武器出口到世界各地。在之后的一百年中，全世界的人们不管愿不愿意、喜不喜欢，都被卷入了近代欧洲刮起的旋风之中，在与其对峙的过程之中不断寻求自身的生存之道。

印度洋海域和东南亚的部分国家，早在 18 世纪就已遭遇正在崛起的近代欧洲，西亚也在 18 世纪末拿破仑远征埃及中切身体会到了来自近代欧洲的威胁。19 世纪初叶，由于在地理上远离西欧，东亚海域还能在一定程度上维持其政治上的自律性。但在不久的将来，"近代"这一历史潮流将汹涌而至，亚洲的社会也将发生巨大变动。亚洲之海面对近代欧洲并吸纳这一潮流，开始了自身政治和社会结构大变革的时代。

笔者在本书中曾多次提到，近代欧洲绝不是地理概念上的欧洲或者是居住在那里的人们独自创造出来的。东印度公司运来的亚洲物产和美洲的白银给欧洲带来了巨额财富。西欧人以优质的亚洲产品为目标，不断推动技术革命。在亚洲、非洲、美洲和大洋洲，欧洲西北部地区的人们获得了有关人类及其社会、有关人类居住的环境等无可估量的新知识，在有效利用这些知识的基础之上，他们重新审视自己的政治机构或社会制度并进行了创新。西欧人由此找到了超越基督教框架的新的世界观和自我认知，使科学技术和学术研究获得了突飞猛进的发展。也正因为如此，如果没有欧洲以外的地区，近代欧洲就绝不可能出现。

概言之，近代欧洲是世界一体化之前的全世界人民各种各样的活动在整体上培育出来的属于全世界的孩子。

19世纪初，除了欧亚大陆中部地区和南亚地区，其他地区还没有发生大的国家疆域的变动。但在北美地区已经诞生了美利坚合众国，拉丁美洲各地不久也将出现诸多主权国家。与此相反，在欧亚大陆和非洲、大洋洲等地区，近代欧洲各国实行的殖民统治运动却在整个19世纪被切实推行。在"东印度公司时代"即将结束的时候，全世界也在遵循着近代欧洲的规则，开始发生巨大的变化。

主要人物小传

瓦斯科·达·伽马（Vasco da Gama，约 1469—1524）

葡萄牙西南部沿岸某要塞长官之子。因发现从欧洲经由好望角抵达印度的海上航线而闻名于世。1497—1499 年、1502—1503 年、1524 年，他前后三次组织前往印度的远洋航行，并因此成为葡萄牙的民族英雄。从首次航海开始，他一直实行用武装商船进行掠夺和攻击的方法，为葡萄牙在 16 世纪建立在印度洋海域的军事霸权打下了基础。因为首次航海的成功，回国之后他获得贵族称号，并得到丰厚的收入和领地，他也在这时结婚并育有六子。1505 年以前，他一直担任国王曼努埃尔一世对东印度政策的顾问。退休之后，他在埃武拉过着休闲自在的日子。1524 年，他被新国王任命为印度总督，第三次奔赴印度，但在抵达当地的三个月后死亡。

阿巴斯一世（Abbas I，1571—1629）

萨法维帝国第五代皇帝。1587—1629 年在位。他年少继位，毅然进行行政和军事改革，强化皇权。通过与奥斯曼帝国和莫卧儿帝国的争霸战，逐渐收复失地，使萨法维帝国步入鼎盛时期。尽管他出身于与海洋无缘的土耳其游牧民族，但却非常关心经由波斯湾的海上贸易。在征服阿拉伯半岛的巴林之后，他得到英国东印度公司的援助，继而攻占了葡萄牙人在霍尔木兹岛上的据点，并在其对岸新建了港口城市阿巴斯。另外，他还积极建设疆域内的道路、桥梁和商队住宿设施。他将首都从加兹温迁至伊斯法罕，并建设了很多强化皇权象征的清真寺、神学院、广场和庭院等建筑。

扬·皮特斯佐恩·科恩（Jan Pieterszoon Coen，1587—1629）

荷兰东印度公司创立时期的东印度总督。出生于荷兰的霍伦，1601 年 13 岁的时候远赴罗马，在弗兰德斯商人的公司担任实习生。1607 年，他初次远渡东印度，其后返回荷兰。1612 年，他以首席商人的名义率领两艘船再次远赴爪哇岛。1614 年，被任命为在亚洲排位第二的秘书长，1617 年更被任命为总督。在马鲁古群岛和班达群岛，他尝试通过暴力手段垄断高级香料市场，并获得了相当程度的成功。另外，他组织建设了荷兰东印度公司在东印度的据点巴达维亚要塞。在荷兰，他被赞誉为"英雄"，而在东印度则被称为"班达的杀戮者"，两方的评价截然相反。1623 年，他返回荷兰成为霍伦分部的负责人，并于 1624 年再次成为总督，1627 年返回巴达维亚。1629 年因患热病猝死。

奥朗则布（Aurangzeb，1618—1707）

莫卧儿帝国第六代皇帝。1658—1707 年在位。沙贾汗的第三子。1657 年，在父王病重之际，他和兄长之间因争夺皇位发生战争，在幽禁父亲之后继位。1686年和1687 年，他先后征服德干高原的阿赫迈德沙（比贾布尔）王国和库杜布沙（戈尔康达）王国，帝国的统治范围在他的时代达到鼎盛。他是虔诚的穆斯林，由于试图用伊斯兰教理念来实施一体化统治，遭到占人口多数的非穆斯林的反对。在执政的后半期，他忙于镇压马拉地势力的反抗。与前任皇帝不同的是，他没有大张旗鼓地建造陵墓。在其去世之后，莫卧儿帝国的统治体系逐渐松弛，内战不断。

郑成功（1624—1662）

在东海海域开展走私贸易的海上势力领导人，郑芝龙和日本平户女子田川松的儿子。在 7 岁的时候，被父亲带回中国大陆。1644 年，清朝占领北京之后不久，他与决定归顺清朝的父亲决裂，拥护明朝太子在厦门建立据点并抵抗清军。为了削弱拥有数百艘船、近乎独立的郑成功的海上军事政治势力的经济实力，清朝官方颁布"迁界令"，把沿海居民强制迁往内地，由此截断了他们和郑成功势力之间的接触。在不得已的情况下，郑成功于 1662 年攻击荷兰东印度公司设在台湾的据点，迫使荷兰人退出台湾，随即把基地移到台湾，不久离世。其波澜起伏的人生，成为 18 世纪初近松门左卫门创作的人形净琉璃的重要题材，即"国姓爷之战"。在现代，台湾、福建、平户各地都把他拜为当地的英雄。

科妮莉亚·范·尼恩罗德（Cornelia van Nijenroode，1629—1691）

荷兰东印度公司平户商馆馆长和日本妻子所生的孩子。由于荷兰人人数逐渐不足，受巴达维亚委员会的命令，1637 年，她和姐姐一起被从平户送到巴达维亚。在孤儿院生活了几年后，她于 1652 年与荷兰东印度公司商务员助理彼得·克罗尔结婚。他们生下四个男孩、六个女孩，共十个孩子。克罗尔在成为首席高级商务员之后，于 1672 年去世，她继承了丈夫的巨额财富。1676 年，她和作为法院审判长并抵达巴达维亚的约翰·彼特再婚。其后，围绕财产的管理和使用，夫妻之间产生诸多争议。按照当时的荷兰法令，丈夫有权管理妻子的财产。为了到荷兰本国法庭出庭，她于 1687 年前往荷兰。在航海途中，十个孩子中最后剩下的儿子也因病辞世。在荷兰长达三年的审判尚未结束时，她因病去世。她的大部分财产没有移交给约翰·彼特，而是由其孙子继承。

让·夏尔丹（Jean Chardin，1643—1713）

出生于巴黎的法国宝石商人。加尔文派新教徒（胡格诺派）。波斯游记的作者。

1665 年，受父亲之命，他远赴波斯和印度，开展与宝石和宝石饰品有关的贸易。他在波斯售出商品，用得到的钱在印度德干高原买进钻石，并于 1670 年返回巴黎。1671 年，他再次赴东方，途中历经艰辛并于 1673 年到达波斯。他在之后数年滞留伊斯法罕，后经由印度于 1680 年回到巴黎。在得知路易十四加强了对胡格诺派教徒的迫害之后，他移居伦敦，成为英国东印度公司的大股东。英国国王还授予其爵位。此后，他以伦敦为大本营，与弟弟丹尼尔共同从事东印度贸易，并出版了有关波斯旅行体验和波斯知识的书，这些书给孟德斯鸠、卢梭等法国启蒙思想家带来了巨大的影响。他还非常热心地帮助欧洲各地的新教徒。

丹尼尔·夏尔丹（Daniel Chardin，1649—1709）

出生于巴黎的胡格诺派教徒，让·夏尔丹的弟弟。在 1685 年之前，他依靠兄长的帮助移居伦敦。1687 年，他和兄长共同创建公司，带着不菲的财产与妻子一起前往印度东南部的马德拉斯（现为钦奈），一直到 1709 年辞世，他都没有离开当地。他一边和英国东印度公司保持关系，一边以私人名义从事亚洲地区内贸易以及和兄长之间的欧亚贸易。在抵达马德拉斯后不久，他便和总督耶鲁结下深厚的交情，1688 年被任命为新设立的马德拉斯市参事。他和耶鲁共同开展钻石交易和亚洲地区内贸易。自 1698 年开始，他担任马德拉斯市长长达十年。在其死后，他原本在其他地方的墓碑被迁移至钦奈圣玛丽教堂的外院，并且留存至今。

伊莱胡·耶鲁（Elihu Yale，1649—1721）

出生于波士顿。他 3 岁的时候随家人返回英国，之后他再没有去过新大陆。在伦敦的私立学校毕业后，他于 1670 年就职于英国东印度公司，1672 年到达马德拉斯。之后，由于工作勤奋，他在商馆的地位也逐渐上升。1680 年，在新建的圣玛丽教堂里和同事的遗孀结婚。从这一时期开始，他逐渐介入钻石和亚洲地区内的走私贸易。1687 年成为马德拉斯总督，并任职到 1692 年。他创设了马德拉斯市长和市参事等职位。退休之后，由于拥有巨额财富，他受到各方的激烈批评，并最终在 1699 年回到伦敦。在英国，他积极支持基督教传教活动。为了体现基督教精神，他给予了美国马萨诸塞州的学校高额的捐赠，这所学校后来改名为耶鲁（现在的耶鲁大学）。1721 年，他在伦敦去世，埋葬于北威尔士的雷克瑟姆。

新井白石（Arai Hakuseki，1657—1725）

上总久留里藩士的儿子，出生在江户，后曾在古河藩的堀田正俊手下做事。虽学的是儒学，但由于藩内贫穷而沦为浪人，30 岁左右的时候成为朱子学者木下顺庵的弟子。1693 年，在师傅的推举下侍奉德川刚丰（甲府藩主）。刚丰在 1704年成为德川将军的继任者，1709 年成为第六代将军家宣（1709—1712 年在位），白石作为其臣下一起入驻江户城，其后和侧用人间部诠房共同策划了幕府改革。在家宣及其子家继（第七代将军，1713—1716 年在位）的时代，他们的政治改革运动被称为"正德之治"。这一改革运动的主要政策包括铸造高纯度的正德金银、出台"正德新例"以限制海外贸易等。在德川吉宗成为第 8 代将军之后，他被迫退出政界，后专心著书。他非常关心洋学，亲自与在屋久岛登陆的基督教传教士西多契（1709 年）进行座谈，之后写下了《西洋纪闻》《采览异言》等著作。

约瑟夫·弗朗索瓦·迪普莱克斯（Joseph Francois Dupleix，1697—1763）

1720 年被担任法国东印度公司董事的父亲派到印度，成为本地治里的高级委员，负责军事指挥。1731 年，成为孟加拉的金德讷格尔的商馆馆长，从而得以发挥他的政治和行政管理才能。他重整了商馆的运营和公司的业务，并取得成功。1742 年，他被任命为本地治里总督。受奥地利王位继承战争的影响，1744 年以后法国东印度公司和英国东印度公司军队之间发生战争。凭借优秀的军事才能，1747 年和 1748 年，他率军成功地反击了英国东印度公司自海陆两个方向对本地治里的包围。其后，他向军事力量较弱的印度南部各地王公提供武力援助，使法国东印度公司在当地的影响力得到加强，并以此来对抗英国东印度公司和受其援助的王公。但由于并不喜欢此类耗费大量金钱的军事行动，法国东印度公司总部于1754年解除了迪普莱克斯的职务。返回巴黎后，他试图追回自己垫付的资金，起诉公司要求赔偿但未获认可，在失意中死去。

拉·布尔多奈（La Bourdonnais，1699—1753）

又名贝特朗·弗朗索瓦·马埃（Bertrand Francois Mahe），圣马洛出生的船员。19岁时就职于法国东印度公司。1724年晋升为船长。在夺取印度巴拉尔海岸的马埃港口时，展现出其优秀的军事领导能力，更获得在城市名称中加入他的名字的鼓励。其后，他在亚洲地区内的贸易中积累了巨额财富，曾回法国结婚，1735年成为法国岛（毛里求斯岛）、波旁岛（留尼汪岛）的总督并返回印度洋海域。他在建设港湾设施、种植甘蔗和木薯等领域功绩卓著。在印度南部的英法东印度公司交战中充当援军。作为援军司令官，他在占领马德拉斯和收复本地治里的战斗中做出贡献。但是，由于和迪普莱克斯总督不和，后遭解除职务并被押送回法国。1748年因涉嫌贪污被逮捕并囚禁于巴士底监狱，时间长达三年。在此期间，其财产被没收，后因监狱生活染病于1751年获得假释，两年后去世。

罗伯特·克莱武（Robert Clive，1725—1774）

18岁成为英国东印度公司职员并前往马德拉斯。性情激烈，起伏不定，曾试图自杀、与人决斗等。他在马德拉斯期间，适逢卡纳蒂克战争爆发。在1751年的军事行动中，他发挥了异于常人的军事才能。1753年结婚后，曾一度返回英国。1755年再次前往印度南部，抵达马德拉斯。抵达后，他得到加尔各答陷落的消息，急忙赶至孟加拉，夺回加尔各答要塞，之后又在普拉西战役中大败孟加拉行政长官所率军队。其后，他从缔结秘密同盟的新行政长官处获得巨额现金和领地作为奖赏，这成为之后英国东印度公司职员腐败的源头而遭批判。到1760年，作为孟加拉总督，他尽一切可能维持行政长官权力的稳定。其间一度回国，被当作英雄而深受欢迎。1765 年 5 月，他第三次赴印度，到 1767 年 1 月之间，作为孟加拉总督，他执行维护秩序和防止腐败的新政策。回国后，其政敌以他导致东印度公司财政恶化为由，对其展开了严厉的批判。虽然他在议会中凭借顽强的演说保住了名誉，但激烈的人身攻击却导致其患上精神疾病，于 1774 年自杀。

亚当·斯密（Adam Smith，1723—1790）

出生在苏格兰的渔业小镇寇克卡迪。14 岁进入格拉斯哥大学。毕业后在牛津生活了数年，之后再次回到苏格兰。1751 年，27 岁的他在格拉斯哥大学任教。他于 1759 年出版《道德情操论》，获得了学术界的高度评价。1763 年辞去教授职位，之后作为财政大臣汤申德子爵（Charles Townshend）儿子的家庭教师远赴法国。在法国期间，他与伏尔泰、弗朗斯瓦·魁奈等当时一流的法国学者结为知己，在学问上受益匪浅。两年后返回伦敦，成为英国皇家学会会员，与爱德华·吉本、塞缪尔·约翰逊、埃德蒙·伯克等当时的一流英国学者均有交集。他在 1767 年离开汤申德子爵，在故乡寇克卡迪开始撰写《国富论》。在这本经济学的经典著作出版后（1776 年），他前往爱丁堡定居，被任命为苏格兰的海关关长和盐税专员，年薪 600 英镑，其后还当选格拉斯哥大学荣誉校长，过着声名显赫的生活。

参考文献

葡萄牙的"海上帝国"

生田滋，《大航海时代摩鹿加群岛》，中公新书，1998年。

M.N. 皮尔逊著，生田滋译，《葡萄牙和印度》，岩波现代选书，1984年。在南亚王权方面很有帮助。

宫崎正胜，《泽维尔之海：葡萄牙"海上帝国"和日本》，原书房，2007年。

Malyn Newitt, *A History of Portuguese Overseas Expansion, 1400–1668*, 2005.

Sanjay Subrahmanyam, *The Career and Legend of Vasco da Gama*, Cambridge, 1977.

Sanjay Subrahmanyam, *The Portuguese Empire in Asia, 1500–1700*, 1993. 了解葡萄牙建立的"海上帝国"的基本书籍。

英国东印度公司相关

浅田实，《东印度公司》，讲谈社现代新书，1989年。对英国东印度公司的描述很详细。

浅田实，《英国东印度公司和印度暴发户》，密涅瓦书房，2001年。

滨涡哲雄，《世界最强商社》，日本经济评论社，2001年。

H.V. Bowen, Margarette Lincoln, Nigel Rigby (eds.), *The Worlds of the East India Company*, The Boydell Press (Woodbridge, UK), 2002.

K. N. Chaudhuri, *The Trading World of Asia and the English East India Company, 1660–1760*, Cambridge, 1978. 将东印度公司史研究提升到新高度的古典名著。

Anthony Farrington, *Trading Places: The East India Company and Asia 1600–1834*, The British Library, 2002.

Philip Lawson, *The East India Company, A History*, Longman (London & New York), 1987.

Martin Moir, *A General Guide to the India Office Records*, The British Library,1996. 查找东印度公司文献的必备参考书。

Antony Wild, *The East India Company. Trade and Conquest from 1600*, Harper Collins Illustrated (London), 1999.

荷兰东印度公司相关

科野孝藏，《荷兰东印度公司》，同文馆出版，1984年。重点是荷兰东印度公司在长崎的活动。

科野孝藏，《荷兰东印度公司的历史》，同文馆出版，1988年。公司的成立、发展以及和日本的贸易。

科野孝藏，《从繁盛走向崩溃：荷兰东印度公司的兴衰史》，同文馆出版，1993年。探究公司衰退的原因。

永积昭,《荷兰东印度公司》,讲谈社学术文库,2000 年。特色是描述荷兰东印度公司在亚洲的活动。

Leo Akveld, Els M. Jacobs, *The Colourful World of the VOC*, Bussum, 2002.

J. R. Bruijn, F. S. Gaastra and I. Schoffer (eds.), *Dutch−Asiatic Shipping in the 17th and 18th Centuries*, 3 vols., The Hague, 1979–1987. 汇集了荷兰东印度公司商船船员等基本资料的珍贵研究。

Femme S. Gaastra, *The Dutch East India Company*, Walburg Pers (Zuphen), 2003. 最新最标准的荷兰东印度公司史概说。

K. Glamann, *Dutch−Asiatic Trade 1620–1740*, The Hague, 1980.

Els M. Jacobs, *Koopman in Azie. De handel van de Vernigde Oast−Indische Compagnie tijdens de 18de eeuw*, Zutphen, 2000. 对荷兰东印度公司在亚洲区域内贸易的研究。

Ryuto Shimada, *The Intra−Asian Trade in Japanese Copper by the Dutch East India Company during the Eighteenth Century*, Brill (Leiden−Boston),2006.

法国东印度公司相关

菲利普·奥德莱尔著,羽田正编,《法国东印度公司和本地治里》,山川出版社,2006 年。日语书中唯一可靠的法国东印度公司史概说。

深泽克己,《海港和文明》,山川出版社,2002 年。研究法国港口城市的历史,富有启发。

Philippe Haudrere, *La Bourdonnais. Marin et aventurirer*, Editions Desjonqueres (Paris), 1992.

Philipe Haudrere, *La Compagnie Francaise des au XVLLLe siècle* (seconde
   edition), 2 vols., Les Indes savants (Paris), 2005. 目前关于法国东印度公司史
   的最好的书籍。

东印度公司整体、欧洲和亚洲的文化交流

Philippe Haudrere, *Les Compagnies des Indes orientales*, Editions Desjonqueres
   (Paris), 2006. 比较三个东印度公司并分别论述各公司历史的概说类书籍。

Philippe Haudrere, *Gerard Le Bouedec, Les Compagnies des Indes*, Editions oust–
   France (Rennes), 1999.

Anna Jackson & Amin Jaffer (ed.), *Encounters. The Meeting of Asia and Europe
   1500–1800*, V & A Publications (London), 2004.

东印度公司和东南亚

《岩波讲座东南亚史 3——东南亚近代的成立》，岩波书店，2001 年。

《岩波讲座东南亚史 4——东南亚近代国家的发展》，岩波书店，2001 年。

大桥厚子，《东印度公司的爪哇岛殖民》，《岩波讲座东南亚史 4——东南亚近代国
   家的发展》，岩波书店，2001 年。

白石隆，《海上帝国》，中公新书，2000 年。

安东尼·瑞德著，平野秀秋、田中优子译，《大航海时代的东南亚》，法政大学出
   版局，第一卷（1997 年），第二卷（2002 年）。将布罗代尔在《地中海》（中
   文一般译为《菲利普二世时代的地中海和地中海世界》）中使用的历史方法
   运用在东南亚历史研究的名著。

Ota Atsushi, *Changes of Regime and Social Dynamics in West Java: Society, State and the Outer World of Banten*, 1750–1830, Brill (Leiden–Boston), 2006.

东印度公司和印度洋海域

栗屋利江,《英国殖民和印度社会》,山川出版社,1998 年。

辛岛升主编,《南亚史 3——印度南部》,山川出版社,2007 年。

小谷汪之主编,《南亚史 2——中世纪、近代》,山川出版社,2007 年。

佐藤正哲、中里成章、水岛司,《从莫卧儿帝国走向英属印度》(世界历史第 14 卷),中央公论社,1998 年。

让·夏尔丹著,佐佐木康之、佐佐木澄子译,《波斯纪行》,岩波书店,1993 年。

羽田正,《阿巴斯和波斯湾海域世界》,《历史学研究》第 757 卷 (2001 年 12 月)。

R.J. Barendse, *The Arabian Seas 1640–1700*, Leiden, 1998.

P.J. Marshall, *The New Cambridge History of India, II–2, Bengal; The British Bridgehead: Eastern India 1740–1828*, Cambridge, 1987.

Soren Mentz, *The English Gentleman Merchant at Work. Madras and the City of London 1660–1740*, Museem Tusculanum Press, University of Copenhagen, 2005.

Ashin Das Gupta, *The World of the India Ocean Merchant 1500–1800*, Oxford, 2001.

Rudolph P. Matthee, *The Politics of Trade in Safavid Iran. Silk for Silver 1600–1730*, Cambridge, 1999.

东印度公司和东亚

上田信，《海洋和帝国》（《中国的历史》第9卷），讲谈社，2005年。

岸本美绪，《清朝中国的物价和经济变动》，研文出版，1997年。

岸本美绪，《东亚、东南亚传统社会的形成》（岩波讲座世界历史第13卷），岩波
　　书店，1998年。

岸本美绪，《东亚的"近代"》，山川出版社，1998年。

檀上宽，《元明时代的海禁和有关沿海地区社会的综合研究》，平成15年度—平
　　成17年度文部科学省科学研究补助金 [基础研究（C）研究成果报告书]，
　　2006年。

村尾进，《乾隆己卯——广州城市和澳门形成的边疆》，《东洋史研究》，第65卷
　　第4册，2007年。

Louis Dermigny, *La Chine et l'Occident. Le commerce a Canton au XVLLLe siècle*
　　1719–1833, 3 Vols. + album, Imprimerie Nationale, 1964.

Paul A. Van Dyke, *The Canton Trade. Life and Enterprise on the China Coast,*
　　1700–1845, Hong Kong University Press, 2005.

东印度公司和日本

荒野泰典，《近代日本和东亚》，东京大学出版社，1988年。

荒野泰典编，《江户幕府和东亚》（《日本时代史》第14卷），吉川弘文馆，2003年。

石田千寻，《日荷贸易历史研究》，吉川弘文馆，2004年。

岩生成一，《南洋日本街区的研究》，岩波书店，1966年。

太田胜也，《长崎贸易》，同成社，2000年。

片桐一男，《出岛》，集英社新书，2000年。

加藤荣一，《幕藩制国家的成立和对外关系》，思文阁出版，1998年。

神田千里，《岛原之乱》，中公新书，2005年。

鬼头宏，《作为文明的江户体系》，（《日本历史》第19卷），讲谈社，2002年。

古贺十二郎著，长崎学会编，《新编丸山游女和唐红毛人》（前后篇），长崎文献

　　社，1968、1969年（增补版、1995年）。

铃木康子，《近代日荷贸易史研究》，思文阁出版，2004年。

高濑弘一郎，《天主教时代的贸易和外交》，八木书店，2002年。

高桥裕史，《耶稣会的世界战略》，讲谈社，2006年。

永积洋子，《平户荷兰商馆日记》，讲谈社学术文库，2000年。

中村质，《近世长崎贸易史研究》，吉川弘文馆，1988年。

荻原博文，《平户荷兰商馆》，长崎新闻新书，2003年。

藤田觉编，《十七世纪的日本和东亚》，山川出版社，2000年。

村井章介，《中世倭人传》，岩波新书，1993年。

山胁悌二郎，《长崎的唐人贸易》，吉川弘文馆，1964年。

八百启介，《近代荷兰贸易和锁国》，吉川弘文馆，1998年。

人类的迁移和船只

工藤庸子，《欧洲文明批判叙说》，东京大学出版会，2003年。

斯波义信，《网首、网司、公司——围绕平底帆船的经营》，森川哲雄、佐伯弘次

　　编《内陆圈和海域圈交流网络和伊斯兰》，九州大学21世纪COE项目（人文

　　科学）"东亚和日本：交流和变容"，2006年。

杉浦未树,《近代阿姆斯特丹的城市扩大和社会空间》, 历史学研究会编、深泽克己责编《港口城市的地貌》(《港口城市的世界史》第 2 卷), 青木书店, 2006 年。

羽田正,《西亚、印度的伊斯兰国家体系》, 历史学研究会编《近代世界之路》(《世界史讲座》第 2 卷), 东京大学出版会, 1995 年。

家岛彦一,《海域视角之历史：印度洋和地中海交流史》, 名古屋大学出版会, 2006 年。

山形欣哉,《行走历史之海洋：中国造船技术的航踪》, 农文协, 2004 年。

和田郁子,《印度戈尔康达王国的港口城市默吉利伯德纳姆——以 17 世纪前半期的荷兰商馆日记为中心》, 历史学研究会编、羽田正责编《生存在港口城市》(《港口城市的世界史》第 3 卷), 青木书店, 2006 年。

Haneda Masashi, "Emigration of Iranian Elites to India during the 16th–18th centuries", *Cabiers d'Asie Centrale*, 3—4, 1997.

Haneda Masashi, "The Character of the Urbanisation of Isfahan in the Later Safavid Period", Charles Melville (ed), *Safavid Persia*, I. B. Tauris (London), 1996.

Nagashima Hiromu, "Iranians Who Knocked the 'Closed Door' of Japan in the Edo Period", Usuki Akira, Omar Farouk Bajunid, Yamagishi Tomoko (ed), *Population Movement beyond the Middle East: Migration, Diaspora, and Network*, The Japan Center for Area Studies (JCAS), 2005.

物品的世界史

井野濑久美惠，《大英帝国之经验》（《兴亡的世界史》第16卷），讲谈社，2007年。

角山荣，《茶的世界史——绿茶的文化和红茶的社会》，中公新书，1980年。

川北稔，《蔗糖的世界史》，岩波少年新书，1996年。

重松伸司，《马德拉斯故事》，中公新书，1993年。

汤姆·斯丹迪奇著，新井崇嗣译，《改变世界的六种饮料》，国际移动（インタ－
シフト），2007年。

J. L. 弗朗德兰、M. 蒙塔纳丽尼编，宫原信、北代美和子监译，《食物的历史》（第
1册、第3册），藤原书店，2006年。

山胁悌二郎，《事典绢和棉花的江湖时代》，吉川弘文馆，2002年。

Jean Chardin, *Du bon usage du the et des epics en Asie. Reponses a Cabart de
Villarmont*, texte etabli par Ina Baghdianta McCabe, L' Inventaire, 2002.

东印度公司商馆和商馆的人们

岩生成一，《南洋日本街区的研究续篇》，岩波书店，1987年。

包乐史著，栗原福也译，《"疯女人"科妮莉亚的斗争——17世纪巴达维亚日荷
混血女性的生涯》，平凡社，1988年。

白石广子，《雅加达小春的音信》，勉诚出版，2001年。

羽田正，《夏尔丹勋爵的生平——17世纪的欧洲和伊斯兰世界》，中央公论新社，
1999年。

羽田正，《阿巴斯和波斯湾海域世界》，《历史学研究》第757卷（2001年12月）。

羽田正，《阿巴斯的东印度公司商馆和翻译》，历史学研究会编、羽田正责编《生

活在港口城市》，青木书店，2006 年。

Hiram Bingham, *Elihu Yale. The America Nabob of Queen Square*, New York,1939.

Haneda Masashi, "Bandar Abbas and Nagasaki. An Analysis of the Reaction of the Safavid Government to Europeans form a Comparative Perspective", *Annals of the Japan Association for Middle East Studies*, 20–2 (2005).

Haneda Masashi, "Les companies des Indes Orientales et les interpretes de Bandar Abbas", *Eurasian Studies*, v.1–2 (2006).

Henry D. Love, *Vestiges of Old Madras*, 4 vols., Mittal Publications (Delhi), 1988.

尾本惠市、滨下武志、村井吉敬、家岛彦一编，《海之亚洲》（第 1—6 卷），岩波书店，2000—2001 年。

田中明彦，《新的中世纪》，日本经济新闻社，2003 年。理解现代世界必备书籍，在思考历史上的"中世"是什么时也很有用。

羽田正，《伊斯兰世界的创造》，东京大学出版会，2005 年。

埃马纽埃尔·勒华拉杜里著，稻垣文雄译，《气候的历史》，藤原书店，2000 年。

历史学研究会编，村井章介责编，《港口城市和海域世界》（《港口城市的世界史》第 1 卷），青木书店，2005 年。

历史学研究会编，深泽克己责编，《港口城市的地貌》（《港口城市的世界史》第 2 卷），青木书店，2006 年。

历史学研究会编，羽田正责编，《生活在港口城市》（《港口城市的世界史》第 3 卷），青木书店，2006 年。

历史学研究会编，《世界史史料第 6 卷——从欧洲近代社会的形成走向帝国主义》，岩波书店，2007 年。

Robert B. Marks, *The Origins of the Modern World* (Second Edition), Rowman & Littlefield Publishers (Lanham), 2007.

Jean Chardin, *Voyage du Chevalier en Perse*, 10 vols., Paris, 1811.

其他

亚当·斯密著，山冈洋一译，《国富论》（上、下），日本经济新闻出版社，2007 年。

贾雷德·戴蒙德著，仓骨彰译，《枪炮、病菌与钢铁》（上、下），草思社，2000 年。思考环境对人类历史影响的最好的书。

历史年表

公历	亚洲之海与东印度公司	欧洲和美国
1371	明朝发布海禁令	
1404	中日之间开始勘合贸易	
1405	郑和首次下西洋（第七次为1433年）	
		1492年，哥伦布发现新大陆。伊比利亚半岛最后的穆斯林政权灭亡
1497	达·伽马前往东印度	
1498	达·伽马到达科泽科德	
1500	卡布拉尔出发前往东印度（1501年返回）	
1501	萨法维帝国建立	
1502	达·伽马第二次前往东印度	
1510	葡萄牙人侵占果阿	
1511	葡萄牙人占领马六甲	
1515	葡萄牙人侵占霍尔木兹	
		1517年，奥斯曼帝国灭亡马穆鲁克王朝，并侵占叙利亚和埃及。根据马丁·路德的《九十五条论纲》，基督教的宗教改革运动开始
1523	宁波之乱（细川和大内的使节在宁波发生争斗）	
1526	莫卧儿帝国建立，石见银矿开始采掘	1534年，耶稣会创立

年份	事件	
1542 或 1543	葡萄牙人抵达种子岛（给日本带来了枪）	
1548	朱纨攻击倭寇	
1549	圣弗朗西斯·泽维尔在鹿儿岛登陆	
1550	葡萄牙人首次造访平户	
		1545 年，南美波托西发现银矿
1557	明朝暂时允许葡萄牙人在澳门居住	
1567	明朝缓和海禁	
1571	西班牙人在马尼拉设立据点	
1580	大村纯忠在长崎推广耶稣会	
		1581 年，荷兰北部七省宣布从哈布斯堡帝国独立出来。西班牙的腓力二世兼任葡萄牙国王
1587	丰臣秀吉设长崎为直属领地，命令驱逐传教士	
		1588 年，无敌舰队之役（西班牙无敌舰队覆灭）
1590	丰臣秀吉统一日本列岛的大部分	
1592	丰臣秀吉入侵朝鲜（文禄之役，壬辰倭寇之乱）	
1595	荷兰船队首次前往东印度	
1600	关原之战	
1601	英国东印度公司创立	
1602	荷兰东印度公司创立	
1603	德川家康任征夷大将军，成立德川幕府。荷兰东印度公司船队的 12 艘船首次离开荷兰驶向亚洲之海	
		1607 年，英国移民在北美东岸建造詹姆斯敦

1609	荷兰东印度公司（以下简称 VOC）首次抵达平户，并设立商馆
1612	英国东印度公司（以下简称 EIC）在苏拉特设立商馆
1613	EIC 在平户设立商馆（到 1623 年）
1619	VOC 占领巴达维亚并将其作为亚洲据点，建设城市 1620 年，"五月花"号前往北美洲
1621	VOC 巴达维亚总督科恩造成大量屠杀班达岛民的事件
1622	萨法维国阿巴斯一世接受 EIC 的援助，占领霍尔木兹岛，并在对岸建造阿巴斯城
1623	发生安汶岛事件
1624	VOC 在台湾建设安平城要塞
1635	德川幕府废除朱印船制度，禁止日本人海外航行，回国
1637	发生天草·岛原之乱
1639	德川幕府禁止葡萄牙人来访。荷兰人和英国人的混血儿和母亲被流放到巴达维亚。EIC 在马德拉斯设立要塞和商馆
1641	德川幕府命令 VOC 商馆从平户迁移至长崎出岛。VOC 从葡萄牙人手里抢夺马六甲
1644	明朝灭亡，清朝迁都北京，开始了对中国的统治 1648 年，"威斯特伐利亚条约"签订（三十年战争终结）。1652 年，第一次英荷战争爆发（至 1654 年）
1656	清朝发布禁海令（到 1684 年）
1657	克伦威尔给予 EIC 特许证 伦敦的咖啡屋"卡拉威"首次提供茶
1662	郑成功攻占台湾的 VOC 要塞

年份	事件	
1664	法国东印度公司成立	1665 年，让·夏尔丹前往波斯、印度，开始第一次旅行（1670 年回国，第二次为 1671—1680 年）
1669	VOC 征服望加锡王国	
1670	丹麦亚洲公司成立（至 1807 年）	
1674	法国东印度公司获得本地治里	
1683	清朝廷平定台湾的郑氏集团	1685 年，废止南特敕令
1687	莫卧儿帝国灭亡戈尔康达王国。耶鲁成为马德拉斯总督至 1692 年。丹尼尔·夏尔丹到达马德拉斯	英国光荣革命
1688	设立马德拉斯市长、参事职位。在伦敦，EIC 和亚美尼亚人缔结了交流合作协定	
1689	在长崎建造唐人屋。之后，所有的来航华人都居住在这里	
1697	幕府通过长崎会所进行贸易管理	
1698	英国国王认可新东印度公司，与旧公司的竞争加剧	1700 年，英国第一次制定《印花布禁止法》。1706 年，在伦敦宁设咖啡馆。英格兰和苏格兰合并，成立大不列颠。伦敦的福特纳姆与玛森开始营业
1707	莫卧儿皇帝奥朗则布去世。南亚次大陆的政治状况出现混乱	
1709	英国新旧东印度公司合并	
1715	根据正德新例，德川幕府限制长崎的对外贸易额	1718 年，在纽黑文市（北美），耶鲁学院诞生

年份	事件
1719	约翰·劳对法国东印度公司实施改革
1722	萨法维帝国的首都伊斯法罕被阿富汗人攻陷。奥斯坦德东印度公司成立
1729	发生阿巴斯荷兰商馆馆长被杀事件
1731	瑞典东印度公司成立（至1807年）
1736	萨法维帝国灭亡
1740	巴达维亚发生屠杀华人事件 / 奥地利继承战争（至1748年）
1742	迪普莱克斯成为本地治里总督（至1754年）
1744	卡纳蒂克战争（之后断断续续到1761年）
1746	法国东印度公司军队占领马德拉斯
1757	普拉西战役。清朝把欧洲船只限定在广州一个港口进行贸易 / 1756年，七年战争爆发（至1763年）
1761	EIC占领本地治里
1765	EIC获得孟加拉的征税权
1767	第一次迈索尔战争（之后断断续续至1799年）
1768	1768年，阿克莱特发明水力纺织机
1769	法国东印度公司解散
1773	英国制定《印度限制法》 / 北美殖民地爆发土顿倾茶事件
1774	沃仑·黑斯廷斯成为孟加拉总督（至1785）
1775	第一次马拉特战争（至1782年）。 / 美国独立战争爆发（至1783年） / 1776年，亚当·斯密出版《国富论》 / 1780年，第四次英荷战争爆发（至1784年）

年份	事件
1784	英国制定《印度法》
	1789 年，法国大革命爆发
1793	英国使节马戛尔尼来到清朝
	1795 年，巴达维亚共和国成立，取代荷兰共和国
	1798 年，拿破仑远征埃及
1799	荷兰东印度公司废止
1813	英国东印度公司在印度的垄断贸易终止
1833	英国东印度公司和中国的垄断贸易终止，之后停止通商
1858	英国东印度公司解散

译后记

　　在研究亚洲史的过程中，从朝贡体系到鸦片战争，再到殖民地或半殖民地统治，有一个无法绕开的外来因素，那就是所谓的"东印度公司"。17世纪初叶，英国和荷兰等国的东印度公司先后成立，这或许是现代公司最早的起源，但东印度公司与今天的跨国公司并不相同。东印度公司从本国国王或政府那里获得贸易垄断的特别授权，并且拥有包括舰队在内的海陆军队。东印度公司在殖民地建立政府机构，是对殖民地进行残暴的政治统治、经济掠夺以至贩卖奴隶、毒品的军政经合一的殖民机构。它们产生和存在于16世纪末到19世纪上半期，对西欧各国资本主义的原始积累起了重要作用。

　　对于东印度公司，之前的研究一般是以国别或单个领域为主要研究对象，但对于西欧各国如何通过东印度公司影响17—18世纪的亚洲史乃至世界史，其研究尚处于起步阶段。对于东亚地区近代史的影响而言，同样如此。这主要是由于迄今的研究尚不充分、研究领域过窄，甚至只是以国别乃至地区为主要研究对象，而并非以整个"世界"为主要研究对象。究其原因，迄今为止的"世界史"研究，尚未摆脱欧洲中心史观、日本中心史观、中国中心史观等的束缚，如果想要研究涉及全球的历史，仅依靠既有的某个国别、地区或专门领域的研究成果，恐怕难以达成目标。因此，对于东印度公司这样涉及全球历史发展进程的要素，也只有通过描绘"一体化的世界"，才能看清其本来面目。当然，其中的艰辛也是常人所难以体会的。正如作者在前言中坦言，"以一人之力来挑战如此庞大的主题是鲁莽无谋的"，"但是，总得有谁去挑战这一壁垒不可。现在，将当今世界的发展过程作为一个整体来进行理解，业已成为历史研究的一种潮流。作为历史研究者，必须要直面此类课题"。这恐怕不仅限于日本学界，对国际学界而言，亦是如此。对于无法紧跟时代潮流的"历史学的危机"，作者表现出了警惕和忧虑。

在今后的时代发展过程中，如果不能体现与之相适应的世界史研究成果，则恐怕此类"历史学的危机"还会继续上演。有鉴于此，译者于 2014—2015 年在东京大学担任客座教授期间，专程拜会时任东京大学副校长的羽田正教授，希望能够将日文版的《东印度公司与亚洲之海》翻译成中文并介绍给中国读者，这得到了作者的赞同。本书的翻译和校对耗时一年有余，通过这一工作，相信借助东印度公司这一媒介，将有助于厘清世界史的一些重要史实，也有助于中国读者了解 17—18 世纪亚洲史乃至世界史的基本脉络。本书的翻译分工如下：毕世鸿负责第一章至第五章的翻译以及全书的校对工作，李秋艳负责第六章至第九章、参考文献、年表、主要人物略传的翻译。在本书的翻译过程中，羽田正教授在百忙之中为本书重要的人名、地名等词汇专门列出对译表，这无疑为加快本书的翻译进度并保证翻译质量奠定了基础。应译者之邀，羽田正教授还欣然为本书中文版作序。对于相关机构和人士所给予的支持和帮助，在此一并表示诚挚的谢意。

由于译者水平和学识的局限，本书无疑存在不少错误和不足之处。特别是对于一些专有名词的翻译，亦有不尽如人意之处。诸如此类，不一而足。在此，真诚地希望各位读者批评指正。

毕世鸿

2017 年 11 月